·马克思主义研究文库·

《马克思主义基本原理》
金课教学设计

欧阳彬 ｜ 主编

光明日报出版社

图书在版编目（CIP）数据

《马克思主义基本原理》金课教学设计 / 欧阳彬主编 . -- 北京：光明日报出版社，2022.3

ISBN 978 - 7 - 5194 - 6571 - 1

Ⅰ.①马… Ⅱ.①欧… Ⅲ.①马克思主义理论—教学设计—高等学校 Ⅳ.①A81

中国版本图书馆 CIP 数据核字（2022）第 073266 号

《马克思主义基本原理》金课教学设计
《MAKESI ZHUYI JIBEN YUANLI》JINKE JIAOXUE SHEJI

主　　编：欧阳彬

责任编辑：宋　悦　　　　　　　　责任校对：孔春苗
封面设计：中联华文　　　　　　　责任印制：曹　净

出版发行：光明日报出版社

地　　址：北京市西城区永安路 106 号，100050

电　　话：010 - 63169890（咨询），010 - 63131930（邮购）

传　　真：010 - 63131930

网　　址：http：// book. gmw. cn

E - mail：gmrbcbs@ gmw. cn

法律顾问：北京市兰台律师事务所龚柳方律师

印　　刷：三河市华东印刷有限公司

装　　订：三河市华东印刷有限公司

本书如有破损、缺页、装订错误，请与本社联系调换，电话：010 - 63131930

开　　本：170mm × 240mm

字　　数：323 千字　　　　　　　印　　张：18. 25

版　　次：2022 年 3 月第 1 版　　　印　　次：2022 年 3 月第 1 次印刷

书　　号：ISBN 978 - 7 - 5194 - 6571 - 1

定　　价：95. 00 元

编 委 会

前　言

　　高校思想政治理论课（以下简称"思政课"）是落实立德树人根本任务的关键课程，建设思政课"金课"，是推进新时代思政课改革创新、完成这一根本任务的关键路径。所谓"金课"，就是具有高阶性、创新性、挑战度的课程。"高阶性"，是知识能力素质的有机融合，是要培养学生解决复杂问题的综合能力和高级思维。"创新性"，是课程内容具有前沿性和时代性，教学形式呈现先进性和互动性，学习结果具有探究性和个性化。"挑战度"，是指课程有一定难度，需要"跳一跳"才能够得着，老师备课和学生课下有较高要求。所以，思政课"金课"就是在思政课教育教学的全过程中体现高阶性、创新性与挑战度。那么，高校应该如何打造高含金量、高获得感、高质量的思政课"金课"呢？我们认为，思政课课堂教学是"金课"的主阵地、主渠道与主战场，思政课的课堂教学设计中要充分体现高阶性、创新性与挑战度。本书正是基于上述基本理念，依据2021年版《马克思主义基本原理》教材，结合长期教育教学实践的一种探索和尝试。

　　思政课课堂教学的"高阶性"，是教学内容与形式要有助于培养学生深入、全面、系统掌握马克思主义基本原理，增强学生熟练运用马克思主义立场、观点与方法分析问题与解决问题的高阶思维与综合能力，为此，我们设计了两个教学内容板块。一是马克思主义经典著作的解读分析。相对于教材内容的简明扼要，适当引入经典著作的相关文献与段落的讲解，将有助于学生系统、深入理解马克思主义基本原理，增强理论深度。二是学者们的研究成果。这些成果体现了马克思主义基本原理的前沿热点与最新进展，可以帮助学生扩展学术视野，提升理论高度。

　　思政课课堂教学的"创新性"，是教学内容与形式要体现时代性、丰富性、多样性，贴近学生生活实际，激发学生学习兴趣，构建学生真心喜爱、倾心参与的教学情境。为此，我们设计了五个教学板块。一是案例分析。选择与基本原理密切相关、深入浅出的典型案例进行解读分析。二是课堂讨论。设计能够激发学生思考与讨论的问题、话题、课题。三是视频展播。选取充分体现马克思主义基本原理的影音素材，在吸引学生的同时，帮助他们可视化、形象化地理解马克思主义基本理论。四是知识拓展。介绍基本原理所涉及的背景性知识。五是情景展演。组织学生把对基本原理的理解熔铸在小品、话剧、诗歌、微视频等艺术形式中。

　　思政课课堂教学的"挑战度"，就是教学内容与形式要加强对学生对基本原理的知、情、意、行等能力的考查，在课后、线上、线下的作业反馈与评估中体现一定难度与能力要求。为此，我们设计了三个教学板块。一是疑难问题解答。可以就基本原理中所涉及的疑难问题，向学生提出相关作业要求。二是典型试题讲解。选择有代表性、典型的、有一定难度的试题，作为考查学生学习能力与效果的重要方式。三是课后实践作业。结合专题教学内容，设计有针对性的课后实践课题与任务，让学生在实践中真正运用基本原理，锻炼理论联系实际的能力。

　　本书是电子科技大学马克思主义学院"金课"建设成果之一，也是马克思主义基本原理课程组集体研究和撰写的成果。欧阳彬设计了全书基本思路与框架，章节分工是：导论，欧阳彬；第一章，张晓云；第二章，欧阳彬；第三章，张若云；第四、五章，赵春音；第六、七章，马鹏莲。

　　在本书的编写过程中，我们得到了学院金课建设的大力支持，也学习借鉴了同行们的一些相关研究成果，在此深表感谢，也非常期待广大同人和专家学者对书中不足提出宝贵意见。

编者

2022 年 2 月 4 日

目　录
CONTENTS

导　论

专题教学设计一　什么是马克思主义

一、教学设计目标

①知识目标：从总体上理解和把握什么是马克思主义，了解马克思主义产生的历史过程和发展阶段，掌握马克思主义的鲜明特征。

②能力目标：运用马克思主义立场、观点、方法分析与理解马克思主义内涵及其产生的历史必然性。

③价值目标：感受马克思、恩格斯为无产阶级和全人类解放奋斗终生的伟大品格，坚定马克思主义信仰。

二、教学设计要点

（一）什么是马克思主义

①马克思主义是由马克思和恩格斯创立并为后继者所不断发展的科学理论体系，是关于自然、社会和人类思维发展的一般规律的学说，是关于社会主义必然代替资本主义、最终实现共产主义的学说，是关于无产阶级解放、全人类解放和每个人自由而全面发展的学说，是无产阶级政党和社会主义国家的指导思想，是指引人民创造美好生活的行动指南。

②马克思主义基本原理是对马克思主义立场、观点、方法的集中概括，是马克思主义在其形成、发展和运用过程中经过实践反复检验而确立起来的具有普遍真理性的理论。

（二）马克思主义创立的历史必然性

①社会历史条件：19 世纪资本主义经济的大变革、大发展。在经济上工业

革命广泛开展，在政治上资产阶级国家基本建立，在思想文化上自由、民主、人权、博爱等资产阶级价值观形成。与此同时，生产过剩的经济危机暴露了资本主义生产方式的内在矛盾。

②阶级基础条件：无产阶级的壮大。1831 年和 1834 年法国里昂工人的武装起义，1836 年英国的宪章运动，1844 年德国西里西亚纺织工人起义。无产阶级迫切需要能够总结工人运动的经验与教训来指导科学的世界观。

③思想渊源条件：19 世纪西欧三大先进思潮和自然科学的三大发现。德国古典哲学、英国古典政治经济学、英法空想社会主义是马克思主义创立的直接思想来源。细胞学说、能力守恒与转化定律、生物进化论提供了自然科学的支撑。

（三）马克思主义在实践中创新发展

在实践中检验真理与发展真理是马克思主义最重要的理论品质。以列宁、毛泽东、邓小平、江泽民、胡锦涛、习近平为代表的马克思主义继承者将马克思主义基本原理与时代特征、民族特点、现实状况有机结合起来，在实践探索中丰富和发展了马克思主义。

①列宁主义：列宁基于 20 世纪资本主义发展的新特征、新变化，运用马克思主义立场、观点与方法分析俄国社会发展，做出了资本主义进入帝国主义，以及社会主义革命可能在一国或数国首先发生并取得胜利的科学论断，并且领导俄国工人阶级夺取了十月革命的胜利，使得科学社会主义理论变为现实。

②中国化马克思主义：中国的马克思主义者以马克思列宁主义为指导，坚持将马克思主义基本原理与中国具体实际相结合，领导中国人民取得了革命、建设与改革的伟大胜利。在这个过程中形成了毛泽东思想与中国特色社会主义理论体系两大理论成果。

（四）马克思主义的鲜明特征

①马克思主义是科学的理论，创造性地揭示了人类社会发展规律；

②马克思主义是人民的理论，第一次创立了人民实现自身解放的思想体系；

③马克思主义是实践的理论，指引着人民改造世界的行动；

④马克思主义是不断发展的开放理论，始终站在时代前沿。

三、教学设计方案

（一）高阶性教学设计

1. 经典原文解读

（1）马克思：《青年在选择职业时的考虑》

这篇文章是马克思在其 17 岁中学毕业时所写的毕业论文。马克思一生的非凡成就也与他年少时的深刻觉悟和伟大理想密不可分。在文中，作者以优美的文笔、深刻的语言、缜密的思考、严格的推理表达了自己为人类解放而工作的伟大志向。马克思提出了很多重要的思想观点，他认为选择职业是关系到个人生活目的和生活道路的重大问题，不应该为一时的兴趣、渺小的激情、个人的虚荣心所左右，而必须采取严肃的态度。他将人们的活动和职业与人们在社会上的关系联系起来，提醒青少年在面临职业选择时要注意主、客观条件的结合。他还在文章结尾提到"在选择职业时，我们应该遵循的主要指针是人类的幸福和我们自身的完美"，表达了他为全人类谋幸福、谋发展的崇高理想，这对我们树立正确的世界观、人生观、价值观具有重要启迪意义。

【教学设计意图】一是让学生从阅读中真正感受青年马克思的伟大志向与马克思主义的理论宗旨。二是如何选择适合自己的职业，对于大学生来说是一个非常重要的问题。马克思谈了青年选择职业应遵循两个方面的原则：一是影响选择职业的三大因素——个人喜好、身体条件、自身能力。二是选择怎样的职业，马克思提出选择有尊严的职业，体现人类的幸福和自身的完美。马克思的思想观点能够给青年学生以重要的指导与启示。

（2）列宁：《马克思主义的三个来源与三个组成部分》

该书是列宁为纪念马克思逝世 30 周年而作。在文中，列宁阐明了马克思主义的理论渊源、科学体系和本质特征，指出了马克思主义是完备而严密的科学世界观，绝不是离开世界文明发展大道而产生的一种故步自封、僵化的学说，它是对德国古典哲学、英国古典政治经济学和英法空想社会主义的批判继承和发展；马克思主义哲学——辩证唯物主义和历史唯物主义为人类提供了伟大的认识工具；剩余价值学说是马克思主义经济理论的基石，揭示了资本主义雇佣奴隶制的本质；马克思的唯物主义和经济学说指明了推翻资本主义、实现社会主义的途径。在该书中，列宁论述了马克思主义理论的渊源、体系和实质，指出马克思主义是严整的科学体系和完整的世界观。

【教学设计意图】列宁的论述有助于学生更加完整准确地理解马克思主义的

理论来源和主要内容,同时加强学生的马克思主义经典阅读体验。

2. 学术观点拓展

(1)马克思主义的整体性问题

马克思在 1865 年 7 月 31 日给恩格斯的书信中曾经说:"不论我的著作有什么缺点,它们都有一个长处,即它们是一个艺术的整体。"① 列宁在《马克思主义的三个来源和三个组成部分》中也指出,马克思主义"完备而严密,它给人们提供了决不同任何迷信、任何反动势力、任何为资产阶级压迫所做的辩护相妥协的完整的世界观"②。

中国人民大学张雷声教授认为,马克思主义整体性是指马克思主义的基本原理和方法是一个有机整体。只有这样一个有机整体,才能释放和体现马克思主义的整体功能;只有在马克思主义整体性的基础上,才有可能实现对现实社会的总体把握。南开大学逄锦聚教授认为要从四个方面把握马克思主义整体性:一是马克思主义的理论宗旨。马克思主义经典作家毕生所追求的就是实现无产阶级与人类解放,而人类解放则是一个涉及经济、政治、社会、文化各个方面的总体性、历史性实践,因此这就决定了马克思主义理论只能从整体上被理解和把握。二是马克思主义各个组成部分的内在联系和马克思主义基本著作的内容。虽然马克思主义所包含的所有内容的侧重点不同,但都是马克思主义科学世界观和方法论的体现,都是贯穿人类社会发展普遍规律的学说,都是关于社会主义必然代替资本主义的学说。三是马克思主义的革命性与科学性的统一,即科学的世界观和方法论、鲜明的政治立场、重要的理论品质、崇高的社会理想。四是马克思主义的创新性和实践性,即马克思主义的基本原理与各国实践紧密结合,创造性地发展了马克思主义。中央党校教授韩庆祥等人进一步提出马克思主义整体性的八个表现:一是形成的整体。从马克思主义的形成来看,德国古典哲学、英国古典政治经济学和法国空想社会主义是马克思主义形成的三个基本来源。二是主题的整体。即"破解资本占有劳动的秘密与实现无产阶级解放和人的自由全面发展"。三是方法的整体。将科学性和价值性统一,经济问题哲学分析,经济问题政治解决。四是理论的整体。其核心理论体现在逻辑的整体性上,也体现在立场、观点和方法的统一上。五是发展的整体。其前后的发展过程是朝着"整体性"的目标前进的。六是形态的整体,即"政治形态""学术形态""大众形态"。七是功能的整体,即解释世界与改造世界的统

---

① 马克思恩格斯文集(第十卷)[M]. 北京:人民出版社,2009:231.

② 列宁选集(第二卷)[M]. 北京:人民出版社,2012:309.

一。八是叙述的整体。在对马克思主义进行叙述时，政治经济学中体现着哲学，哲学中体现着政治经济学，而在对哲学和经济学的论述中又展开对社会主义、共产主义的论证。

【教学设计意图】在马克思主义基本原理教学中，一般遵循从哲学到政治经济学与科学社会主义的顺序，容易给学生形成马克思主义条块化、分科化的印象。因此，转变观念，树立整体性的教学理念非常重要。教师在教学过程中要从历史与逻辑相统一的角度对马克思主义理论进行整体性的分析和思考，并采取多样化的教学方法将其运用到具体内容的教学活动中。

（2）马克思的历史科学概念

马克思在《德意志意识形态》手稿中说："我们仅仅知道一门唯一的科学，即历史科学。历史可以从两方面来考察，可以把它划分为自然史和人类史。"①

南开大学王南湜教授认为，一方面，马克思的历史科学是在批判思辨的历史哲学与经验主义科学语境中生发出来的。由于"思辨"或"哲学"脱离现实生活而试图从某种普遍的概念出发去演绎历史，因而是等同于唯心主义的，特别是等同于黑格尔的客观唯心主义。另一方面，马克思超越经验主义科学方法的根本之点，是肯定在对现实实践活动的描述中，必须有一种一般性的观念作为指导原则，而不是如经验论者所认为的那样，以一种白板式的心灵直接面对各种感性材料。历史唯物主义或马克思的历史科学是介乎于思辨的历史哲学与经验主义所理解的实证科学之间的：它既不能被归结为思辨的历史哲学，也不能被归结为经验论的实证科学。由于它是一种自觉的以一种经过批判性反思的一般性方法原理为范导的实证性或经验性科学，因而在此意义上，它可称之为批判的历史科学。

北京师范大学沈湘平教授指出，马克思的"科学"观念深受西方文化，尤其是西方近代科学实证精神的影响。但是，不仅作为德语世界中马克思所谓的"科学"（wissenschaft）与英语世界中的"科学"（science）含义有所不同，而且马克思所谓的科学还具有明确的规定性：科学必须以感性、现实、实证为基础；科学的任务在于透过现象发现本质和真理；科学是进行学术研究的正确方法；科学是服务于全人类的自由探索；只有无产阶级才能使科学真正成为科学。在此基础上，马克思的历史科学因其唯物、辩证、批判的特性，而与形形色色的实证科学区分开来。就其本质而言，马克思的历史科学是唯一真正的实证科学。

【教学设计意图】这是马克思主义经典作家对自身学说性质的重要论说。引

---

① 马克思恩格斯选集（第一卷）［M］. 北京：人民出版社，1995：66.

介学术界的相关研究成果，有助于学生进一步深化与丰富对马克思主义的科学性的理解。

（二）创新性教学设计

1. 案例分析

（1）从《共产党宣言》的 7 篇序言看经典作家如何对待自己的理论学说

《共产党宣言》（以下简称《宣言》）是马克思、恩格斯为共产主义者同盟起草的理论和实践的纲领，其单行本于 1848 年 2 月以德文的形式出版，后翻译成英文、法文、波兰文、丹麦文和俄文等各种版本。在各种版本出版之际，马克思、恩格斯也先后写了 7 篇序言。在这跨度 20 余年的 7 篇序言中，马克思、恩格斯既坚持真理，又随着社会历史的变迁发展对《宣言》做了修订和补充。

例如，在 1888 年英文版上，恩格斯为"至今一切社会的历史都是阶级斗争的历史"的观点专门加了一个注："这是指有文字记载的全部历史。"事实上，在 1883 年 6 月德文版序言中恩格斯就将其重新表述为："（从原始土地公有制解体以来）全部历史都是阶级斗争的历史"，并就此做了进一步的阐述："即社会发展各个阶段上被剥削阶级和剥削阶级之间、被统治阶级和统治阶级之间斗争的历史；而这个斗争现在已经达到这样一个阶段，即被剥削、被压迫的阶级（无产阶级）如果不同时使整个社会永远摆脱剥削、压迫和阶级斗争，就不能使自己从剥削它、压迫它的那个阶级（资产阶级）下解放出来"，并特别指出："这个基本思想完全是属于马克思一个人的"（此时马克思已逝世）。

再如，《宣言》第二章末尾提出的"最先进的国家几乎都可以采取"的 10 项措施：①剥夺地产，把地租用于国家支出。②征收高额累进税。③废除继承权。④没收一切流亡分子和叛乱分子的财产。⑤通过拥有国家资本和独享垄断权的国家银行，把信贷集中在国家手里。⑥把全部运输业集中在国家手里。⑦按照总的计划增加国家工厂和生产工具，开垦荒地和改良土壤。⑧实行普遍劳动义务制，成立产业军，特别是在农业方面。⑨把农业和工业结合起来，促使城乡对立逐步消灭。⑩对所有儿童实行公共的和免费的教育。取消现在这种形式的儿童的工厂劳动。把教育同物质生产结合起来，等等。这是《宣言》提出的"作为变革全部生产方式的手段是必不可少的"。在具体实践上，《宣言》同时强调："这些措施在不同的国家里当然是不同的"。随着形势的发展，到 1872 年，经过短短近 25 年，就被马克思、恩格斯自己指出为"根本没有特别的意义"。

【教学设计意图】通过对《宣言》中的这些论述的讲解，让学生感受到马克思主义经典作家坚持理论与社会历史条件相结合，始终秉持与时俱进的理论品格，进一步彰显马克思主义的开放性。

（2）马克思主义为什么以马克思的名字命名

从狭义上说，马克思主义即马克思、恩格斯创立的基本理论、基本观点和学说的体系。至于为什么以马克思的名字命名这一理论，恩格斯在 1886 年曾经做了说明，恩格斯在《路德维希·费尔巴哈和德国古典哲学的终结》中曾经做了说明，他说："我不能否认，我和马克思共同工作 40 年，在这以前和这个时期，我在一定程度上独立地参加了这一理论的创立，特别是对这一理论的阐发。但是，绝大部分基本指导思想（特别是在经济和历史领域内），尤其是对这些指导思想的最后的明确的表述，都是属于马克思的。我所提供的，马克思没有我也能够做到，至多有几个专门的领域除外。至于马克思所做到的，我却做不到。马克思比我们大家都站得高些，看得远些，观察得多些和快些。马克思是天才，我们至多是能手。没有马克思，我们的理论远不会是这个样子。所以，这个理论用他的名字命名是理所当然的。"①

在马克思去世的第二年，恩格斯在 1884 年 11 月 8 日给考茨基的书信中无不感慨地说："我一生所做的是被我指定的事，就是拉第二小提琴，而且我想我做得还不错。我高兴我有像马克思这样出色的第一小提琴手。当现在突然要我在理论上代替马克思的地位并且去拉第一小提琴时，就不免要出漏洞，这一点没有人比我自己更强烈地感受到。"②

【教学设计意图】恩格斯的这两段话十分明确地表明了马克思在创立和发展马克思主义中的主要地位和作用，阐明了为什么要以马克思主义命名他们的学说，有助于学生更好地理解什么是马克思主义，以及马克思、恩格斯在创立马克思主义中的相互关系。

2. 课堂讨论

阅读恩格斯《在马克思墓前的讲话》

1883 年 3 月 17 日，伟大的革命导师马克思的遗体被安葬在英国伦敦郊区海格特公墓。在葬礼上，恩格斯用英语发表了演说。恩格斯是马克思的挚友，两人为无产阶级的解放事业并肩战斗近 40 年，对马克思的了解最深刻的莫过于恩格斯；对马克思的逝世，最悲痛的莫过于恩格斯；对马克思的逝世所造成的巨大损失，最清楚的莫过于恩格斯。在葬礼上，恩格斯用英语发表的讲话代表了全世界无产阶级对于马克思逝世深切哀悼，对于马克思一生为无产阶级事业所做的伟大贡献作了崇高的评价和热情的赞颂。

---

① 马克思恩格斯选集（第四卷）[M].北京：人民出版社，1995：238.
② 马克思恩格斯文集（第十卷）[M].北京：人民出版社，2009：525.

讨论 1：我们如何理解马克思一生的成就？

讨论 2：谈一谈作为革命家的马克思与作为理论家的马克思之间的关系。

【教学设计意图】让学生总结马克思一生的伟大贡献，学习、体会马克思献身革命与科学的伟大精神与崇高的人格魅力。

3. 视听资料

（1）《青年马克思》（2018）

电影《青年马克思》由法国、德国、比利时联合拍摄。影片讲述了年轻的马克思 1844 年在巴黎与恩格斯的相识相知过程，以及他们因共同的理想信念，受托起草"正义者同盟"规章，改组建立共产主义者同盟，合作撰写《宣言》等革命实践故事。在人们心中，马克思和恩格斯是伟大思想家、哲学家、经济学家、革命家，是马克思主义和《宣言》的创造者，是全世界无产阶级和劳动人民的导师、精神领袖，是国际共产主义运动的先驱。而在这部电影中，导演通过艺术手法展现给观众的是先于这些身份的、满怀抱负的青年马克思和恩格斯。影片还真实再现了青年马克思及其妻子燕妮鲜为人知的家庭生活。

【教学设计意图】通过让学生观摩影片、撰写观后感，拉近青年学生与青年马克思、恩格斯之间的距离，让马克思、马克思主义的形象更加鲜活、生动，更加充满时代感与生命力。

（2）《你好，马克思》（2018）

该片是纪录片《马克思是对的》的第 1 集。《马克思是对的》是由中共中央宣传部理论局、中国共产党江苏省委员会宣传部、江苏省广播电视总台联合制作的 5 集通俗理论对话节目。该集以青年与专家的现场访谈、对话的形式，讲述马克思的思想发展历程，重温马克思的感人故事。

【教学设计意图】本片最大特色是青年学生与专家学者现场共同探讨马克思与马克思主义，更贴近学生，更容易激发学生对马克思平凡而伟大人生的敬仰情感。

（3）《马克思主义诞生》（2009）

该片是央视纪录片《世界历史》的第 65 集。《世界历史》是一部跨越国度、跨越时空、跨越民族，以人类社会发展史为题材的大型纪录片。它以丰富的视听手段再现了自远古人类起源到万隆会议的浩瀚历史图景，较全面地讲述了人类社会的发展过程，揭示了人类历史的发展趋势及规律。《马克思主义诞生》一集从 19 世纪资本主义社会经济变革入手，深入剖析了马克思主义产生的社会历史条件、阶级基础与思想文化渊源，并且引入国内外马克思主义专家、学者的相关观点。

【教学设计意图】纪录片历史素材丰富，形象生动，有助于深化学生对马克思主义产生的历史必然性的认识与理解。

4. 知识拓展

马克思与古希腊哲学

马克思在刚刚步入哲学研究时，就系统地研究了古希腊哲学史。在自由观方面，马克思专门研究了伊壁鸠鲁学派，这对于他创立自己的新哲学具有重要的奠基意义。为了显示原子的独立自主性，伊壁鸠鲁在德谟克利特的原子直线运动和排斥运动的基础上，又加上了偏斜运动，把原子理解为能够偏离前提条件制约的特殊实体。马克思在充分肯定伊壁鸠鲁自由观的同时，也指出了它的缺陷：个别的自我意识只能逃避不合理的现存世界，而不能改变这个世界，不能实现"定在的自由"。既然如此，哲学就应该走出自我意识的狭隘范围，回归现实生活世界，通过哲学和世界相互作用，实现"哲学的世界化"和"世界的哲学化"。在实践观方面，作为第一个实践哲学家，亚里士多德对实践概念进行了最早的系统阐发，但是，亚里士多德仅仅将伦理政治活动视为实践智慧的领域，而没有看到生产劳动本身所具有的内在目的性与自足性。马克思却能敏锐地看到，伦理政治实践需要以生产劳动实践为根基，而正是作为感性对象性活动的生产劳动实践是人的"全面而自由的发展"的一个最为重要的方面。马克思将作为感性对象性活动的实践上升到生存本体论的角度，从而实现了对历史、理性、伦理及人的自由与解放等一系列重大问题的革命性理解，进而实现了从"认识世界"到"改变世界"的实践论转向与哲学革命。在人学方面，贯穿古希腊人学始终的主题思想是"人是一个理性动物"，这是古希腊思想家对人性本质的界定，但是古希腊思想家每每论及的理性，实际上是一种抽象的、超验的存在，是脱离世俗基础的空洞的想象物，这种"理性人性论"必将历史地滑入神秘的唯心主义泥淖。马克思主义继承了古希腊重视人的理性的传统，注重对人的精神属性（理性）的研究，但是反对抽象地谈论理性。在古希腊理性人学思想的基础之上，马克思看到了理性的社会本质。在此基础上，马克思基于唯物史观指出劳动实践才是人区别于动物的根本所在，从而找到了揭示人的本质的科学钥匙。总之，作为西方哲学的源头，古希腊哲学对后来的西方哲学具有深远的影响，马克思对古希腊哲学史的研究为他反思批判整个西方哲学传统、认清哲学家的现实使命打下了基础。

【教学设计意图】德国古典哲学、英国古典政治经济学与英法空想社会主义是马克思主义三大思想来源。除此之外，古希腊以来的许多优秀思想也对马克思有着重要影响。引介相关思想有助于扩展学生的视野，丰富学生对马克思主义来源问题的认识与理解。

5. 情景再现

马克思与恩格斯的伟大友谊

从 1842 年马克思和恩格斯第一次会晤起，40 年里，他们在领导国际共产主义运动的伟大斗争中，团结作战，患难与共，建立了真挚的友谊。由于革命斗争需要，他们曾身处两地近 20 年，但他们之间的关系不仅没有因此而疏远，反而越来越密切。他们几乎每天都要通信，交谈各种政治事件和科学理论问题，共同指导着各国的无产阶级革命运动。

有一个时期，恩格斯生病，马克思时时挂在心上，他在给恩格斯的信中写道："我关切你的身体健康，如同自己患病一样，也许还要厉害些。"恩格斯为了"保存最优秀的思想家"，在经济上资助贫困的马克思，使其能专心致力于革命理论的研究，他违背自己本来的意愿，到父亲经营的公司中去从事那"鬼商业"的工作。

当《资本论》第一卷付印的时候，马克思给恩格斯写信说："其所以能够如此，我只有感谢你！没有你为我作的牺牲，我是决不可能完成三卷书的巨大工作的。我满怀感激的心情拥抱你。"尽管恩格斯做出了巨大牺牲，但他始终认为，能够同马克思并肩战斗 40 年，是他一生中最大的幸福。

正如列宁所赞扬的，马克思与恩格斯之间的这种崇高的革命友谊"超过了古人关于友谊的一切最动人的传说"。

请根据上述描述，以话剧、诗歌、小品等艺术形式展现马克思与恩格斯之间的友谊。

【教学设计意图】以情景剧的形式让学生切身体会马克思主义经典作家的动人友谊，帮助学生树立正确的交友观。

（三）挑战度教学设计

1. 疑难问题解答

（1）如何理解马克思主义的整体性与马克思主义的三个组成部分的关系？

马克思主义经典作家从来都认为马克思主义是严整的理论体系，反对将马克思主义的各个组成部分割裂开来。马克思主义基本原理体现在马克思主义哲学、马克思主义政治经济学与科学社会主义三个基本部分的有机统一中。马克思主义哲学是无产阶级的科学世界观和方法论，是无产阶级及其政党认识世界和改造世界的锐利思想武器。马克思主义政治经济学阐明了剩余价值学说，揭开了资本主义剥削的秘密，揭示了资本主义生产方式的本质及其产生、发展和灭亡的客观规律，阐述了无产阶级在资本主义社会中的地位和历史使命，为无产阶级革命提供了理论依据。科学社会主义以马克思主义哲学和马克思主义政治经济学为理论基础，阐明了无产阶级解放运动的条件和发展规律，指出了无产阶级彻底解放的正确道路。马克思主义的这三个组成部分，在马克思主义学说中是统一的、相互联系和密不可分的。马克思主义哲学是马克思主义全部学说的理论基础，马克思主义政治经济学是马克思主义哲学的运用与证明，科学社会主义既是马克思主义哲学和马克思主义政治经济学的运用，又是马克思主义哲学和马克思主义政治经济学的落脚点。这三个组成部分共同构成了马克思主义完整的科学体系，是无产阶级及其政党的科学的世界观。

【教学设计意图】若课堂教学是按照马克思主义哲学、马克思主义政治经济学与科学社会主义分门别类地展开，容易给学生形成马克思主义就是三个部分机械组合的印象。强调在整体性视角下三个部分的有机联系，有助于进一步强化学生对马克思主义基本原理的有机性与整体性的理解与认识。

（2）马克思主义为什么不是宗教？

西方一些学者，如罗素、洛维特蒂利希等将马克思主义与宗教联系，其主要内容是夸大马克思主义作为一种世界观、人生观、历史观及对人的理解与宗教（主要是指基督教）的相似之处，以此得出马克思主义是一种新宗教或准宗教的结论，否认马克思主义的科学意义。

马克思主义是共产党人唯一正确、科学的信仰。作为一种科学认识，马克思主义与历来的宗教信仰有着本质的区别。正是这些本质区别，体现着马克思主义作为一种科学信仰所具有的显著特征：第一，马克思主义是科学和信仰的统一。马克思主义作为指导全世界无产阶级实现共产主义的学说，其本身就是科学认识和科学信仰的统一。马克思主义不仅是人类信仰的一种，而且是人类历史上最伟大、最富有活力和最有广阔前景的信仰，它适应于无产阶级和人类解放的需要而产生，并越来越成为无产阶级和进步人类的精神支柱。第二，马克思主义是信仰活动与现实生活的统一。宗教信仰对现实采取逃避的态度。马克思主义信仰基于人们生存中的客观现实，从现实中分析和概括出符合事实发展方向的客观规律，它给人们指出的是一条现实道路。人们通过遵循这条道路，并努力和奋斗，就能够逐步达到追求的目标——共产主义社会。第三，马克思主义是现实性和理想性的有机统一。宗教信仰是建立在对非科学理论的尊崇之上的，追求的是超离现实世界的虚构物。而马克思主义是以现实世界为根基，对现实世界的一种科学认识，其信仰经内化产生的积极作用对现实世界的发展和世俗生活的英雄起着无与伦比的作用。

综上所述，马克思主义作为一种信仰，与宗教信仰有着某些表面上的相似之处，但是，马克思主义是科学的信仰，因为它不管在本质上还是在影响上，都是理性的、积极的、来源于现实的、充分实现人的自我解放的、拥有强大生命力的信仰，这些都是宗教信仰所不及的。所以说，马克思主义是我们应该坚持的科学的、高尚的信仰。

【教学设计意图】青年学生容易混淆作为一种信仰，马克思主义科学信仰与宗教信仰表面上的相似与本质上的差异。通过问题的解答，厘清两者的本质差异，进一步坚定学生的马克思主义科学信仰。

2. 典型试题解析

（1）单选题

马克思主义的创立在思想和文化方面主要批判地继承、吸收了（ ）的合理思想。

A. 英国古典哲学、英国古典政治经济学和法国、德国的空想社会主义

B. 德国古典哲学、法国古典政治经济学和法国、英国的空想社会主义

C. 德国古典哲学、英国古典政治经济学和法国、英国的空想社会主义

D. 法国古典哲学、德国古典政治经济学和法国、英国的空想社会主义

答案：C

【教学设计意图】考查学生对马克思主义三大思想渊源的精确把握。

马克思、恩格斯之所以能够创立马克思主义，主要是因为（ ）。

A. 德国是当时最为发达的资本主义国家

B. 他们对时代有着超越常人的认知能力

C. 社会历史条件和个人努力的相互作用

D. 他们拥有优良的家庭背景和教育经历

答案：C

【教学设计意图】考查学生理解马克思主义产生的社会历史根源。

马克思主义最根本的世界观和方法论是（ ）。

A. 实事求是，理论联系实际　　　　B. 辩证唯物主义和历史唯物主义

C. 从实际出发，实事求是　　　　　D. 唯物主义和辩证法

答案：B

【教学设计意图】考查学生对作为科学世界观与方法论的马克思主义的正确理解。

促使马克思主义在中国传播的重大历史事件是（ ）。

A. 辛亥革命　　B. 十月革命　　C. 五四运动　　D. 中国共产党成立

答案：B

【教学设计意图】考查学生对马克思主义中国化历程的把握。

"哲学把无产阶级当作自己的物质武器,同样,无产阶级把哲学当作自己的精神武器"这个论断的含义是(   )。

A. 马克思主义是无产阶级的世界观与方法论

B. 哲学的存在方式是物质

C. 无产阶级的存在方式是精神

D. 无产阶级掌握哲学就由自为阶级转变为自在阶级

答案:A

【教学设计意图】考查学生对理论与实践的辩证关系的理解。

(2)多选题

19世纪30—40年代,标志着无产阶级反对资产阶级的阶级斗争进入新阶段的欧洲工人运动是(   )。

A. 德国西里西亚纺织工人起义   B. 法国里昂工人起义

C. 意大利大罢工   D. 英国宪章运动

答案:ABD

【教学设计意图】考查学生对马克思主义诞生的阶级基础的准确认识

马克思主义的鲜明特征是(   )。

A. 建设性   B. 科学性   C. 人民性   D. 现实性

E. 实践性   F. 发展性

答案:BCEF

【教学设计意图】考查学生对马克思主义鲜明特征的全面认识。

(3)辨析题

有一种观点认为,阶级性与科学性是不相容的,只要代表某个阶级利益和愿望的社会理论,就不可能是科学的。而马克思主义代表无产阶级,所以是不科学的。

答案解析:错误。马克思主义从产生到发展,表现出了强大的生命力,这种强大生命力的根源在于它的以实践为基础的科学性与革命性的统一。首先,马克思主义的科学性主要体现在辩证唯物主义与历史唯物主义的科学性上。辩证唯物主义和历史唯物主义是马克思主义最根本的世界观和方法论,是无产阶级的科学世界观与方法论。它是完备深刻而无片面性的学说。其次,马克思主义的革命性体现在其政治立场上。马克思主义政党的一切理论和奋斗目标都应致力于实现以劳动人民为主体的最广大人民的根本利益,这是马克思主义最鲜明的政治立场。最后,马克思主义的科学性和革命性是统一的。科学性并不意味着价值中立和没有立场，革命性也并不意味着缺乏客观态度和科学精神。马克思主义的科学性和革命性是相互支撑、相互促进、有机统一的，这种统一不是抽象的、先验的，而是以社会主义运动的实践为基础，并在这种实践中实现的。

【教学设计意图】以科学性与阶级性的辩证关系促进学生更加深刻地理解马克思主义的鲜明特征。

3. 课后实践作业

①阅读《马克思传》（戴维·麦克莱伦著 中国人民大学出版社 2010 年版），撰写一篇心得体会。

②制作一个反映马克思、恩格斯的生平经历与事迹的微视频。

【教学设计意图】《卡尔·马克思传》一书详细剖析了以往不为人注意和重视的后来发表的马克思的思想文献，如马克思的几大本经济学笔记，并且深入、细致地刻画了马克思一生的生活、工作和理论研究经历，揭示了许多鲜为人知的情况。通过文本阅读与视频制作，促使学生更加深入地了解马克思的生平经历及其与马克思主义创立之间的内在关联，同时感受经典作家的伟大人格魅力。

专题教学设计二　为什么要学习马克思主义

一、教学设计目标

①知识目标：理解学习马克思主义的原因。

②能力目标：掌握马克思主义认识世界与改造世界的强大功能。

③价值目标：领会马克思主义的当代价值，坚定马克思主义信念。

二、教学设计要点

（一）观察当代世界的认识工具

①马克思主义给予了我们观察当代世界的宏大视野。我们不仅生活在当代中国，也生活在当代世界，我们要立足中国，放眼世界。只有用马克思主义的立场、观点、方法，才能超出自身的狭隘，看到世界多种多样的联系，把握真实的世界，为自己合理定位。

②马克思主义给予了我们透视时代风云的锐利目光。当代世界风云变幻，有大量的问题亟待解决与解答，要想解决这些问题，必须学会马克思主义观察

和分析问题的方法原则。

③马克思主义给了我们展望未来世界的长远眼光和战略定力。不仅要看到现在，还要看到未来，不仅要把握变化脉络，更要观察演化趋势，这样才能冷静观察，保持定力，始终以处理好中国问题为立足点，坚定走我们自己的道路。

（二）指引当代中国发展的行动指南

①马克思主义是指引当代中国发展的精神旗帜。中国共产党在马克思主义的指导下，带领中国人民取得了革命、建设、改革的伟大胜利。我国现代化建设取得的伟大成就，是马克思主义的现实指导作用和当代价值最直接、最可靠的证明。

②人民有信仰，民族有希望，国家有力量。对马克思主义的信仰是中国革命、建设、改革的强大精神动力。

③马克思主义是引领当代中国实践的行动指南。马克思主义是我们的"看家本领"，掌握了这一本领，就能够以更宽广的视野、更长远的眼光来思考和把握未来发展面临的一系列重大问题，应对重大挑战，抵御重大风险，克服重大阻力，解决重大矛盾。

（三）引领人类社会进步的科学真理

①从人类历史发展的大视野来看，马克思主义所揭示的人类社会发展规律、社会主义代替资本主义的历史趋势，依然存在并发生作用。马克思主义仍然是当今时代的真理。

②人类的未来仍然需要马克思主义的启迪和指引。马克思主义致力探寻人类社会的奥秘，揭示人类历史的规律，指明人类前进的方向，它的基本结论和方法中所蕴含的历史洞见和历史智慧，所展现的真理魅力和真理光芒，对于人类走向未来具有不可替代的启示和引领价值。

三、教学设计方案

（一）高阶性教学设计

1. 经典原文解读

（1）习近平：《学习马克思主义基本理论是共产党人的必修课》

这是习近平总书记2018年4月23日在十九届中央政治局第五次集体学习时的讲话。在讲话中，习近平总书记阐述了《宣言》的重大理论贡献、《宣言》对世界社会主义产生的深远影响、《宣言》的科学原理和科学精神，强调要通过重温经典，感悟马克思主义的真理力量，坚定马克思主义信仰，追溯马克思主义政党保持先进性和纯洁性的理论源头，提高全党运用马克思主义基本原理解决当代中国实际问题的能力和水平。

【教学设计意图】结合习近平总书记对《宣言》的理论贡献与当代影响的深刻阐释，让学生能够更加具体深入领会马克思主义的当代价值。

（2）习近平：《辩证唯物主义是中国共产党人的世界观和方法论》（载《求是》2019年第1期）

文章指出，辩证唯物主义是中国共产党人的世界观和方法论。今天，我们党要团结带领人民实现"两个一百年"奋斗目标、实现中华民族伟大复兴的中国梦，必须不断接受马克思主义哲学智慧的滋养，更加自觉地坚持和运用辩证唯物主义世界观和方法论，更好在实际工作中把握现象和本质、形式和内容、原因和结果、偶然和必然、可能和现实、内因和外因、共性和个性的关系，增强辩证思维、战略思维能力，把各项工作做得更好。

【教学设计意图】习近平总书记紧密结合中国特色社会主义的伟大实践，对辩证唯物主义的世界观与方法论价值的阐述，有助于学生深刻理解马克思主义的理论与实践相结合的重大意义。

2. 学术观点拓展

自20世纪90年代以来，由于国际形势的急剧变化和中国经济社会发展不断出现的新情况，一些人开始对马克思主义的现实性产生了质疑。《中国为什么还需要马克思主义》（陈学明、黄力之、吴新文著，天津人民出版社2013年版）面对这些问题运用马克思主义的立场、观点、方法，对当前存在的对马克思主义的种种疑虑做了全面深入的解答。该书有着鲜明的风格特色和重要的思想理论价值，直面现实问题立论，消疑释惑，正本清源，析事明理。以"马克思主义是否还具有现实性"为主线，将困扰人们思想认识的各种疑问进行了梳理。该书紧扣时代脉搏，文风平实，写作形式新颖，以现实问题作为切入点，用问答的形式展开论证，既有理论上的精妙阐释，也有现实的具体例证，内容鲜活，具有很强的说服力、感染力。

【教学设计意图】《中国为什么还需要马克思主义》一书将人们思想中存在的对马克思主义当代价值的各种疑问进行梳理，选取最具代表性的十个问题，引经据典，既从理论上加以阐述，又联系实际存在的疑惑，从现实的角度进行正面的、系统的解答。阅读本书不仅可以引发学生思考、解除学生的疑虑，更能使学生领略到马克思主义的伟大，感受到马克思主义的世界观、方法论确实是指导当代中国前行的真理，从而坚定对马克思主义的信念。

（二）创新性教学设计

1. 案例分析

（1）乔纳森·沃尔夫：《当今为什么还要研读马克思》（高等教育出版社2006 年版）

乔纳森·沃尔夫（Jonathan Wolff）是伦敦大学学院哲学教授。该书是伦敦大学马克思主义课程的讲义。本书的核心问题就是在其前言中所提出的"在21 世纪初，马克思的思想在多大程度上还有生命力"。要正确回答这一问题，首先必须弄清楚马克思主义本身的思想内容，然后在此基础上才能科学评价。因此该书第一章主要介绍马克思早期的作品，涉及的主题有宗教、历史唯物主义、劳动和异化等，第二章主要介绍马克思与恩格斯合作的著作，比如资本主义必然灭亡的理论等，第三章则回答了作者自己提出的问题：当今为什么还要研读马克思？正如书中所言，马克思之所以能为人们所膜拜敬仰，不分种族或生活形态，一方面，是对他的理论哪怕是粗线条的理解，也能把握当今世界及世界思想界；另一方面，他的伟大并不仅仅在于他得出了某种结论，更在于他严谨深刻的逻辑能力、系统的特有的创造力，为我们提供了丰富的精神食粮、无限的启发。甚至可以说，对整个人类来说，他的独创的思维方式比他提出的真理更具有持久的生命力，更令人感兴趣。

【教学设计意图】本书作为西方学者的研究成果，可以帮助学生体会在西方资本主义的核心地带，大学如何讲授、研究、评价马克思作为资本主义批判者的思想价值与地位。

（2）西方学者关于马克思主义当代价值的论述

法国著名哲学家萨特在《辩证理性批判》中写道："马克思主义的生命力绝不是已经枯竭了，它还年轻，几乎还在童年；它好像刚刚在发展。所以它仍然是我们时代的哲学，它是不可被超越的，因为产生它的那些历史条件还没有被超越。我们的思想，无论如何只有在这块沃土上才能形成；我们的思想应当把自己约束在这块沃土所提供的范围以内，否则就会落空或者后退。"

美国著名经济学家罗伯特·L. 海尔布隆纳在《马克思主义：赞成和反对》中写道："马克思主义是我们时代'需要'的哲学。……它不仅提供了一种历史观，同时，它也是作为历史创造的指南，尽管世态多变，但一个多世纪以来，马克思的著作仍然不失其效用……在我们时代和今后，世界的改变是肯定无疑的，而且大部分将是在马克思主义本身的鼓舞和指导下进行的。……要探索人类发展的前景，就势必要求教于马克思主义。"

美国经济学家熊彼特在《资本主义、社会主义与民主》一书中说："大多数智力和想象的创作，经过一段时间，短的不过饭后一小时，长的达到一个世代，就完全湮没无闻了。有些却不，他们遭受了晦蚀，但是又复活了，不是作为文化遗产中不可辨认的成分而复活，而是穿着自己的服装，带着人们看得见摸得着的自己的瘢痕而复活了。这些创作，很可以称之为伟大的创作。在我看来，伟大和生命力是联结在一起的，按这个意思来说，伟大这个词无疑适用于马克思的道理。"

【教学设计意图】生活在资本主义制度下的西方学者对马克思主义的高度肯定，表明了马克思主义也赢得了西方许多知识分子的尊重与肯定。本案例有助于学生从理论层面理解与把握马克思主义的当代价值。

2. 课堂讨论

讨论主题：20 世纪 80 年代末 90 年代初，世界上第一个社会主义国家——苏联解体了，东欧一批社会主义国家易帜了。这是不是表明马克思主义已经过时了？

讨论 1：苏联解体的内外原因是什么？

讨论 2：如何正确地认识苏联解体、东欧剧变与马克思主义之间的关系？

【教学设计意图】如何正确地评判苏联解体、东欧剧变对马克思主义的影响是确立马克思主义当代价值的重要内容。回答此问题的关键在于苏联解体的原因究竟何在。西方的和平演变战略仅仅是造成苏联解体的外因，导致苏联垮台的主要在于内因，斯大林的错误、苏联体制的弊端，贯穿于苏联共产党（以下简称"苏共"）亡党、苏联解体整个过程的，是苏联一些领导人对马克思主义基本原理的放弃与背叛。对问题的讨论将帮助学生廓清现实疑问，使他们在大是大非面前进一步坚定马克思主义信仰。

3. 视听资料

(1)《不朽的马克思》(2018)

电视纪录片《不朽的马克思》是中共中央党史和文献研究院、中央广播电视总台为纪念马克思诞辰 200 周年联合制作的。本片主创团队在国内外大量考察马克思、恩格斯的手稿档案、文献资料，并赴德国、法国、比利时、荷兰、英国、俄罗斯等地实地拍摄，力求真实地反映马克思成长、生活、研究理论和开展革命活动的人生历程和思想轨迹。片中说明，与时代同步伐，与人民共命运，关注和回答时代和实践提出的重大课题，是马克思主义永葆生机活力的原因所在。习近平新时代中国特色社会主义思想是马克思主义中国化的最新成果，是当代中国马克思主义、21 世纪马克思主义，开辟了马克思主义新境界。

【教学设计意图】纪录片全景式地追溯了从马克思生平到马克思主义中国化

的伟大历程，形象、生动、有力地展现了无论时代如何变迁、科学如何进步，马克思主义依然以其科学思想的伟力，占据着真理和道义的制高点。

（2）《千年思想家》（2018）

该片是纪录片《马克思是对的》的第 5 集。该集围绕马克思这位千年思想家，讲述马克思主义理论体系形成的过程，以及马克思主义在世界的广泛传播和巨大影响，从纵向和横向两个维度证明马克思主义在当今、在世界具有旺盛的生命力，散发出真理光芒。

【教学设计意图】该片通过专家阐述、著名高校青年代表讲述以及青年代表共同参与，多角度、多层次地互动讨论马克思主义的立场、观点、方法以及它们的当代价值和持久魅力，有助于学生深入理解与科学评价马克思主义的当代价值。

4. 知识拓展

特里·伊格尔顿：《马克思主义为什么是对的》（重庆出版社 2018 年版）

伊格尔顿是西方新马克思主义研究的代表人物之一，他曾担任牛津大学教授。在该书中，他对于当前西方社会 10 个典型的否定马克思主义的观点逐一进行了反驳。自 2008 年全球金融危机爆发以来，资本主义制度在西方受到广泛质疑，社会主义中国作为负责任的力量，在金融海啸中起到了中流砥柱的作用。基于多年对马克思主义深入和系统的研究，伊格尔顿认为，让整个世界重新认识、反思马克思主义的契机正在显现。作者"申辩"式的写作手法提醒了人们，马克思是以科学、辩证的方法诠释历史的，但着眼点仍是人类的未来。马克思和恩格斯所要颠覆的正是资本主义带来的人与物质异化的事实——而这正是资本主义越成功、道德就越败坏的原因。作者指出，马克思主义理论对于当今社会的重大意义不仅在于其对资本主义制度全面彻底的揭露，还在于其在当今社会同样适用辩证唯物主义和历史唯物主义的研究方法。

【教学设计意图】该书以西方学者的视角，通过大量实证内容反驳了世人对马克思主义的错误认识，彰显了马克思主义的当代价值。

5. 情景再现

欣赏说唱音乐《马克思是个"90 后"》（卓丝娜词曲，2016）。

【教学设计意图】通过青年喜闻乐见的说唱音乐，拉近与马克思、马克思主义的心理距离，表明马克思主义的时代性不仅仅是因为马克思开始创立马克思主义理论时年龄与如今的 90 后相仿，更是因为他和我们今天二十出头的年轻人有非常多共性的东西，比如，对真理的坚持、对自由和未来美好生活的追求，以及他身上更多个性表达的东西。

（三）挑战度教学设计

1. 疑难问题解答

如何理解马克思主义的终结论？

20世纪80年代末、90年代初的苏联解体、东欧剧变使得世界各种反马克思主义的势力有了可乘之机，他们开始肆无忌惮地诋毁马克思主义。1992年，日裔美籍政治学者福山将其发表在美国《国家利益》杂志1989年夏季号上名为《历史的终结》一文中的观点引申发挥，出版了一本专著，名曰《历史的终结及最后之人》。他在书中宣称：历史的终结行将来临，未来将是自由市场经济和议会民主政体全球化的时代，而社会主义和作为其政纲基础的马克思主义在这种全球化语境中已没有了位置。一时间，关于"20世纪是马克思主义历史终结的时代""资本主义获得全面胜利，社会主义终结了""马克思主义死亡了"的"终结论"末世学说争相登场，甚为喧嚣。

伊格尔顿在《马克思主义为什么是对的》一书中指出，马克思主义终结论的错误之处在于没有看清马克思主义的研究与批判对象。马克思主义是对资本主义的批判，是有史以来出现过的对资本主义最透彻、最严厉、最全面的批判，也是唯一大大改变了这个世界的批判。由此可以断定，只要资本主义还存在一天，马克思主义就必然存在；马克思主义只有在淘汰了它的对手之后，才会自我淘汰。然而，最新的情况显示，资本主义还远远没有衰败。正是马克思主义教给了我们资本的不同历史形态：商业资本主义、农业资本主义、工业资本主义、垄断资本主义、金融资本主义和帝国资本主义等。既然马克思主义早已洞悉了资本主义不断变化的本质，最近几十年来资本主义的形态变化又怎么能否定马克思主义理论的可信度呢？

法国哲学家德里达在《马克思的幽灵——债务国家、哀悼活动和新国际》中，基于解构主义的立场，为马克思主义辩护，进一步驳斥了"马克思主义已经死亡"的言论。他指出，所谓"马克思主义死亡"的断言是一种"自相矛盾、破绽百出、违反理性的共识"，对于这种断言"必须予以抵制"。在德里达看来，虽然马克思的"形体"已不存在，但他的精神或"幽灵"却无处不在。在德里达看来，自我批判、自我更新是马克思主义的内在精神，这种批判精神是马克思主义"最有活力的部分"。虽然马克思在"形体"上已不在场，但马克思特有的"批判精神"却使马克思超越其"形体"而与我们同在。德里达坚信，马克思所说的徘徊在1847年的欧洲的幽灵并没有消失，它正在对种种新霸权主张进行挑战，马克思主义的现实意义也因此得到体现。

【教学设计意图】伊格尔顿从马克思主义的批判对象——资本主义本身出

发，研究马克思主义的当代性；德里达从马克思主义的批判精神——改造现实出发，阐发马克思主义的当代性。这两个方面启发学生能够多维度思考与理解马克思主义的时代价值。

2. 典型试题解析

（1）单选题

在 21 世纪到来前夕，英国广播公司（British Broadcasting Corporation，BBC）在全球范围内举行"千年思想家"网上评选活动，结果高居榜首的是马克思。马克思主义之所以至今仍受到人们的普遍关注，充满生机和活力，是因为(　　)。

A. 它完成了对各种客观事物的认识

B. 它正确反映了社会发展规律并具有与时俱进的理论品质

C. 它是检验人们各种认识是否正确的标准

D. 它对人们的各种实践活动都有具体的指导作用

答案：B

【教学设计意图】考查学生对马克思主义当代价值的理解。

马克思、恩格斯指出："资产阶级的生产关系和交换关系，资产阶级的所有制关系，这个曾经仿佛用法术创造了如此庞大的生产资料和交换手段的现代资产阶级社会，现在像一个魔法师一样不能再支配自己用法术呼唤出来的魔鬼了。"此现象在现实社会中具体表现为(　　)。

A. 产业革命

B. 周期性经济危机

C. 席卷整个欧洲的黑死病

D. 贩卖黑奴活动

答案：B

【教学设计意图】考查学生运用马克思主义观点分析当代世界的能力。

俄国十月社会主义革命的胜利，开创了世界历史的新纪元，使科学社会主义开始(　　)。

A. 从空想变为科学

B. 从理论变为现实

C. 从一国变为多国的实践

D. 从一种模式变为多种模式

答案：B

【教学设计意图】考查学生对马克思主义实践价值的理解和把握。

（2）辨析题

学习马克思主义哲学，就是为了找到解决问题的现成答案。

答案解析：错误。学习马克思主义哲学的根本目的是马克思主义能给我们提供科学的世界观和方法论，而不是为了找到解决问题的现成答案，因为世界上任何理论都来自人的实践活动。

【教学设计意图】破除学生对马克思主义当代价值的实用主义理解。

3. 课后实践作业

①阅读埃里克·霍布斯鲍姆《如何改变世界：马克思和马克思主义的传奇》（中央编译出版社2014年版），撰写读后感。

②校园调查：以"大学生眼中的马克思主义"为主题在校园采访大学生对马克思与马克思主义当代价值的基本态度和理解。

【教学设计意图】霍布斯鲍姆的《如何改变世界：马克思和马克思主义的传奇》是在2008年全球金融危机之后写作的关于马克思主义时代价值的著作。随着全球危机对资本主义霸权的挑战，正如霍布斯鲍姆所说，现在确实是"认真对待马克思"的时候了。通过文本阅读与社会调研，扩展学生对马克思主义当代价值的认识与理解。

专题教学设计三　如何学习马克思主义

一、教学设计目标

①知识目标：理解马克思主义理论联系实际的学风与马克思主义中国化的理论成果。

②能力目标：掌握马克思主义经典文本的阅读方式。

③价值目标：自觉将马克思主义内化于心、外化于行。

二、教学设计要点

（一）努力掌握马克思主义的基本立场、观点和方法

马克思主义经典作家的个别提法可能会随着时代的变迁而过时，但是马克思主义的基本立场、观点和方法具有穿越时空的永恒价值。因此，学习马克思主义最重要的是要掌握马克思主义的科学世界观与方法论，提高分析问题和解

决问题的能力。

（二）坚持理论联系实际的马克思主义学风

马克思把自己的哲学称为"实践的唯物主义"，强调他的学说的实践性和科学性，反对理论空谈，反对脱离实际情况照搬理论及著作。告诫人们："正确的理论必须结合具体情况并根据现存条件加以阐明和发挥。"一方面多读经典著作，掌握马克思主义基本原理，另一方面联系我国社会发展实际，把握国情，了解大政方针，联系自身实际，改造世界观，端正认识。

（三）以科学的态度对待马克思主义

根据实际情况不断创新。马克思主义的理论不仅是不断发展的理论，而且是一个实践性理论，需要在实践的基础上不断进行理论创新。时代在发展变化，学习马克思主义也要根据时代的变化和实践的发展不断进行理论创新，进一步丰富和发展马克思主义。

（四）将马克思主义化作自觉的行动

知识方法掌握是基础，还要内化为信念，外化为行动。树立科学的理想信念，树立科学的世界观、人生观、价值观，自觉以马克思主义作为自己的行动指南。

三、教学设计方案

（一）高阶性教学设计

1. 经典原文解读

毛泽东：《改造我们的学习》

中国共产党在历史上曾发生过几次"左"倾和"右"倾的错误，给革命事业造成了巨大损失。其根本原因就在于当时的领导者不从中国革命的具体情况出发，不能把马克思列宁主义理论同中国革命的实际相结合，而是从主观臆断出发，教条主义地对待马克思列宁主义理论。在文中毛泽东同志号召全党坚持理论联系实际，反对主观主义。文章主要针对党内在学风中存在的问题进行了阐述，阐述精辟透彻，论证充实有力，不但在当时整风中发挥了重大作用，就是针对今天的理论学习仍有指导意义。

【教学设计意图】通过阅读这一经典文本，增强学生对树立理论和实际相结合、实事求是的马克思主义作风的认识与理解，同时为学生学习马克思主义提供正确的方法指导。

2. 学术观点拓展

当代中国马克思主义的研究方法

①文本研究。所谓文本研究就是阅读马克思、恩格斯的著作，把握著作的含义、著作表达的思想。要理解马克思主义文本，仅仅阅读马克思主义经典著作是不够的，还需要阅读和理解与马克思主义经典作家同时代及在其之前的文本，才能更好地理解马克思主义经典著作。

②思想史研究。在历史的视野中研究马克思的思想，就是要从马克思思想发展的历史中把握马克思主义，充分意识到马克思主义文本的历史性规定，在思想史和历史发展的交汇处把握马克思主义的思想意蕴。

③认识论研究。研究马克思主义理论和历史现实的关系。这就要求坚持问题导向、强化问题意识，增强马克思主义文本研究与现实的关联度。

④价值观研究。遵循为无产阶级和劳动人民服务、为社会主义和共产主义服务的原则，在加强经典著作编译和研究的基础上，不断深化对党的基本理论、基本路线、基本方略的研究，深化对中国特色社会主义道路、理论、制度、文化的研究，为理论创新创造提供学理支撑。

⑤解释学研究。着眼于马克思主义发展史的宏观历史视野，以马克思主义唯物史观为指导，借鉴西方哲学解释学的理论及方法，对马克思主义科学理解与解释进行系统的梳理和深入的阐释，通过解释学阐述马克思主义的规律、特征、研究领域、判定标准及其未来走势，重建马克思主义解释学。

⑥对话比较研究。马克思主义"改变世界"的实践旨趣强调，只有在解答时代的系列重大问题中，只有在与各种当代在场的思想的对话中，才能打磨出犀利的思想光芒，才能成为时代的思想。

【教学设计意图】引介当代马克思主义的研究方法，扩展学生对如何学习与掌握马克思主义的理论视野。

（二）创新性教学设计

1. 案例分析

恩格斯在1895年3月11日给韦尔纳·桑巴特的书信中曾经说过："马克思的整个世界观，不是教义，而是方法。它提供的不是现成的教条，而是进一步研究的出发点和供这种研究使用的方法。"①

列宁在《政治家札记》一文中指出："我们不是学理主义者。我们的学说不是教条，而是行动的指南。我们并不苛求马克思或马克思主义者知道走向社会

---

① 马克思恩格斯文集（第十卷）［M］. 北京：人民出版社，2009：691.

主义的道路上的一切具体情况，这是痴想。我们只知道这条道路的方向，我们只知道引导走这条道路的是什么样的阶级力量；至于在实践中具体如何走，那只能在千百万人开始行动以后由千百万人的经验来表明。"①

【教学设计意图】通过经典作家反对将马克思主义教条化的做法，引导学生以理论联系实际的学风来学习与运用马克思主义，一是理论研究必须从实际情况出发，想要认识世界，必须直接面对世界，而不能再带着书阁之中单纯的靠"概念"来把握世界。二是具体问题，具体分析。对任何事物，都必须采取"辩证的方法"来进行分析。

2. 课堂讨论

匈牙利思想家卢卡奇在《历史与阶级意识》一书中写道："我们姑且假定新的研究完全驳倒了马克思的每一个个别的论点。即使这点得到证明，每个严肃的'正统'马克思主义者仍然可以毫无保留地接受这种新结论，放弃马克思的所有全部论点，而无须片刻放弃他的马克思主义正统。所以，正统马克思主义并不意味着无批判地接受马克思研究的结果。它不是对这个或那个论点的'信仰'，也不是对某本'圣'书的注解。恰恰相反，马克思主义问题中的正统仅仅是指方法。"

讨论：卢卡奇将马克思主义仅仅归结为方法，合理吗？

【教学设计意图】卢卡奇的观点是一种方法至上的马克思主义观。所谓方法至上，就是把理论方法和结论对立起来，割裂世界观与方法论的统一，片面强调方法而轻视结论。卢卡奇的方法至上的马克思主义观的错误之一是他把方法仅仅理解为辩证法而否认世界观的方法意义，实际是否认唯物主义的方法意义；错误之二是离开论点、结论谈方法，把方法看作可以离开论点、结论的独立自在的东西，其最终结果将是对马克思主义本身的否定。通过讨论，引导学生在学习马克思主义时坚持世界观与方法论的统一。

3. 视听资料

《延安整风》（2021）

《延安整风》是百集微纪录片《百炼成钢：中国共产党的100年》第20集，该微纪录片由中央党史和文献研究院、国家广播电视总局、中共江苏省委联合出品。该片站在中国共产党成立100周年的历史高度，撷取中国革命、建设、改革历程中的重要事件，用历史故事的形式，形象展示了百年大党的光辉历程和伟大成就。本集简要叙述了以反对主观主义、宗派主义、党八股，树立马克

---

① 列宁全集（第三十二卷）[M]．北京：人民出版社，2017：111.

思主义学风为主要内容的延安整风运动。

【教学设计意图】通过纪录片，表明理论联系实际、实事求是、将马克思主义与中国实际紧密结合的马克思主义学风是中国共产党的优良传统，进一步增强学生在学习与运用马克思主义时的理论自觉与历史自觉。

4. 知识拓展

马克思主义中国化的历史进程

①以毛泽东为代表的中国共产党人，围绕什么是新民主主义革命和怎样进行新民主主义革命的一系列根本问题进行了研究，并对如何进行社会主义建设进行了艰辛探索，从而实现了马克思主义中国化的历史性飞跃。毛泽东思想是马克思主义中国化的理论成果。

②以邓小平为代表的中国共产党人，围绕什么是社会主义，如何建设社会主义的主题进行了科学回答，开创了中国特色社会主义的成功之道。邓小平理论是当代中国的马克思主义，是对马克思主义社会理论形态的伟大创新。

③以江泽民为代表的中国共产党人，围绕建设一个什么样的党，如何建设党的核心主题，继续推进中国特色社会主义建设，提出了"三个代表"重要思想。

④党的十六大以后，以胡锦涛为代表的党中央继续从理论和实践两方面向前推进，提出树立科学发展观和构建社会主义和谐社会的两大战略思想。

⑤以习近平同志为核心的党中央继续推进马克思主义中国化、时代化、大众化，提出习近平新时代中国特色社会主义思想，这是马克思主义中国化的最新成果，标志着马克思主义中国化的又一历史性飞跃。

【教学设计意图】马克思主义中国化是马克思主义的基本原理同中国的具体实际有机结合的历史过程。通过梳理这一历史过程及其所取得的理论成果，有助于增强学生理论联系实际的马克思主义学风。

5. 情景再现

诵读毛泽东同志的《改造我们的学习》。

【教学设计意图】通过对经典的诵读，使学生更深刻地感受与体会马克思主义的优良学风。

（三）挑战度教学设计

1. 疑难问题解答

马克思在《〈黑格尔法哲学批判〉导言》中指出："光是思想力求成为现实

是不够的，现实本身应当力求趋向思想。"①

列宁在《全俄东部各民族共产党组织第二次代表大会上的报告》中说："你们面临着全世界共产党人所没有遇到过的一个任务，就是你们必须以共产主义的一般理论和实践为依据，适应欧洲各国所没有的特殊条件，善于把这种理论和实践运用于主要群众是农民、需要解决的斗争任务不是反对资本而是反对中世纪残余这样的条件。"②

如何理解理论联系实际是马克思主义的学风？

把马克思主义普遍真理同各国的具体实际相结合，这是马克思主义理论的本质要求。马克思主义揭示了人类社会发展的一般规律，但它没有也不可能指出每一个民族的具体特点和发展道路。列宁指出，马克思主义理论"所提供的只是总的指导原理，而这些原理的运用具体地说，在英国不同于法国，在法国不同于德国，在德国又不同于俄国"。这就是说，马克思主义的实际运用必须随时随地以具体的历史条件为转移，同一定历史阶段的历史任务、一定国家和民族的具体情况相结合，它在发展中的具体形态，只能是具体化了的具体理论。对于中国革命和建设的实际来说，这种理论形态就是中国化了的马克思主义。中国共产党所处的社会历史条件，既不同于欧美各国，也不同于俄国。因此，独立地探讨马克思主义的一般原理如何在中国具体运用，是摆在中国共产党面前的迫切任务。历史已经证明，只有把马克思主义基本原理同中国的具体实际相结合，才能取得中国社会主义革命和建设的伟大胜利。

【教学设计意图】学习马克思主义不仅要阅读经典著作、掌握基本原理，更重要的是结合当代世界、面向中国问题、回到现实社会，具体地、历史地、批判地运用马克思主义基本原理与方法。

2. 典型试题解析

（1）多选题

理论联系实际就要（　　　）。

A. 认真读书、刻苦学习马列主义

B. 分析解决面临的实际问题

C. 联系当代世界的深刻变化

D. 联系我国社会主义初级阶段的基本国情

E. 用什么学什么，学什么就立即用什么

---

① 马克思恩格斯文集（第一卷）[M]．北京：人民出版社，2009：13.

② 列宁全集（第三十七卷）[M]．北京：人民出版社，2017：328.

答案：ABCD

【**教学设计意图**】考查学生对理论联系实际的基本内涵的理解。

（2）辨析题

马克思主义是科学的世界观和方法论，学好它我们就能永不犯错误。

答案解析：错误。即使马克思主义学得很好，按照它办事，也不能保证永远不犯错误。马克思主义所反映的是最普遍、最一般的规律，是最大的道理。各个具体事物还有各自的特殊规律，有自己的小道理。按照正确的世界观办事也有可能发生主观与客观不相符合的情况，从而造成错误和失败。但是，正确世界观的指导首先可以避免许多错误，其次可以使人们在犯错时及时地改正。

【**教学设计意图**】通过辨析，向学生表明不能将马克思主义作为"包治百病"的灵丹妙药，一定要理论联系实际，具体问题具体分析。

3. 课后实践作业

阅读《宣言》，提炼马克思如何依据时代条件的变化，分析当时资本主义世界市场走向全球化的思想观点，并运用其中的相关理论，分析经济全球化的当代世界发展状况。

【**教学设计意图**】马克思在《宣言》中已经很明确地提出全球化的思想。马克思对资本主义生产方式与经济全球化的关系进行了生动的、符合历史和逻辑的阐述。他指出，资产阶级在追逐利益的过程中，为了对外扩张，产生全球性的发展，导致了世界市场体系的形成。此次作业可以帮助学生将自己对经典文本的阅读理解运用到对当代世界重大现实问题的分析中。

第一章

世界的物质性及发展规律

专题教学设计一　世界观与哲学的基本问题

一、教学设计目标

①知识目标：了解哲学作为世界观的一般含义，围绕哲学基本问题梳理历史上主要的哲学派别，掌握马克思实践哲学革命的表现和实质。

②能力目标：掌握基本的哲学学术话语，培养哲学的抽象思维能力和理性思辨能力，在哲学史的全域中增强理解马克思主义哲学所具有的哲学的一般性与自身理论的特殊性。

③价值目标：从马克思的实践哲学革命中感受马克思、恩格斯强烈的现实主义精神和崇高的历史责任感、使命感。

二、教学设计要点

（一）什么是哲学

①哲学是系统化、理论化的世界观。

②哲学是对自然知识、社会知识和思维知识的概括和总结。

③哲学提供了对于世界及人与世界关系的全面而深刻的思考，它既是世界观又是方法论。

（二）哲学的基本问题及哲学流派

恩格斯总结和概括了哲学发展特别是近代哲学发展的历史事实，在《路德维希·费尔巴哈和德国古典哲学的终结》中第一次明确提出："全部哲学，特别是近代哲学的重大的基本问题，是思维和存在的关系问题。"①

哲学基本问题主要包括两方面内容：一是存在和思维、物质和意识谁为本原的问题，即何者为第一性的问题；对这一问题的不同回答，形成了唯物主义和唯心主义两种根本对立的哲学派别。二是存在和思维、物质和意识是否具有同一性的问题，即思维能否正确地反映存在、人能否认识世界的问题；对这一问题的不同回答，产生了可知论和不可知论的理论分野。

（三）马克思的哲学革命

①表现：在《关于费尔巴哈的提纲》（以下简称《提纲》）中，马克思提出建立"新唯物主义"哲学，从内容上区别于唯心主义和旧唯物主义。

②实质：实践思维方式的确立是马克思哲学革命的实质，是马克思哲学区别和超越传统哲学的标志。"社会生活本质上是实践的"，马克思把对世界和人与世界关系的理解建立在人的实践之上。

③意义：第一，从实践出发解决哲学的基本问题，传统哲学中的思维和存在的关系被转化为现实中的人与世界的关系，是以人的实践为中介的人对世界的认识和改造关系。

第二，强调人类在社会发展中的决定作用，促成了社会主义从空想到科学、从理论向实践的转变。

三、教学设计方案

（一）高阶性教学设计

1. 经典原文解读

（1）马克思：《〈黑格尔法哲学批判〉导言》

该文创作于 1843—1844 年，它和马克思的另一篇文章《论犹太人问题》共同发表于《德法年鉴》，这两篇文章标志着马克思的世界观和政治立场从唯心主义和革命民主主义转向唯物主义和共产主义。文章从唯物主义立场出发，论述了对宗教的批判与对现实世界的批判之间的关系，阐明了政治解放是人类解放的具体途径，明确了无产阶级革命是无产阶级的历史使命。其中的经典段落有：

"宗教的苦难既是现实的苦难的表现，又是对这种现实的苦难的抗议。宗教是被压迫生灵的叹息，是无情世界的情感。正像它是无精神活力的制度的精神一样，宗教是人民的鸦片。"不同于黑格尔的唯心主义，马克思用客观现实解释

---

① 马克思恩格斯全集（第二十八卷）［M］. 北京：人民出版社，2018：331.

宗教情感，形成了唯物主义世界观。"批判的武器不能代替武器的批判，物质力量只有用物质力量来摧毁；但是理论一经掌握群众，也会变为物质力量。""哲学把无产阶级当作自己的物质武器，同样，无产阶级也把哲学当作自己的精神武器。""德国人的解放就是人的解放。这个解放的头脑是哲学，它的心脏是无产阶级。"马克思明确了无产阶级的政治解放的必然性与可能性。

【教学设计意图】第一，文中马克思对宗教产生的现实社会根源的认识，不同于旧世界观对宗教的认识，学生可借此案例了解不同的世界观对人们的认识和行动产生的深刻影响。第二，帮助学生理解哲学的本质和意义，哲学是一种世界观也是一种方法论，科学的世界观的建立是构建正确人生观、价值观的基础。

（2）马克思：《关于费尔巴哈的提纲》

这是马克思于1845年春创作的一篇文章，被恩格斯誉为"包含着新世界观的天才萌芽的第一个文件"，文中思想可概括为三个方面：

第一，马克思批判了以费尔巴哈为代表的一切旧唯物主义的消极直观性和相应的唯心史观，阐明了新哲学的基础是实践，《提纲》第一条"从前的一切唯物主义的主要缺点是：对对象、现实、感性，只是从客体的或者直观的形式去理解，而不把它们当作感性的人的活动，当作实践去理解，不是从主体方面去理解"，《提纲》第二条"人的思维是否具有客观的真理性，这不是一个理论的问题，而是一个实践的问题"。

第二，马克思从实践观点出发阐述了历史唯物主义的基本思想，强调人的社会性本质以及社会生活的实践本质，《提纲》第六条"人的本质不是单个人所固有的抽象物，在其现实性上，它是一切社会关系的总和"，《提纲》第八条"全部社会生活在本质上是实践的"。

第三，马克思把自己的新哲学命名为"新唯物主义"，强调了新唯物主义是以人类社会或社会中的人类为立足点的，《提纲》第十一条"哲学家们只是用不同的方式解释世界，问题在于改变世界"。

【教学设计意图】通过对该经典文本的阅读，一是可以帮助学生强化关于马克思哲学的实践哲学特征的观点，并站在科学的视角认识哲学的内涵和外延；二是感受青年马克思基于严谨的理性思辨之上的大胆理论创新精神，马克思敢于挑战旧的思想和权威，旗帜鲜明地提出自身的新思想，是当代青年学习的榜样。

2. 学术观点拓展

（1）哲学的内涵

在理解哲学的内涵时，特别要处理好哲学与常识、哲学与科学的关系，以及抽象哲学理论的现实价值问题。

哲学是一种系统化、理论化的世界观。世界观就是观世界的结果，但观的是整个世界而非某个局部，而且哲学是世界观的系统化和理论化，不是零散的、常识化的。因此，要防止常识化哲学的倾向，防止用常识思维去理解哲学观点，应掌握哲学理论中内含的哲学思维。吉林大学孙正聿强调人类认识的三个层次：常识、科学和哲学。这三个层次的认识框架为人们提供了三种不同性质的世界图景、思维方式和价值规范。常识是一种经验性的、表象性的、非批判性的认知方式。科学和哲学都是超越常识的，是两种理论思维方式。科学的特征是确定性，其目标是认识世界，它预设了人具有认识世界的能力。哲学的特征是反思性，它要追问人能够认识世界吗，真理的判定标准是什么，认识的边界在哪里，即它在为科学的确定性寻找依据。

哲学作为自然知识、社会知识和思维知识的概括和总结，既表达了哲学在内容上所具有的确定性，即它基于具体科学知识之上，又表达了哲学在性质上具有的超越性，即它是对具体知识的概括和总结。现代西方著名哲学家罗素在《西方哲学史》中有一个经典表达："哲学，就我对这个词的理解来说，乃是某种介乎于神学和科学之间的东西。它和神学一样，包含着人类对于那些迄今仍为科学知识所不能肯定之事物的思考；它又像科学一样是诉之于人类的理性而不是诉之于权威的，不论是传统的权威还是启示的权威。"在对哲学与科学、哲学与神学的比较分析中，罗素强调了哲学与科学在内容上的区别和在方法上一致，即哲学是用理性的方法探索关于世界整体性质和规律的知识，它和科学形成了相互补充关系。

哲学既是世界观又是方法论，这是关于哲学的现实价值问题。台湾大学哲学系教授傅佩荣的《哲学入门》中有表达：哲学即智慧之学，其实质是"定位宇宙"，并在宇宙中"安排人生"。哲学在理论上回答"我是谁""世界是怎么来的"，从而在实践上指导人"如何做人"，以及"如何处事"。有什么样的世界观，就有什么样的方法论。掌握科学的哲学理论和哲学思维方式，可以指导我们改造世界的行动。

【教学设计意图】一是把哲学内涵中包含的内容的丰富性、具体性和深刻性挖掘出来，破除哲学的"空洞无用论"这类错误的认知。二是突出强调哲学与科学的关系，在现代化这个"科学为王"的时代，恰当处理哲学与科学的关系是至关重要的。虽然，哲学和科学各有自己的领域和使命，但科学的发展依然需要哲学。三是强调了哲学区别于常识，更要防止哲学的常识化倾向，这是理性思维中"分清层次"的必然要求。

（2）哲学的基本问题

恩格斯在其 1886 年创作的《路德维希·费尔巴哈和德国古典哲学的终结》一书中第一次对此做了明确表述："全部哲学，特别是近代哲学的重大的基本问题，是思维和存在的关系问题。"所谓哲学的基本问题，也是哲学的根本问题和最高问题，它贯穿哲学研究始终，是哲学中的最高疑问和根本困惑，这是由哲学的研究对象决定的。哲学研究全世界，而世界万物归结起来无非就是两类，即物质和精神；这也是由哲学研究的主体，即人的存在和特点决定的。人既是有血有肉的生物体，也是有思想、会思维的高级存在，还是肉体的有限性和精神追求的无限性的统一；它还是由人与世界的关系决定的。人在认识世界和改造世界中建立了与世界的联系，而认识和改造世界的活动本质上就是主客观的关系问题。

根据哲学的基本问题，我们可大致在哲学本体论上划分出唯物主义和唯心主义两种世界观，在认识论上划分出可知论和不可知论两种立场。总体来说，本体论问题是哲学首要和核心的内容，它决定了哲学其他追问的性质。类似于主体和客体、理论与实践，人的本质、认识论问题等都是在解答思维和存在的关系中派生出来的，认为本体论问题在现代失效的观点是值得商榷的。在对本体的追问中，出现了唯心和唯物的分野，二者的关联和冲突推动着哲学的发展。但唯物和唯心的区分是针对"世界本原"这个特定的哲学问题的，其意义也是有限的，即不能把唯物和唯心的对立绝对化，把它当作评判一切哲学包括现代哲学的唯一标准，用它去套用所有哲学会引出荒谬的结论。恩格斯说："除此之外，唯物主义和唯心主义这两个用语本来没有任何别的意思，如果给它们加上别的意思，就会造成巨大的思想混乱。"因此，建立层次清晰的逻辑思维方式是重要的。

【教学设计意图】高等教育阶段对马克思主义理论的学习应有更高要求：①反对一知半解，应做到知其然并知其所以然，所以需要解释本体论问题提出的背景和缘由；②破除误解，反对庸俗化。在此要破除"本体论问题在现代失效"的错误观点，同时要破除"唯物主义就是保守的，而唯心主义是革命的；唯物主义是落后的，唯心主义是进步的"这种错误认知。让学生意识到在世界本原上的理论差异并不能导出伟大与腐朽的价值判断，对本体论问题意义的有限性要有清晰的认识，不有意贬低，也不故意夸大。

（二）创新性教学设计

1. 案例分析

（1）乔治·贝克莱的"存在就是被感知"

18 世纪英国著名哲学家、近代经验主义的代表人物贝克莱开创了主观唯心主义。贝克莱的代表作有《视觉新论》《人类知识原理》《海拉斯和斐洛诺斯的对话三篇》。其名言是"存在就是被感知"，意思是世界的存在完全是以感知世界的独立生物个体的存在而存在的，如果没有感知个体，那么世界也就不存在。世界根本就没有第一性的质，因为一切知识都是正在经验着或知觉着的人的一种机能。物理对象只不过是经验到的诸感觉的积累，习惯力量使之在心灵以内联合起来。这一理论诞生之初受到了外界很大的嘲讽，但随着时间的推移、知识的进步，这一理论逐渐被大多数唯心主义者接受。

贝克莱对真实物理世界的绝对否定源于其绝对经验主义的思维方式。按经验主义思维，世界所存在的只有那些我们感受到的事物，凡是我们感受不到的就不存在，我们感受不到"物质"，却说世界是物质的，那就是妄下定论。他相信人有灵，认为我们所有的观念都有一个我们意识不到的成因，而这个成因不是物质的，而是精神的，即"天主"。

作为一个绝对经验主义者，他不但在哲学思考中如此，在日常行事中也如此。有一次，贝克莱突然想知道上吊是什么感觉，然后他就上吊了，幸好有朋友及时赶到，这才救了他一命。

【教学设计意图】让学生了解主观唯心主义的基本表现、历史背景、错误成因。一方面，它是人类认知的进步，将人类对世界的认识牢牢地置于人之上，置于人的经验感知之上，而非臆测，"所谓的存在就是我所感受到的存在"，这是转向近代哲学认识论的典型表现。另一方面，贝克莱的主观唯心主义是经不起推敲的，它最终会借助"天主"的力量滑向有神论，而且其哲学观的直接方法论基础，即绝对经验主义，也是经不起推敲的。

2. 课堂讨论

直面当下社会"哲学边缘化""反对崇高""实用至上""科学为王"的现实场景，围绕哲学观变革与时代精神、马克思与西方哲学语境、哲学现代转向中对实践和价值的关注等内容，收集资料，展开讨论。

讨论 1：科学的不断进步对哲学的要求？

讨论 2：哲学对当代社会发展、中华民族复兴大业的作用？

【教学设计意图】让学生在自己查阅资料的过程中，在不同观点的交流、碰撞与融合中，深刻领会哲学的时代价值。

3. 视听资料

（1）机械唯物主义

该内容可在"成电学堂—教学资源—思政课程—马克思主义基本原理概论教学案例"中观看。近代形而上学唯物主义又称机械唯物主义，他们是以孤立、静止、片面的观点看世界的。代表性人物有英国哲学家霍布斯、法国哲学家爱尔维修、德国哲学家费尔巴哈。

【教学设计意图】通过观看视频，了解近代唯物主义产生的时代背景、理论特征等，并用历史主义的方式正确评价机械唯物主义，不仅要看到它的客观历史作用，更要清醒地认识到它的理论弊端。让学生在批判旧唯物主义的基础上，为接受马克思新唯物主义铺平道路。

（2）《嘿哲学》（2016）

《嘿哲学》是2016年中国内地首档哲学普及脱口秀，由一群欢乐的研究生倾力制作，寓教于乐，颇受好评。节目将哲学划分为中国哲学、西方哲学和马克思主义哲学三大版块，重点关注后两者。其中，从"什么是哲学"（又名"亚里士多德的情话"）开始，到"独生一代的哲学""什么是形而上学？"（又名"6分钟教您了解高大上形而上学"）、"哲学是什么"，再到《嘿哲学家》的"苏格拉底""苏格拉底之死""伊壁鸠鲁"等，都是不可多得的哲学普及素材。

【教学设计意图】通过观看相关视频，让学生以更轻松欢脱的方式了解某些基本哲学概念和著名哲学家的观点。

4. 知识拓展

哲学派别

哲学的基本问题即思维和存在的关系问题，包含两方面的内容：一是思维和存在谁是世界的本原，即谁是第一性、谁是第二性的问题，这是哲学的"本体论"。二是思维和存在是否具有同一性的问题，即思维能否反映存在、人能否认识世界的问题，这是哲学的"认识论"内容。

在本体论中，有唯物主义和唯心主义两种根本对立的哲学派别。唯心主义世界观包括客观唯心主义和主观唯心主义。其中，客观唯心主义认为某种客观的精神和原则是先于世界并独立于物质世界而存在的本体，例如，古希腊哲学家柏拉图的理念论，中国古代哲学家朱熹的理学思想，还有德国古典哲学家黑格尔的绝对精神学说；主观唯心主义则把个人的某种主观精神看作世界上一切事物产生和存在的根源与基础，代表人物及其学说有：西方近代哲学家贝克莱的"存在就是被感知"，西方现代哲学家叔本华、尼采的意志哲学等。唯物主义世界观也经历了三大历史发展阶段：古代朴素唯物主义、近代形而上学唯物主义、现代辩证唯物主义。古代朴素唯物主义肯定了世界的物质本原性和统一性，由于认识水平的限制，它试图把世界的本原归结为某种具体的物质形态，例如，古希腊哲学家泰勒斯认为水是世界的本原，赫拉克利特认为世界是一团燃烧着的活火，中国古代的五行学说认为金木水火土是生成万物的五种基本元素。近代形而上学唯物主义是唯物主义发展的第二个阶段，在总结自然科学最新成就的基础上，认为自然科学意义上的原子就是世界的本原，并用原子的科学属性解释世界万物的属性，因而具有机械性和形而上学性。例如，霍布斯在《利维坦，或教会国家和市民国家的实质、形式和权力》中把人的心脏比作钟表上的发条，把神经和关节比作其中的油丝和齿轮。拉美特利更是干脆地说"人是机器"。马克思主义的世界观是现代辩证唯物主义，它批判了机械唯物主义的片面性和不彻底性，对世界的"物质性"做了全新的阐释，建立了基于实践基础上的自然、社会和思维多样化世界的物质统一性基本原理。

在认识论上，也有可知论和不可知论的理论分野。可知论者认为世界上一切客观物体都是可以接受科学研究的，都可以被人认识。物质具有可知性，就像金属具有导电性一样，是物质本身具有的性质。当然，从人对事物认识的具体性、历史性和条件性来说，事物被人认识需要过程，而且过程是漫长的，"世界上只有没被认识的事物，不存在不能被认识的事物"。不可知论者则持有相反的观点。马克思主义在认识论问题上站在可知论的立场。

【教学设计意图】通过围绕哲学基本问题梳理基本的哲学派别，让学生了解基本的哲学主题和哲学概念，为科学理解马克思主义哲学奠定话语基础；同时建立一种哲学史的视野，让学生用历史的眼光看到马克思主义哲学的历史必然性和内容的卓越性。

5. 情景再现

泰勒斯的大智慧

泰勒斯，希腊七贤之一，创立了古希腊最早的哲学派别——米利都学派。他第一个提出了"世界的本原是什么？"，开启了哲学的本体论探索，被学界公认为"西方哲学史第一人"。泰勒斯首创理性主义精神、唯物主义传统和普遍性原则，对后世启发很大。他试图用经验观察和理性思考来解释世界，通过观察尼罗河洪水涨退情况，加上大胆假设，得出了"水生万物"的哲学结论。

关于泰勒斯的故事很多，较出名的是他经营橄榄榨油机的故事：某天夜晚，泰勒斯仰面朝天走在旷野，一心一意观察天上的星辰，却没注意前面有个坑，一失足整个人掉进了坑里。有人奚落他："哲学家只知道天上的事情，却不知道脚下发生了什么。"泰勒斯却不以为意，依然以自己的方式继续探索和思考。有一年，他运用丰富的天文、数学和其他知识，经过周密的预测和计算，断定第二年橄榄将会大丰收。他变卖家产，廉价租了附近所有的橄榄榨油机。第二年，橄榄果然大丰收，人们争相租用榨油机，这时，泰勒斯用高价出租榨油机，由此赚到了一大笔钱。原来奚落他的人转而恭维他，对此，泰勒斯淡定地说："这些钱都是我用知识赚到的，知识是无价之宝！"

请根据上述描述，以话剧、小品等艺术形式泰勒斯的趣闻轶事，展现哲学作为大智慧的现实效能。

【教学设计意图】以情景剧的形式帮助学生理解哲学作为世界观和方法论的性质和功能。哲学作为"科学之母"，哲学家提出哲学观的过程就是人类探索世界的开始。泰勒斯注重观察之上的理性思考，这种哲学思考的方式对后世影响极大。

（三）挑战度教学设计

1. 疑难问题解答

如何理解马克思的哲学革命？

马克思曾宣布：哲学死亡了。但现在的马克思主义理论的三大有机组成部分之一正是马克思主义哲学，这里的矛盾如何理解？关键是理解马克思的哲学革命，马克思的哲学革命是一个批判与建构相统一的过程。被马克思宣布"死亡了"的哲学是由柏拉图开创的传统哲学，即体系哲学或称形而上学，马克思对此展开了猛烈的抨击，如《提纲》《神圣家族》和《德意志意识形态》都揭示了德国古典哲学的形而上学性质。但马克思不是为了批判而批判，批判是为了更好地建构。在批判了旧哲学的形而上学性后，马克思创建了新唯物主义世界观，这是一种在实践基础上的辩证唯物主义和历史唯物主义。马克思提出了人的本质的社会性和社会生活的实践性，并在现实社会的人的基础上理解世界及人与世界的关系。马克思对世界的理解超越了传统单纯的主客二元对立思维，认为思维与存在、主观与客观、主体与客体、自然与社会等的分化与统一只能在人类实践基础上才能得到正确理解，是人类实践造成了整体世界的主客分离，所以只能在实践中才能实现主客的再次统一。这样，传统哲学的本体论、认识论包括价值观等一系列的问题，在新的实践视野下都呈现出新的解答：马克思的新唯物主义是包含自然、人类社会和思维全领域在内的彻底的唯物主义，历史唯物主义内在地包含着唯物主义历史观，唯物史观是马克思的第一个伟大发现，也是其新唯物主义世界观的理论前提；马克思科学地建立了实践与认识的辩证关系，指出实践是认识的来源、发展的动力、检验的标准和最终的目的，人类认识的广度和深度取决于人类改造世界的实践的广度和深度；道德观念和价值理念不是先天存在和一成不变的，它们其实也是对人类实践方式的反映，应该历史主义地看待人类道德观念和价值理念的变迁。因而，马克思哲学革命的实质是实践思维方式的建立，哲学革命又称为实践哲学革命。

【教学设计意图】通过引入马克思在哲学态度上的"矛盾"，带领学生突破简单化、表象化认知，深刻理解马克思哲学革命的本质，为科学理解马克思主义哲学及全部马克思主义理论奠定基础。

2. 典型试题解析

单选题

哲学的基本问题是（　　）。

A. 物质和运动的关系问题

B. 人与自然的关系问题

C. 主体与客体的关系问题

D. 思维和存在的关系问题

答案：D

【教学设计意图】考查学生对哲学基本问题的准确理解。

我国哲学家范缜说："形存则神存，形谢则神灭。"这种观点属于（　　）。

A. 唯物主义观点

B. 形而上学观点

C. 主观唯心主义观点

D. 客观唯心主义观点

答案：A

【教学设计意图】考查学生对基本哲学派别的内涵与外延的理解。

唯心主义的思想认识根源是（　　）。

A. 否认意识的能动性

B. 夸大意识的能动性

C. 承认物质的决定性

D. 夸大物质的决定性

答案：B

【教学设计意图】考查学生对唯心主义内涵的理解。

唯心主义的两种基本形式是（　　）。

A. 形而上学唯心主义和辩证唯心主义

B. 自然观上的唯心主义和历史观上的唯心主义

C. 主观唯心主义和客观唯心主义

D. 彻底的唯心主义和不彻底的唯心主义

答案：C

【教学设计意图】考查学生对唯心主义两种基本形式的理解。

认为原子是构成物质世界一切事物的最小单位，是堆砌宇宙大厦的"宇宙之砖"。这是(　　)。

A. 朴素唯物主义的观点

B. 庸俗唯物主义的观点

C. 辩证唯物主义的观点

D. 形而上唯物主义的观点

答案：D

【教学设计意图】考查学生对唯物主义三大发展阶段及其内涵的理解。

"当然，物质和意识的对立，也只是在有限的范围内才有绝对的意义。"这里的"有限的范围"是指(　　)。

A. 物质第一性和意识第二性

B. 物质能否为意识所正确反映

C. 物质和意识是否相互作用

D. 意识能否反作用于物质

答案：A

【教学设计意图】考查学生对唯物主义和唯心主义世界观的正确理解。

马克思主义哲学与唯心主义哲学、旧唯物主义哲学的根本区别在于(　　)。

A. 坚持物质第一性、意识第二性

B. 坚持用辩证发展的观点看世界

C. 坚持从客观的物质实践活动去理解现实世界

D. 坚持人的主体地位

答案：C

【教学设计意图】考查学生对马克思主义哲学革命实质的理解。

在下列选项中，区分唯物主义三种基本形态的重要依据是(　　)。

A. 坚持唯物主义一元论

B. 是否以科学为依据

C. 对物质认识的深度和广度

D. 指出客观实在性是物质的本质

答案：C

【教学设计意图】考查学生对唯物主义三种基本形态的理解。

3. 课后实践作业

①阅读马克思的《提纲》，从旧哲学与新唯物主义的比较视角关注马克思的哲学革命，完成关于马克思哲学革命的小论文写作。

【教学设计意图】通过将文本阅读与论文写作相结合，让学生走近马克思，深入思考马克思哲学革命的内涵，为下一专题中马克思主义哲学原理的学习奠定扎实基础。

②观看《嘿哲学》，选取课堂上学习的某个哲学观点、哲学流派、哲学家，制作一个深入浅出、通俗易懂的哲学微视频。

【教学设计意图】哲学微视频的制作有助于学生深入理解与掌握哲学世界观的基本内涵，增强哲学思维能力。

专题教学设计二　世界的物质统一性

一、教学设计目标

①知识目标：了解哲学的物质范畴、物质的存在方式，建立物质与意识的辩证关系，把握世界的物质统一性原理。

②能力目标：具备在哲学思维的高度理解哲学概念的能力，培养初步的辩证思维能力，基于马克思主义的世界物质统一性原理构建自己的科学世界观的能力。

③价值目标：通过了解物质与意识的辩证关系，合理认知发挥主观能动性的条件，激发学生在各自的学习和工作领域发挥能动性和创造性的热情。坚定"一切从实际出发"的方法论原则。

二、教学设计要点

（一）哲学的物质范畴

①列宁对物质的定义，"物质是标志客观实在的哲学范畴，这种客观实在是人通过感觉感知的，它不依赖于我们的感觉而存在，为我们的感觉所复写、摄影和反映"。

②列宁物质定义的理论意义：第一，坚持了唯物主义的一元论，同唯心主义和二元论划清了界限；第二，坚持了能动的反映论和可知论，批判了不可知

论；第三，体现了唯物论和辩证法的统一；第四，体现了唯物主义自然观与唯物主义历史观的统一，为彻底的唯物主义奠定了理论基础。

（二）物质的存在方式

①物质的根本属性是运动。运动是标志一切事物和现象的变化及其过程的哲学范畴。物质世界的运动是绝对的，而物质在运动中又有某种相对的静止。

②时间和空间是运动着的物质的基本存在形式。

③物质、运动、时间和空间具有内在的统一性。

（三）物质与意识的辩证关系

①意识的本质。从起源看，意识既是自然界长期发展的产物，也是社会发展的产物。从意识的本质看，意识是人脑的机能和属性，是客观世界的主观映象，是客观性内容和主观性形式的辩证统一。

②意识的能动作用。意识具有目的性和计划性，意识具有创造性，意识具有指导实践、改造客观世界的作用，意识具有调控人的行为和生理活动的作用。

③物质与意识的辩证关系及其意义。

物质与意识的辩证关系：一方面，物质决定意识；另一方面，意识对物质具有反作用。

根据物质与意识辩证关系原理，在改造世界中应遵循"发挥主观能动性与尊重客观规律相统一"的方法论原则。一方面，尊重客观规律是正确发挥主观能动性的前提；另一方面，只有充分发挥主观能动性，才能正确认识和利用客观规律。

④意识与人工智能。人工智能就是把人的部分智能活动机器化，其实质是对人脑组织结构与思维运行机制的模仿，是人类智能的物化。人工智能不是人的意识本身，不具有人类意识的知情意的统一性、社会性，它只是人的意识能动性的一种特殊表现，不能取代或超越人类智能。

（四）世界的物质统一性

自然界是物质的，人类社会本质上也是物质的，人类意识从根本上说统一于物质，因而世界具有物质统一性。世界的物质统一性是多样性的统一。

世界物质统一性原理是辩证唯物主义最基本和最核心的观点，它要求我们在现实生活和实际工作中要遵循"一切从实际出发"的基本原则。

三、教学设计方案

（一）高阶性教学设计

1. 经典原文解读

（1）列宁：《唯物主义和经验批判主义》

该文于 1932 年首次发表。19 世纪末 20 世纪初，欧洲流行着主观唯心主义的新变种——经验批判主义，它妄图通过歪曲自然科学新发现的哲学意义，"修正"和"发展"马克思主义。为了捍卫俄国无产阶级政党的理论基础，"消化"革命经验并从哲学上总结自然科学的最新成就，列宁创作了此文。

文中，列宁批判了经验批判主义的理论基础，指出经验批判主义的实质是主观唯心主义，正面阐述了辩证唯物主义的基本观点，即物质是不依赖于人的意识而存在的，意识是物质的产物、人脑的机能。列宁提出了唯物主义认识路线与唯心主义认识路线的对立，重申了马克思主义的唯物主义立场，强调了物质对意识的决定性，阐释了唯物主义的认识论和真理观。列宁揭示了物理学革命的哲学意义：所谓物理学界"物质的消失"，是指人们认识物质所达到的那个界限在消失，那些从前看来绝对不变的物质特性在消失，而物质本身没有消失，物质的唯一特性就是它的客观实在性。列宁从物质和意识的辩证关系入手，提出了哲学上完整的物质定义。

该书是列宁哲学思想的代表性作品，是学习和研究辩证唯物主义的经典著作之一。列宁有力回击了第二国际修正主义对马克思主义唯物主义世界观的进攻，为布尔什维克党奠定了坚实的思想基础。

【教学设计意图】了解列宁提出哲学的物质范畴的背景、过程和意义，加深对辩证唯物主义世界观的理解。首先，在教学上应强调对物质概念的正确理解方式，识别和批判各种错误思潮；"物质"概念的理解方式不同，决定了世界观上的差异。其次，文中列宁对物理学革命的哲学意义的阐述深刻而准确，可帮助学生建立哲学与科学的正确关系，认识到哲学物质范畴与自然科学物质概念的联系与区别。最后，看似对抽象的哲学理论和哲学概念的辩护，实则关系到现实的无产阶级革命运动，真实展现了马克思主义理论的科学性与革命性的统一关系。

（2）马克思、恩格斯：《共产党宣言》中有关社会形态理论与马克思时空观的片段

马克思提出了社会发展的三大形态理论，人的依赖是最初的社会形态，其

中人的生产能力只是在狭窄的范围内和孤立的地点上发展着。以物的依赖性为基础的人的独立性，是第二形态。建立在个人全面发展和他们共同的社会生产能力成为他们的社会财富这一基础上的自由个性，是第三形态。

不同社会形态下的实践活动制约着人们的时空观的变异。在第一形态中，人是自然经济下的生产者，空间狭窄，时间缓慢。在第二形态中，空间范围被大大扩展了，"美洲和环绕非洲的航路的发现，给新兴的资产阶级开辟了新的活动场所"。而时间的节奏也变得越来越快，社会必要劳动时间成为衡量一切物的价值的标准。在第三形态中，由于科技的高度发展，人类生存空间进一步拓宽，"时间的节约，以及劳动时间在不同的生产部门之间有计划地分配，在共同生产的基础上仍然是首要的经济规律"。那时，财富的尺度绝不再是劳动时间，而是可以自由支配的时间。"在共产主义社会里，任何人都没有特定的活动范围，每个人都可以在任何部门内发展，社会调节整个生产，因而使我们能够随我们自己的心愿今天干这事，明天干那事，上午打猎，下午捕鱼，傍晚从事畜牧，晚饭后从事批判，但并不因此就使我成为一个猎人、渔夫、牧人或批判者。"

【教学设计意图】深化拓展学生对时空观的认知。马克思的社会时空观属于马克思主义的辩证唯物主义的时空观，与哲学时空观内在一致：时空是运动着物质的存在方式。马克思结合"人"这一高级物质形态及其高级运动形式"实践"，阐述了随着人的实践方式的历史变迁，社会时空观的变化。

2. 学术观点拓展

辩证唯物主义的物质概念。

19世纪末，物理学上出现了三大发现，即X射线、放射性和电子。这些新发现猛烈地冲击了道尔顿体系中关于原子不可分割的观点，原子内部还有结构，原子并不是最后的"宇宙之砖"。一种主观唯心主义的声音甚嚣尘上：物质消失了，唯物主义被驳倒了！列宁大胆并理性地回应了这些声音，在《唯物主义和经验批判主义》重申了马克思主义的物质观：哲学上讲，物质的唯一特性是客观实在性。世界的物质性本原说明物质世界是独立于人的意识、不以人的意志为转移的。科学的新发现恰恰印证了旧的物质概念及形而上学唯物主义的错误，它推动着哲学世界观的发展进步。

列宁的物质概念富有深意。首先，物质的根本特性是客观实在性。这种对物质范畴的理解，超越了常识，也高于科学思维的层次，是在哲学思维的层次上从具体的物质形态中抽象出的一般特性，这种理解区别于唯心主义，也区别于各种旧唯物主义。

其次，列宁从物质和意识的关系入手理解物质，不仅借哲学的基本问题表达唯物主义的基本立场，而且在肯定物质本原性的同时，充分肯定意识的真实存在和意识对物质的反映作用，物质和意识是可以通过实践达到有机统一的，这种辩证的思维方式优越于近代哲学的形而上学思维方式。

最后，用客观实在性概括世界的物质特征，这种物质性就不限于具体的物体，而扩展到世界上所有的存在，包括社会现象。社会生活的本质是实践，而实践是具有客观实在性的，物质生产实践作为全部社会生活的基础，其内在的生产力、生产关系及其矛盾运动都具有不以人的意志为转移的客观实在性。在历史的视野下，每一代人生活的条件都是上一代人劳动实践的结果，这是不可改变的；在辩证的视野下，每一代人的实践既以上一代人实践的结果为前提，又在成为下一代人实践的前提，这些也是不以人的意志为转移的。人类社会的发展就像自然界的运动一样，有其客观的规律性。这样，以列宁的物质定义来阐释的唯物论就从自然领域扩展到社会，实现了唯物主义自然观和历史观的统一，是彻底的唯物主义。

【教学设计意图】 通过对物质概念的深刻理解，挖掘列宁物质概念的丰富意义，为理解马克思主义哲学理论体系建立稳定的概念基础。

（二）创新性教学设计

1. 案例分析

（1）物理学领域时空观的变迁

在物理学领域，关于时间和空间的认识经历了从经典力学理论的绝对时空观到相对论中的相对时空观的变迁。牛顿在《自然哲学的数学原理》中认为："绝对空间，就其本性而言，与任何外界事物无关，永远保持不变，而且不可移动。绝对的、纯粹的数学时间，就其本身和本性而言，均匀地流逝而与任何外界情况无关。"牛顿理解的时间与空间是与事物性质和形态无关的绝对时空。

但在爱因斯坦的狭义相对论和广义相对论的物理学体系中，时空既与物质的质量相关，也与物质的运动状态相关。狭义相对论认为，光速在所有惯性参考系中不变，它是物体运动的最大速度。由于相对论效应，运动物体的长度会变短，时间会膨胀，即尺缩效应和钟慢效应。尺缩效应是指如果一个物体相对于观察者静止，它的长度测量值最大；如果它相对于观察者运动时，在相对运动方向上，它的长度要缩短。钟慢效应是指如果一只时钟相对于观察者静止，它走得最快；如果相对于观察者运动，则走得慢。

作为狭义相对论的推广，广义相对论包括三个效应，即水星轨道近日点的进动、光线在引力场中的偏转和光谱线的红向移动。在广义相对论中，物质分布决定着时空的性质，时空性质又反过来规定物质的运动方式。有引力场存在的宇宙时空是弯曲的时空，没有引力场存在或引力场很弱的时空则是平直的时空，而且物质质量越大、分布越密，引力场越强，时空就越弯曲。由此可知，时空的几何性质与物质运动不可分割。

【教学设计意图】通过了解物理学领域关于时间和空间的认知变革，一方面可以加深对哲学物质观的理解，"运动是物质的固有属性，时空是运动着物质的存在形式"。另一方面也再次论证了科学和哲学的相互关系，马克思主义哲学的物质观、运动观和时空观是基于自然科学的成果的概括，具有内容的确定性和科学性。在没有科学或科学发展的初期，时空曾被认为是比物质实体更为根本的客观存在，以这种绝对主义的时空观为基础的哲学往往会走向唯心主义；而最新的科学时空观的建立，无疑为马克思主义的辩证唯物主义的时空观奠定了基础。

（2）意识的本质

案例 1：电影《忠犬八公的故事》改编自 1925 年发生在日本的一个真实故事。一位大学教授收养了一只秋田犬，取名"八公"。八公每天早上将教授送到车站，傍晚等待教授一起回家，从未间断、从未迟到。一天早上，八公照旧送教授踏上启程的列车，而教授在课堂上心脏病突发不幸离世，再也没能踏上返程的列车。可是，八公不知道主人已经离开人世，它一如往常，每天傍晚都在车站门口等待教授归来，风雨不改，一等就是九年，直至死去。

案例 2：20 世纪 20 年代，美国一位社会学家曾说，有一个叫安娜的私生女，被外祖父惨无人道地关在阁楼里，不让她见人，不让她接触社会，每天只给她送一些简单的食物和水。人们发现安娜时，她已经 6 岁，但她既不会说话，也不会走路，更不会使用餐具进食。科学家们为了让安娜适应社会生活，付出了不少努力，但都收效甚微。4 年多后，安娜离世。她死前仅学会了很少的词语，从未说出一个完整的句子，更谈不上有正常人的意识。

【教学设计意图】案例 1 中，一只狗感动了所有人。有人说狗通人性，但是狗有意识吗？狗是高等动物，高等动物的心理不仅包括感觉、表象、情感，甚至还会简单的分析和判断。八公也有感觉和心理，也有情绪反应，但这种反应本质上是本能反应，不同于人的意识。意识是人脑的机能，人脑是意识产生的必要的物质器官。案例 2 中，安娜是一个正常的人，拥有产生意识的人脑，但她却没有意识，没有表达意识的手段，即语言和反应意识的行为能力。因为意识除了需要人脑这一生理基础，还需要人脑对外界刺激做出一系列反射活动，因而当安娜缺乏接触社会的经历时，注定了她缺乏意识。通过以上两个案例，让学生对意识的本质有准确的认知。

(3)"宗教是人民的鸦片"

马克思在其 1843 年创作的《〈黑格尔法哲学批判〉导言》中说:"宗教的苦难既是现实的苦难的表现,又是对这种现实的苦难的抗议。宗教是被压迫生灵的叹息,是无情世界的情感。正像它是无精神活力的制度的精神一样,宗教是人民的鸦片。"

马克思"宗教鸦片说"的真正寓意是什么?意识是社会的产物。马克思宗教观的核心内容,是认为宗教的产生及其表现方式与特点,是与物质生产和交往所决定的一定历史时期、社会状况联系在一起的,是与当时当地人们的现实生活联系在一起的。不同历史时期、不同民族、不同国家、不同的现实生活过程,是宗教存在和演变的真正根源。马克思的"宗教鸦片说"是基于 19 世纪欧洲"到处是苦难,到处是压迫"的历史现状而提出的。

【教学设计意图】《〈黑格尔法哲学批判〉导言》的发表,标志着马克思主义世界观从唯心主义向唯物主义的转变。马克思对宗教情感产生的客观现实社会根源的论述,正是其唯物主义哲学立场的表现。通过对马克思主义经典原文的讲解,强化理解意识对物质的依赖性这一本质属性,社会意识是对社会存在的反映。

(5)"杂交水稻之父"袁隆平

1960 年 7 月的一天,时任湖南省安江农业学校教员袁隆平在农校试验田里意外发现一株特殊性状的水稻。他利用该株水稻试种,发现其子代有不同性质。因为水稻是自花授粉的,不会出现性状分离,所以他推论该水稻为天然杂交水稻。随后,他把雌雄同蕊的水稻雄花人工去除,授以另一个品种的花粉,尝试产生杂交品种。

1961 年春天,他把这株变异株的种子播到创业试验田里,结果证明了 1960 年发现的那个"鹤立鸡群"的植株是天然杂交水稻。作为一个农校教师,面对当时国内严重的饥荒,袁隆平立志用农业科学技术击败饥饿威胁,于是决定进行水稻雄性不育实验。

1964 年 7 月,他在试验稻田找到一株"天然雄性不育株",经人工授粉,结出了数百粒第一代雄性不育株种子。

1965 年 7 月,袁隆平又在 14000 多个稻穗中逐穗检查到 6 株不育株,并在此后两年播种中,共有 4 株成功繁殖了 1～2 代。其研究彻底推翻了传统经典理论"无性杂交"学说,并推论水稻亦有杂交优势。通过培育雄性不育系、雄性不育保持系和雄性不育恢复系的三系法途径来培育杂交水稻,可以大幅度提高水稻产量。

1974 年他育成第一个杂交水稻强优组合南优 2 号，1975 年研制成功杂交水稻制种技术，从而为大面积推广杂交水稻奠定了基础。1986 年袁隆平提出杂交水稻的育种战略，将杂交水稻的育种从选育方法上分为三系法、两系法和一系法三个战略发展阶段，即育种朝着技术由繁至简、效率越来越高的方向发展。在随后几十年中，他根据战略计划，不断将想法变成现实，引领中国的杂交水稻研究保持着世界领先水平。

1997 年，袁隆平提出旨在提高光合作用效率的超高产杂交水稻形态模式和选育技术路线，开始了"中国超级杂交水稻"的研究。通过攻关研究，2000 年实现了第一期大面积示范亩产 700 公斤的指标，尤其 1999 年在云南永胜还创造了亩产高达 1137.5 公斤的高产新纪录。之后，2006 年、2011 年、2013 年分别实现示范片亩产 800 公斤、900 公斤、988.1 公斤的第二、三、四期目标。2016 年 7 月在兴宁经过专家组实割测得早稻平均亩产 832.1 公斤，实现双季超级稻年亩产 1537.78 公斤，创双季稻产量世界纪录。

【教学设计意图】袁隆平进行杂交水稻的研究，遵循了尊重客观规律与发挥主观能动性相统一的方法论原则。①发挥主观能动性需要不断实践，在实践中进行认识，运用理性思维，才能透过现象揭示事物的本质和规律。袁隆平正是在艰苦环境下，善于发现并抓住机遇，反复试验，才最终发现了水稻杂交优势的秘密。②发挥主观能动性要不断启动创新思维，善于突破教条常规、突破旧观念的束缚。袁隆平在发现"天然杂交水稻"后，通过试验验证其真实性，突破了水稻为自花授粉植物而无杂种优势观念的传统束缚，在水稻杂交获高产的产学研道路上不断进取，取得了一系列成绩，为世界水稻种植事业增添辉煌。③发挥主观能动性，还需要有坚强的意志和坚韧的毅力才能坚持不懈、取得胜利。袁隆平的杂交水稻事业遭遇了"文化大革命"的摧毁，他个人也遭到了迫害，水稻试验也经常遭受失败的打击，但这些天灾人祸并没有将他的研究热情磨灭，正是他的持之以恒、坚韧不拔才有了后来的成功。

2. 课堂讨论

当代年轻人"玄学算命"遇到分手挫折就用网络版塔罗牌。

在当代年轻人包括大学生中流行"玄学算命"，在感情问题上一遇到分手挫折就用塔罗牌分析感情运势，在学业成绩问题上一遇到挂科挫折就求助"陶白白"占卜算卦。但这种信奉算命、星座的迷信行为也没有逆天改命，反而事与愿违。

网络算命套路层出不穷，迷惑着年轻人的心智。年轻人因信奉星座、塔罗、网络算命等玄学来解释自己的属性、运势、社会关系，反而影响到了自己正常的学习生活和人际关系。当然，意识是对物质的反映，网络玄学的产生有其现实根源：社会竞争激烈、生活压力大，在这种状态下，人们更愿意从占星学中寻求慰藉，求助于神力下定决心做事；互联网的发展使得社交疏离，难以形成高质量的亲密关系，于是人们借助机械高效的"筛选与匹配机制"发展人际关系。

但必须认识到，意识虽对物质有一定的反作用，但过度依赖意识是无法逆天改命的。玄学仅供娱乐，其作用是有限的。"高考前烧香，确实多考了几分"之类的现象是意识反作用的表现，积极的意识对现实产生积极的反作用，即玄学具有"安慰奖"效应。意识的能动作用表现在它可以调节人的行为选择和心态乃至生理活动。

那么，遇到挫折我们到底该如何应对？如何走出迷信"玄学算命"的沼泽？其关键是处理好尊重客观规律与发挥主观能动性的关系。一方面，尊重客观规律，相信玄学改命本身就是唯心主义的错误认知，是对客观事实的客观规律的忽视与否认；另一方面，也要充分正确地发挥主观能动性，发挥意识的目的性、制订可行的计划，发挥意识的创造性和指导实践的作用，积极奋斗，用坚定的意志和踏实的行动完成计划，最终实现目标。讨论：为什么会出现这类现象？算命现象的本质是什么？我们又该如何正确行动呢？

【教学设计意图】将理论与实际有机融合，用物质与意识的辩证关系原理分析现实中的真实社会事件。一方面可以加深对理论的理解；另一方面落脚于"尊重客观规律与发挥主观能动性相统一"的方法论原则，有助于学生揭开生活的迷雾，指导学生正确地生活和行动。

3. 视听资料

（1）《宇宙与人》

《宇宙与人》是 2000 年北京科学教育电影制片厂出品的科教纪录电影，获得了 2006 年度第 20 届中国金鸡百花奖最佳科教片奖。该片深入浅出、形象地勾画了包容万物的宇宙和万物之灵的人的演变历程及其互动关系，对宇宙起源、人类进化论、原子核能、核聚变、大陆漂移学说、日心说等理论都进行了阐述，为观众揭开了宇宙起源、生命出现、人类起源、生物进化、恐龙灭绝、外星生命、太阳爆炸、地球毁灭八大悬念，并进行了全面、形象、科学的解答。

【教学设计意图】通过观摩影片，让学生认知宇宙和万物的生存变化的客观性，了解人类智能诞生的客观历史过程，加深对马克思主义世界物质统一性原理的理解。

（2）《宇宙》

2021 年，BBC 推出新的科学纪录片《宇宙》，本片由英国开放大学支持制作。《宇宙》系列片共 5 集，将从太阳源起、异星世界、银河探秘、黑洞家族和万物伊始 5 个角度解构宇宙奥秘。作为本片主持人，布莱恩·考克斯带着疑问和对宇宙的敬畏，徜徉在浩瀚的时空中，向观众揭示了种种彻底改变宇宙面貌的精彩瞬间：在恒星孕育场观看一颗恒星的诞生；感受超大质量黑洞所具有的能够吞噬整个行星的力量；见证另一个星系与我们的银河系碰撞所引发的混乱；甚至回到宇宙大爆炸之前，见证时空起源。

【教学设计意图】通过观摩影片，让学生认知宇宙星辰生存变化的客观性，拓宽视域，在科学的基础上理解马克思主义世界物质统一性原理。

4. 知识拓展

（1）马克思的社会时空观

马克思曾经指出，时间实际上是人的积极存在，它不仅是人的生命的尺度，而且是人的发展的空间。时空是运动着的物质的存在形式，因而关于人的实践这种高级的物质运动形式，其时空特性构成了社会时空观。马克思主义社会时空观认为，社会时间的本质是人的生产劳动实践；在不同的历史阶段上社会时间存在质的区别，如农耕时代的日出而作、日落而息，工业化时代的快节奏；在经济领域中，社会时间表现为社会必要劳动时间。马克思从经济学角度表述了时空观，他指出劳动者获得自由的根本条件是工作日的缩短，直接决定人的发展空间大小的是自由时间的多少。是基于现实社会批判的需要，它考察了物质、价值与自由的内在关联。发展生产力，提高劳动效率，节约劳动时间，就等于增加了自由时间，扩大了个人和社会发展的空间。在马克思的三大社会形态理论中，从物的依赖性为主的阶段、人的依赖性为主的阶段发展到人的自由个性全面发展的阶段，彼时，自由时间将成为衡量财富的尺度。

【教学设计意图】时空观是物质观的内容之一，对社会时空观的扩展学习将深化马克思主义物质观的理解，加深对马克思主义哲学的实践性的认知。马克思升级了哲学的思维方式，从人的实践角度去认识世界，把对资本主义社会发展规律以及人类社会本质与规律的揭示作为自己的理论目标，以改造世界为哲学宗旨，社会时空观的阐发正是其理论特征的生动体现。

（2）意识的反映形式的历史发展

意识是人脑对外部世界的反映，因而，讲意识的产生过程就是讲反映形式从低级到高级的发育过程。反映形式及其发展依赖于两种基础条件：一是反映者自身由低级到高级的发展，二是反映者与被反映者相互作用的活动。前者的发展高峰是人脑，后者的发展高峰是劳动。意识就是在具有了人脑的人的劳动基础上产生的。

意识的孕育和产生极为漫长，大约经历了45亿年时间。在此漫长过程中经历了三个具有决定性的发展环节。一是由一切物质的反应特性到低级生物的刺激感应性。这里的一切物质指非生命的无机物质，如石头、土、水、金属等。无机物质的反应特性是指一种无机物质在受到另一种无机物质作用时会发生相应的变化，做出反应。例如，石头受到空气、阳光、水的作用会发生风化，一物体碰到另一物体会使另一物体发生位置和速度变化。无机物质在无机物质的反应特性基础上形成了低等生物，即原生动物和植物。低等生物的反应形式是刺激感应性。例如，植物的枝叶会伸向有阳光的地方，根会扎到有水肥的地方。生物刺激感应性的物质基础是细胞膜的外层——质膜。生物的刺激感应是比无机物质的反应特性高级的反应形式，其高级的表现是：①它具有自主性；②它具有选择性；③它具有趋利避害性。这三个特点颇有启发意义，它喻示我们越是高级的存在物越是具有自主性、选择性和趋利避害性。二是由低等生物的刺激感应性到高级动物的感觉和心理。生物在同环境的相互作用的活动中不断进化产生出动物。动物具有了新的更高级的反映外界刺激的物质基础，这就是动物的神经系统和大脑。由于有了神经系统这种物质基础，因而动物有了感觉这样的反映形式。高级动物有了由神经系统进化而来的大脑，因而有了心理这种反映形式。动物心理包括感觉、知觉、表象、记忆和情感。三是由动物的感觉和心理到人类意识。人是由高级动物进化而来的，有了人便有了比动物大脑更为高级复杂的人脑。人脑是意识产生的直接生物学基础或物质基础，有人脑，意识的物质基础就具备了。

【教学设计意图】加深对意识产生和意识本质的理解。人类具有意识，是人作为一种高等物质形态的重要标志。扩充关于事物与环境的关系反映形式的历史发展的知识，让学生对以意识为基础的人与世界的关系有了更充分的理解：意识是人脑对外部世界的能动反映，这种反映形式更为高级，具有更强的自主性、选择性，人与世界的关系不是简单的适应关系，而是认识和改造的关系。

5. 情景再现

"人机大战"

材料1：图灵的惊人之语英国著名数学家图灵在1950年发表的《机器能思维吗?》一文中说："机器如果在某些现实条件下能够非常好地模仿人回答问题，以致使问答在相当长时间内误认为它不是机器，那么机器就可以认为是能思维的。"

材料2：引人注目的人机大战

电脑下棋的历史仅仅几十年。1958—1959年，美国麻省理工学院的专家写出第一个国际象棋程序。1974年瑞典斯德哥尔摩举行了第一届电脑国际象棋赛。1983年美国编写了"倩女"程序，第一次代表电脑获得"国际象棋大师"称号。1989年美籍华裔许峰雄研制的"深思"电脑与"国际象棋大师"卡斯帕罗夫比赛两局，卡斯帕罗夫两局全胜。1996卡斯帕罗夫迎战新对手——美国国际商业机器公司（International Business Machines Corporation，IBM）"深蓝"电脑（每秒运算1亿次），卡斯帕罗夫以4∶2再次获胜。1997年5月，在美国纽约举行了一场"世纪之战"国际象棋对抗赛。比赛的一方是世界国际象棋冠军卡斯帕罗夫，另一方是IBM高性能并行计算机上的国际象棋对弈系统"深蓝"（Deep Blue）。双方的较量于5月3日开始，共进行6局，至5月11日结束。结果"深蓝"以3.5∶2.5的总比分获胜，赢得70万美元的冠军奖金。赛后，卡斯帕罗夫在记者招待会上说："对今天的表现，我感到十分抱歉。我已经没有力气了。"2016年3月9日至15日，韩国围棋九段棋手李世石与人工智能围棋程序"阿尔法围棋"（Alpha Go）进行了五番棋比赛，比赛采用中国围棋规则，最终人工智能阿尔法围棋凭借其高超的运算能力和缜密的逻辑判断，以总比分4∶1战胜世界围棋顶尖高手李世石。新一代人工智能让世人刮目相看！

请根据上述描述，以情景剧的方式再现"人机大战"。

【教学设计意图】以情景剧的形式帮助学生切实了解人工智能的发展，体会人机关系的矛盾，思考人工智能的本质与发展问题，加深对人类意识本质的认知。

（三）挑战度教学设计

1. 疑难问题解答

恩格斯曾说："世界的真正的统一性在于它的物质性，而这种物质性不是魔术师的三两句话所能证明的，而是由哲学和自然科学长期的持续的发展来证明的。"如何评价恩格斯的这段话？关于世界物质统一性原理到底该如何证明？

恩格斯说明了证明世界物质统一性原理的长期性和艰巨性，也说明了证明的途径是哲学和科学。由恩格斯的这段话展开，世界物质统一性的证明可从四个方面进行：一是感觉证明。列宁说："接受或者抛弃物质概念这一问题，是人对他的感官的提示是否相信的问题。"我的感官感觉到火是热的，不是冷的，我相信这一感官提示，就会承认火是客观存在的、物质的。二是科学证明。现代科学揭示宇宙天体是物质的。物理学揭示微观粒子是物质的。生命科学证明生命、人是从无生命的物质发展而来的，精神是人脑的机能。唯物史观证明社会历史的本质是物质的。因而，科学成果证明着世界统一于物质。三是哲学证明。世界统一于物质是个哲学命题，哲学是面对整个世界的，而科学是面对局部世界的。科学对世界物质统一性的证明只具有部分的、特殊的意义，因而对这一原理必须进行哲学证明。哲学证明的主要工具是辩证法。辩证法的特征在于对立中把握统一。我们所能看到的，用科学方法发现的物质形态都是有限的、相对的、部分的、特殊的，我们的感觉和科学能证明它们是物质的，辩证思维能帮助我们把有限上升到无限，把相对上升到绝对，把部分上升到整体，把特殊上升到普遍，从而证明"整个世界"（不是"局部世界"）统一于物质。这样一来唯物论就依赖于辩证法了，辩证法也成为唯物主义的渡河之舟。四是实践证明。人的实践是改造外部对象。在实践中，你按外部对象的本性、结构和规律办事，就成功，否则就失败。这证明外部世界的本质是客观的、不以我们的意志为转移的。

【教学设计意图】世界物质统一性证明的四种方式循序渐进、有机统一：遵循了认识发展的基本规律，将合感觉与合理性统一在一起，将理论检验与实践检验统一在一起；消解了哲学原理的庸俗化或教条化的危险，关于世界物质统一性的哲学原理仍然是基于人类当下认识的结果，是对科学知识的哲学概括和总结，作为一条哲学真理依然是集绝对性与相对性于一体的。

2. 典型试题解析

单选题

"没有革命的理论，就没有革命的行动"，这句话说明的哲学道理是（　　）。

A. 理论高于实践

B. 科学理论对实践具有指导作用

C. 理论是革命工作的出发点

D. 理论对实践有决定作用

答案：B

【教学设计意图】考查意识的相对独立性的表现。

列宁对辩证唯物主义物质范畴的定义是通过（　　）界定的。

A. 个别与一般的关系

B. 哲学与具体科学的关系

C. 物质与意识的关系

D. 认识与实践的关系

答案：C

【**教学设计意图**】考查学生对列宁物质定义的理解。

马克思主义哲学大厦的基石是（　　）。

A. 世界的联系和发展的原理

B. 世界的运动变化的原理

C. 世界统一于精神的原理

D. 世界统一于物质的原理

答案：D

【**教学设计意图**】考查世界物质统一性原理的理论意义。

医学科学证明，如果人的大脑皮层受损，就会丧失思维能力，没有意识，这说明（　　）。

A. 人脑是意识的物质器官

B. 人脑是意识的源泉

C. 人脑健康自然会有正确的意识

D. 意识是对外界事物的正确反映

答案：A

【**教学设计意图**】考查了意识的物质依赖性的表现：意识是人脑的机能。

毛泽东的"坐地日行八万里，巡天遥看一千河"诗句包含的哲学道理是（　　）。

A. 物质运动的客观性和时空的主观性的统一

B. 物质运动的绝对性和静止的相对性的统一

C. 物质运动的无限性与时空有限性的统一

D. 物质运动的多样性与静止单一性的统一

答案：B

【**教学设计意图**】考查运动与静止的关系。

马克思说，"精神"一开始就很倒霉，受到物质的"纠缠"。物质在这里表现为振动着的空气层、声音，简言之，即语言。这表明（　　）。

A. 空气层是振动着的物质

B. 语言是被物质"纠缠"着的意识

C. 语言是思想的间接实现

D. 语言是意识的物质外壳

答案：D

【**教学设计意图**】考查了意识的物质依赖性的表现：语言是思维的载体。

最近，由多国科学家组成的团队利用一台粒子加速器，让两束原子在一个圆环轨道上做高速运动，结果发现这些原子自身的时间确实比外界时间慢了。这项实验进一步证明了作为物质运动存在形式的时间具有（　　）。

　A. 一维性

　B. 有限性

　C. 相对性

　D. 绝对性

答案：C

【教学设计意图】考查学生对时间本质的理解。时间本质上是运动着物质的存在形式，物质及运动形式不同，其表现出来的时空属性就不同，因而时间是相对于物质运动而言的。

3. 课后实践作业

观看电视剧《功勋》中科学家屠呦呦和袁隆平的相关剧集，完成一篇以科学精神和科学方法为主题的演讲稿。

【教学设计意图】观看视频，通过鲜活生动的科学家的故事，感受伟大科学家身上的人格魅力，学习其求真务实、不畏强权和不畏艰难的科学精神，学习其从实际出发、尊重客观规律与发挥主观能动性结合的科学方法，达到强化理论理解和激发奋斗热情的双重效果。

专题教学设计三　唯物辩证法基本特征及其三大规律

一、教学设计目标

①知识目标：了解唯物辩证法的基本特征是联系和发展，了解事物联系和发展的基本规律即三大规律的内容，了解联系和发展的基本环节，即五对范畴。

②能力目标：通过掌握事物的辩证性质及其具体表现，奠定科学的辩证思维方法的基础；按照世界本身的客观辩证本性与辩证运动的法则去认识世界的辩证思维的能力。

③价值目标：将理论的价值性与科学性紧密统一在一起，让价值建立在理性的、科学的方法之上，激励学生自觉构建科学的世界观和方法论，用马克思主义理论指导自己的专业学习与研究。

二、教学设计要点

（一）联系和发展的观点是唯物辩证法的总特征

1. 联系的定义和特征

联系是指事物内部各要素之间和事物之间的相互影响、相互制约、相互作用的关系。联系具有客观性、普遍性、多样性和条件性的特征。

2. 发展的定义和实质

发展是事物变化中前进的、上升的运动。发展的实质是新事物的产生和旧事物的灭亡，而新事物是指合乎历史前进方向、具有远大前途的东西，旧事物则指丧失历史必然性、日趋灭亡的东西。新事物是不可战胜的依据有二：它有新的要素、结构和功能，能适应变化了的环境和条件；它是对旧事物的扬弃。

（二）对立统一规律

①对立统一规律是唯物辩证法的实质和核心，是事物发展的根本规律。

②"矛盾"的概念。矛盾是反映事物内部和事物之间对立统一关系的哲学范畴，对立和统一分别体现了矛盾的两种基本属性。矛盾的同一性与斗争性共同构成了事物的矛盾运动，推动着事物的发展。

③矛盾的普遍性与特殊性及其相互关系。矛盾的普遍性是指矛盾存在于一切事物中，存在于一切事物发展过程的始终。矛盾特殊性是指各个具体事物的矛盾、每个矛盾的各个方面在发展的不同阶段上各有其特点。矛盾的普遍性与特殊性是辩证统一的关系。

（三）质量互变规律

①事物包含质、量、度三方面的规定。质是一个事物区别于其他事物的内在规定性，量是事物的规模、速度、程度等可以量化的规定性，度是保持事物质的稳定性的数量界限。

②量变和质变及其相互关系。事物的发展变化是量变和质变的辩证统一，量变是质变的必要准备，质变是量变的必然结果，二者相互渗透，交替循环，构成事物的发展过程，体现了事物发展的渐进性和飞跃性的统一。

（四）否定之否定规律

①否定之否定规律揭示了事物自己发展自己的完整过程及其本质和事物发展的前进性与曲折性的统一关系。

②事物内部包含肯定因素与否定因素的矛盾，二者的矛盾运动使得事物的发展呈现"肯定—否定—否定之否定"的三阶段的规律，其中事物的发展是以

否定的方式实现的，否定是事物的自我否定，是事物发展和联系的环节，辩证否定的实质是"扬弃"。

（五）联系和发展的基本环节

五对范畴从不同角度揭示了事物联系和发展的基本环节。

内容和形式是从构成要素和表现方式上反映事物的一对基本范畴；本质与现象是揭示事物内在联系和外在表现的一对范畴；原因和结果是揭示事物引起和被引起关系的一对范畴；必然和偶然是揭示事物产生、发展和衰亡过程中不同趋势的一对范畴；现实和可能是反映事物的过去、现在和未来关系的一对范畴。

三、教学设计方案

（一）高阶性教学设计

1. 经典原文解读

（1）恩格斯：《自然辩证法》

《自然辩证法》是恩格斯于1873—1882年撰写的一部未完成的手稿，是他研究自然界和自然科学的辩证法问题的重要著作。全书由论文、札记和片段构成，其中《〈反杜林论〉旧序·论辩证法》《神灵世界中的自然研究》《辩证法》《劳动在从猿到人的转变中的作用》是其著名篇目。

在该书《导言》及相关札记中，恩格斯总结了近代自然科学的发展史及最新成就，批判了形而上学自然观，阐述了辩证唯物主义的自然观：能量守恒定律、细胞学说和达尔文的生物进化论，揭示了自然界的普遍联系和发展的辩证本性。

在《〈反杜林论〉旧序·论辩证法》中，恩格斯阐述了哲学和自然科学的关系，自然科学家掌握唯物辩证法的必要性。自然科学发展到19世纪已经是以整理材料为主的阶段，辩证法恰好是最重要的思维形式。自然科学家必须摆脱形而上学，掌握唯物辩证法，"一个民族要想站在科学的最高峰，就一刻也不能没有理论思维"。

在《辩证法》中，恩格斯阐明了辩证法关于联系的一般性质及其基本规律：否定之否定规律、质量互变规律、对立统一规律；区分了客观辩证法和主观辩证法，指出后者是对前者的反映；他对唯物辩证法的一些重要范畴进行了阐述，如同一和差别、必然和偶然等；他还论述了辩证逻辑问题，阐明了归纳与演绎的辩证关系。

【教学设计意图】带领同学了解马克思主义经典作家对辩证法理论的贡献，马克思主义经典作家各有其角度，今日教科书中辩证法理论体系是对马克思、恩格斯、列宁、毛泽东等马克思主义者们关于辩证法的经典阐述的综合。恩格斯研究了自然辩证法，将黑格尔的辩证法体系"颠倒过来"，认为辩证法则和规律是客观实在的性质，自然科学揭示的自然界万物确实具有普遍联系和不断发展的辩证性质。恩格斯的阐发对建构辩证唯物主义的世界观意义重大。

（2）列宁：《谈谈辩证法问题》

第一次世界大战（以下简称"一战"）爆发后，国际国内形势剧烈变化，如何认识时代的本质和阶级斗争的形势，如何判断社会主义革命的战略策略，一系列重大问题迫切需要通过科学的思考给予理论上的回答。为了从理论上批判第二国际社会沙文主义的诡辩论及其思维方法，彻底清算其理论依据的反科学性，为无产阶级政党提供正确的认识论，捍卫马克思主义的纯洁性，1914年列宁创作了《谈谈辩证法问题》。该文于1925年首次出版。

在该书中，列宁提出并阐述了对立统一规律是辩证法的实质和核心，并加以论证。第一，对立统一规律具有客观性和普遍性，是自然、社会和思维的一般规律；第二，事物的对立统一的相互作用是事物发展的内在源泉和动力；第三，对立统一规律是认识事物的根本方法。列宁提出辩证法是马克思主义认识论这一命题，马克思的《资本论》就是自觉运用辩证法来分析客观世界的典范。列宁分析了一般与个别、绝对与相对、抽象与具体、逻辑与历史等范畴，揭示了认识过程的辩证性质。最后，列宁揭示了唯心主义的认识论根源及阶级根源。

【教学设计意图】在该书中，列宁第一次精确阐明了对立统一规律是唯物辩证法的实质和核心，以及第一次论述了辩证法就是马克思主义认识论的重要论述。列宁把唯物论、辩证法和认识论三者统一起来，为我们提供了整体化理解马克思主义哲学理论的方法，该书是我们学习矛盾分析法的范本。

2. 学术观点拓展

区分逻辑矛盾与辩证矛盾

哲学上讲的矛盾是事物的辩证本性，又称为辩证矛盾，它是所有系统内部或之间存在的否定或自我背反的性质及表现，并由此造成系统的运动与变化。更具体地说，辩证矛盾是反映事物内部和事物之间对立统一关系的哲学范畴，对立和统一分别体现了矛盾的两种基本属性；矛盾的同一性与斗争性相结合，构成了事物的矛盾运动，推动着事物的发展。

逻辑矛盾是人类认识过程中出现的违背思维规律的错误思维，即在同一时空范围内，在同一思维过程中、同一时间、同一关系下，针对同一对象，既肯定它具有某种性质，又否定它具有某种性质。形式逻辑认为人们对客观对象的反映和认识应具有同一性、确定性，而逻辑矛盾却破坏了思维的确定性。诡辩是逻辑矛盾的一种表现，这种思维就是罔顾客观事实，仅从主观需要出发，滥用、偷换概念而混淆视听，具有主观随意性。

若要正确区分辩证矛盾与逻辑矛盾，还需要进一步处理好形式逻辑与辩证法的关系、形式理性与辩证理性的关系。形式逻辑的基本要求是明确概念并在此前提下进行逻辑推理，从真前提出发按照逻辑规则得出有效可靠的结论，避免只靠直觉和主观臆断来下结论。而辩证法和辩证逻辑则是具有批判性的，它需要反思概念本身，对概念的确定性进行论证。

形式逻辑和辩证法是相辅相成的。以我们对三角形内角和的认识为例：在平面空间中，三角形的内角和是 180 度，这就是形式逻辑规则所保证的认知的确定性，如果有人说"平面空间中，三角形的内角和是 180 度，又不是 180 度"，这就是违背思维规律而产生的逻辑矛盾；但辩证法强调对三角形内角和的认识要全面，于是得出"平面上三角形内角和等于 180 度，三角形的内角和在球面空间大于 180 度，而在凹面空间小于 180 度，在不同空间有不同性质"。

【教学设计意图】通过比较逻辑矛盾与辩证矛盾，正确理解辩证矛盾，加深对马克思主义辩证法的认知，同时正确处理哲学与科学、逻辑学与辩证法的关系。

（二）创新性教学设计

1. 案例分析

（1）唇亡齿寒

春秋时候，晋献公想要扩充自己的实力和地盘，就找借口说邻近的虢国经常侵犯晋国的边境，要派兵灭了虢国。可是在晋国和虢国之间隔着一个虞国，讨伐虢国必须经过虞地。"怎样才能顺利通过虞国呢？"晋献公问手下的大臣。大夫荀息说："虞国国君是个目光短浅、贪图小利的人，只要我们送他美玉和宝马，他不会不答应借道的。"晋献公有点舍不得，荀息看出了晋献公的心思，就说："虞虢两国是唇齿相依的近邻，虢国灭了，虞国也不能独存，您的美玉宝马不过是暂时存放在虞公那里罢了。"晋献公采纳了荀息的计策。

虞国国君见到晋国送来的许多珍贵的礼物，顿时心花怒放，听到荀息说要借道虞国之事时，当时就满口答应下来。虞国大夫宫之奇听说后，赶快阻止道："不行，不行，虞国和虢国是唇齿相依的近邻，我们两个小国相互依存，有事可以自彼帮助，万一虢国灭了，我们虞国也就难保了。俗话说：唇亡齿寒，没有嘴唇，牙齿也保不住啊！借道给晋国万万使不得。"虞公说："人家晋国是大国，现在特意送来美玉宝马和咱们交朋友，难道咱们借条道路让他们走走都不行吗?"宫之奇连声叹气，知道虞国离灭亡的日子不远了，于是就带着一家老小离开了虞国。

果然，晋国军队借道虞国，消灭了虢国，随后又把亲自迎接晋军的虞公抓住，灭了虞国。故事出自《左传》。成语"唇亡齿寒"，比喻双方关系密切，相互依存。

【教学设计意图】普遍联系的观点是唯物辩证法的第一个总特征。联系的普遍性是指世界的任何事物都不能孤立地存在，都同周围的其他事物联系着。联系的普遍性要求我们用联系的观点看世界，在了解个别事物时，要注意把握同它有关的周围事物的相互影响和相互作用。在分析事物时，不要孤立地看问题。不应只见树木，不见森林，只见部分，不见整体。虞国国君只看到了美玉和宝马，没有看到虢国一旦灭亡，可能会殃及自己的国家，结果是贪小便宜，国灭身亡。

（2）士别三日，刮目相看

三国时代东吴的吕蒙本来是一个英勇善战，但文化水平很低的军人。鲁肃见了他，觉得没有什么可取的地方。但吕蒙接受孙权的建议，努力学习读书。后来，当鲁肃再遇见他时，看见他和从前完全不同。于是跟他谈起战略问题来，吕蒙对答如流，这使鲁肃觉得很惊异，便笑着对他开玩笑说："现在，你的学识这么好，既英勇又有计谋，再也不是吴下的阿蒙了。"吕蒙答道："人别后三天，就该另眼看待呀。"吕蒙的话，原文是："士别三日，刮目相待。"后来便用"士别三日"这句话来称赞人离开后不久，便有很大进步。

后来的吕蒙可谓是一个博学多才的人，鲁肃死后，他继任东吴的都督，设计击败了蜀汉的关羽，派部将潘璋把关羽杀死。

【教学设计意图】世界是永恒发展的，是一个不断发展变化的过程。世界是过程的集合体，而不是不发展、不变化的事物的堆积。所谓过程，是说任何事物都处于发展之中，不存在静止不变的事物。人的知识能力经过主体的努力，是完全可以发生巨大改变的。用僵化的观点看人看事物是不正确的。

（3）卢林贝格"不幸福的经济学"

巴西前农业部长何塞·卢林贝格是一个充满奇思妙想的经济学家，是"不幸福的经济学"的创立者。卢林贝格风趣地打过一个比方：有两位母亲，原来各自在家中抚养自己的孩子，因为是自己的孩子，所以母亲尽心尽力，孩子们也充分地享受着母爱和幸福，但国民经济不会因为她们的劳动而产生任何变化。后来，这两位母亲来到劳动力市场，双方作为保姆彼此到对方家里照管对方的孩子，此时她们的劳动产生了经济效益，当地的国民生产总值也因此得到了相应的提高，但双方的孩子享受到的只是保姆而不是母亲的抚养。卢林贝格称此为"不幸福的经济学"。

工作是为了美好生活，但当工作的压力威胁到作为生产主体的人的健康和幸福感时，工作的意义是什么呢？以"增长""发达"这些颇有诱惑力的字眼所表征的经济数据的繁荣，真的是我们追求的社会发展吗？

【教学设计意图】 通过此案例，让学生理解"发展"的实质：发展是新事物代替旧事物的过程，新事物有强大生命力，是人民群众拥护的。经济学是使人幸福的学问，如果经济繁荣伴随的是幸福感的降低，那么这样的经济就不是我们所追求的经济，这样的社会"发展"就不是真正的发展。

（4）老子论强弱

传说孔子曾带领弟子到老子那里去请教。孔子一见到老子，就恭敬地行礼，然后垂首站立一旁。老子那时已经很老了，正闭目养神，大概听到了响动，抬起眼皮望了望。孔子赶忙再请安："弟子孔丘特来候教。"半晌，老子张开嘴，用手指着自己的嘴问："你看我的牙怎么样？"孔子说："已经全掉了。"老子又问："我的舌头怎么样？"孔子答："还好。"然后，老子又合起眼皮，重新开始静养起来。孔子便立刻率领学生告退，吩咐学生套车回家。学生感到很奇怪，于是问孔子："老师不是来请教的吗？怎么什么都没问就直接回家了呢？"孔子说："老子已经指出：牙齿是刚强的，却是柔弱的；舌头是柔弱的，却是刚强的。看起来刚强的牙齿，敌不过柔弱的舌头。"

问：这里的矛盾是什么呢？怎么理解？其实，这里既有牙齿和舌头的矛盾，二者是对立统一关系，又有牙齿自身的矛盾，是坚硬（强）与易脱（弱）的矛盾，还有舌头自身的矛盾，是柔软（弱）与绵长（强）的统一。

【教学设计意图】 老子是中国传统儒学的代表性人物，老子的辩证法思想是中国传统文化的精华。此案例中关于强弱关系的论述，可帮助学生理解矛盾的概念：矛盾是事物内部或事物之间一种自我背反的性质和趋势。同时，借此案例，学生可了解辩证法思想源远流长的发展史。

（5）塞翁失马

战国时期，靠近北部边城住着一个老人，名叫塞翁。塞翁养了许多匹马，一天，他的马群中忽然有一匹马走失了。邻居们听说这件事，都跑来安慰，劝他不必太着急，年龄大了，多注意身体。塞翁见有人劝慰，笑了笑说："丢了一匹马损失不大，没准会带来什么福气呢。"邻居听了塞翁的话，心里觉得很好笑。马丢了，明明是件坏事，他却认为也许是好事，显然是自我安慰而已。过了几天，丢失的马不仅自动返回家，还带回一匹匈奴的骏马。邻居听说了，对塞翁的预见非常佩服，向塞翁说："还是您有远见，马不仅没有丢，还带回一匹好马，真是福气呀。"塞翁听了邻人的祝贺，反而一点高兴的样子都没有，忧虑地说："白白得了一匹好马，不一定是什么福气，也许会惹出什么麻烦来。"邻居们以为他心里明明高兴，有意不说出来而已。塞翁有个独生子，非常喜欢骑马。他发现带回来的那匹马身长蹄大、剽悍神骏，一看就知道是匹好马。他每天都骑马出游，心中扬扬得意。一天，他打马飞奔，一个趔趄，从马背上掉下来，摔断了腿。邻居听说，纷纷来慰问。塞翁说："没什么，腿摔断了却保住性命，或许是福气呢。"邻居们觉得他又在胡言乱语，他们想不出，摔断腿会带来什么福气。不久，匈奴兵大举入侵，青年人被应征入伍，塞翁的儿子因为摔断了腿，不能去当兵。因为不能入伍，也就免去了牺牲的可能，从而保全了性命。

【教学设计意图】任何事物都包含着矛盾。矛盾的两个基本属性是指矛盾的同一性和斗争性。矛盾的同一性是指导矛盾双方相互联系、相互依存、相互贯通的性质。福和祸也是一种对立统一的关系，双方在一定条件下就会相互转化。

（6）中国扶贫改革：从粗放扶贫转向精准扶贫

对贫困地区的扶持，国家早期主要采取粗放扶贫，一般多从加大资金投入等方面着手。由于在资金方面的倾斜力度很大，因此，只要被评为国家级贫困县，就意味着有更多的资金进入当地，就可以缓解当地的财政危机。然而，这种通过"输血"的粗放扶贫存在一定的缺陷：一是浪费了国家资源。大量物力、财力的投入没有真正用于刀刃，没有真正发挥出效益。二是助长了贪污腐化。近年来，贫困县党员干部腐化堕落的现象时有发生，其原因就是对扶贫款监管力度不够，个别党员干部把扶贫款当作了唐僧肉。三是培养了懒惰思想。国家的主动"输血"，让贫困地区尝到了甜头，不愿意吃苦受累，习惯了等、靠、要，减少了进取之心，甚至出现了庆祝成为贫困县的病态行为，但这种行为也值得我们反思，让我们意识到必须要创新扶贫体制。

国家对贫困地区的帮扶是必要的，但帮扶也要注意方式，讲究方法。由于"输血"式的帮扶往往只能治标，而只有那种有利于增强其"造血"机能的帮扶才是最有意义的和最应该考虑的。毕竟外因只是事物发展的条件，内因才是事物发展的根本原因，外因通过内因起作用。于是中国扶贫改革及时从粗放扶贫转向精准扶贫，从单纯救济式扶贫转向依靠科技开发式扶贫。针对贫困地区生产技术落后和技术人员缺乏状况，以市场为导向，以科技为先导，引导贫困地区合理开发资源，将资源优势转化为经济优势，通过引进成熟、适用的技术提高生产力，通过农业、科研、教育三结合形式，建立健全科技示范网络，努力提高贫困农民参与市场竞争的能力，实现自我发展的良性循环。

【教学设计意图】此案例是辩证法的内因自决性原则的典型。通过对国家政治社会热点事件的分析，让同学们加深对国家政策的准确理解，同时加深其对辩证法内外因关系原理的正确认知。

（7）从站起来、富起来到强起来的理论逻辑

马克思指出："人们自己创造自己的历史，但是他们并不是随心所欲地创造，并不是在他们自己选定的条件下创造，而是在直接碰到的、既定的、从过去继承下来的条件下创造。"因此新时代强起来不是脱离于站起来、富起来的孤立的发展环节，三者存在层层递进、内在统一的关系。

"站起来"是指毛泽东带领全国人民建立中华人民共和国，消除被压迫和被奴役的状态，摆脱长期被蚕食和被殖民的境地，获得民族独立和人民解放。"富起来"是指邓小平带领人民实行改革开放，解放生产力，发展生产力，更多侧重于经济建设。"站起来"是"富起来"和"强起来"的政治基础和前提条件。"富起来"必须建立在国家独立的基础之上，同时"富起来"又为"站起来"提供切实的保障，如果没有"富起来"，那么"站起来"也是不稳固的。"强起来"是指经济、政治、文化、社会、生态等各个方面的高质量发展，由大国转向强国建设，是前两个阶段的发展。三个阶段虽然是不同历史阶段的时代主题与发展的重点，但三者又是相互衔接、不可分割的有机组成部分，它们内在统一于中华民族伟大复兴的历史进程中。同时三个阶段又是不断发展和超越的，"站起来"是国家自立的表现，"富起来"是国家自尊的表现，"强起来"则是自强的表现。

中国进入了"强起来"的新时代，"强起来"是建立在全方位的历史成就基础之上的，是"站起来"与"富起来"的进一步的发展，它体现了发展的更高水平：在经济方面不再仅仅注重高速度，还注重高质量、创新型发展；政治发展更加注重民生，保障人民的各项政治权利，使其有更多机会和更广渠道参与政治生活；物质文明建设和精神文明建设协调发展，人们的文化生活更加丰富，文化发展日益繁荣；社会发展追求公平公正，稳定和谐，法治建设更加健全；生态文明建设，成效日益显著。

【教学设计意图】让学生了解社会发展具有的规律性，新中国的发展所体现出的"站起来—富起来—强起来"的过程，是社会发展否定之否定规律的表现，它们分别对应着肯定阶段—否定阶段—否定之否定阶段，是继往开来、不断进步的历史。

（8）恩格斯谈历史人物

"我们来谈谈所谓大人物问题。恰巧某个伟大人物在一定时间出现于某一国家，这当然纯粹是一种偶然现象。但是，如果我们把这个人除掉，那时就会需要有另外一个人来代替他，并且这个代替者是一定会出现的——或好或坏，但是随着时间的推移总是会出现的。恰巧拿破仑这个科西嘉岛人做了被战争弄得精疲力尽的法兰西共和国所需要的军事独裁者，这是个偶然现象。但是，假如不曾有拿破仑这个人，那么他的角色是会由另一个人来扮演的。这点可以由下面的事实证明，即每当需要有这样一个人的时候，他就会出现，如凯撒、奥古斯都、克伦威尔等等。如果说马克思发现了唯物史观，那么……摩尔根对于同一观点的发现表明，做到这一点的时机已经成熟了，这一观点必将被发现。"

这是恩格斯评价历史人物的经典段落。历史发展是由其内在矛盾运动制约的客观必然性过程，但历史的必然性是通过偶然性表现出来的。在历史人物问题上，"时势造英雄"的观点是符合马克思主义唯物史观的，反映了历史发展的偶然性与必然性的矛盾关系。

【教学设计意图】此案例体现了辩证法的五对基本范畴之"偶然与必然"的关系。将辩证法与历史观联系起来，更加体现了辩证法作为自然、社会和思维之普遍规律的含义。

2. 课堂讨论

波粒二象性理论的提出过程

关于光的性质的认识，最早可追溯到17世纪牛顿和惠更斯关于光的本性的争论。牛顿认为光是由粒子组成的，即光的"粒子说"；而惠更斯则认为光是一种波动，并能够用简单的几何方法解释光的反射、折射、衍射和干涉现象，即光的"波动说"。值得注意的是，牛顿所提出的微粒是经典物理学中的粒子，并非普朗克等人发现的量子，惠更斯提出的波动是机械波而非后来发现的电磁波。

19世纪初，托马斯·扬首次报道了双缝干涉实验，他演示的明暗交替的干涉图案成为光具有波动性的明证。波经过障碍物侧边时路径发生弯曲，称为衍射，它会引发干涉条纹，即一个光源发出的光波经过一个尺度与波长相近的小孔时，光就会从孔边缘扩展成一个大盘。1865年麦克斯韦提出了电磁波理论，进一步认同了光的波动性。可以说，19世纪是光的波动说占上风的时代。

20世纪初，青年爱因斯坦重提光的粒子说来解释光电效应，1909年他又把新的统计涨落理论用于普朗克黑体辐射定律，说明公式 $\varepsilon = hv$ 中出现的 ε 和 V 对应着波粒二象性，提出了"光量子"假说：一束光是由一个个微粒（光量子）组成的，而微粒子的运动又具有波动性。光量子的运动不遵从古典力学规律，而呈现为辩证特性：当它在空间传播时，波动性突出，显现出连续性的特征，如干涉、衍射、偏振现象；当它与实物发生相互作用进行能量与能量的交换时，微粒性突出，呈现出不连续的特征，如光电效应。就此，爱因斯坦说：光——是波，同时又是微粒，是连续的，同时又是不连续的。自然界喜欢矛盾。

讨论1：上述案例反映了马克思主义哲学的什么原理？

讨论2：思维的辩证法的本质和根据是什么？

【教学设计意图】分析自然科学发展的真实事件，加强对辩证法相应原理的理解。首先，人们对光的认识体现了否定之否定的辩证规律，光的理论从粒子说、波动说到波粒二象性，正是一个认知的否定之否定的过程，它反映了人类认知的前进性与曲折性的辩证统一。其中关于波粒二象性对波动说、粒子说的批判性扬弃正是一次辩证的否定。其次，光的波粒二象性理论正确概括了光的粒子性与波动性的矛盾，也是辩证法的对立统一规律的表现。最后，思维辩证法是对客观辩证法的正确反映，关于光的辩证性质的认知正是对光现象本身的辩证本性的反映。

3. 视听资料

科教片《蝴蝶效应》和电影《蝴蝶效应》

蝴蝶效应是指在一个动力系统中，初始条件下微小的变化能带动整个系统的长期的、巨大的连锁反应。美国气象学家洛伦兹首先提出了蝴蝶效应。蝴蝶效应是一种混沌现象，说明任何事物发展均存在必然性与偶然性，虽然事物在发展过程中的发展轨迹有规律，但也存在各种偶然因素的干扰，一个微小的变化也能影响事物的发展，使之适得其反，说明事物发展的复杂性。例如，某地上空一只小小的蝴蝶扇动翅膀而扰动了空气，长时间后可能导致遥远的另一地发生一次暴风雨。

蝴蝶效应在社会、经济、语言、数学中广泛应用。2004年美国科幻电影《蝴蝶效应》就精彩诠释了蝴蝶效应在心理学上的应用：当一个人小时候收到微小的心理刺激，长大后这个刺激会被放大。2003年美国发现一宗疑似疯牛病案例，给美国经济带来一场破坏性极强的"飓风"。2016年历史纪录片《蝴蝶效应》讲述了人类历史的蝴蝶效应：人类历史由一连串重要事件组成，从千年帝国诞生到璀璨文明的终结，从少数人的创意到全球文化的革新，最细微的决定足以影响大局。

【教学设计意图】通过观看科幻片《蝴蝶效应》的某些片段，加强对辩证法的普遍联系观点的认识，加强对必然性与偶然性关系的认知，加强对客观辩证法的普遍适用性的认知。

4. 知识拓展

西方哲学中辩证法的演变历程

在西方哲学演进脉络中，辩证法自古希腊哲学始，穿越中世纪的漫漫迷雾，在德国古典哲学尤其是黑格尔哲学中凝练成一种体系化、概念化的理论形态。

古希腊早期的埃利亚学派的代表赫拉克利特在哲学高度指出，"一切皆流，一切皆变"，通过对事物现象的直观，表达了辩证法朴素而基础性的含义，即事物自身的变动不居性或谓矛盾性，它是事物运动变化的普遍模式，形成辩证法研究的三种范式之一的"自然主义范式"。

古希腊哲学家芝诺（Zeno）通过著名的"芝诺悖论"，在思维悖态上折射客观事物的矛盾本性，即一旦承认客观事物的运动变化现象就必定要接受运动中的矛盾现象。芝诺自然是不接受事物的运动变化的，他从前提有效、推理形式有效而矛盾结论荒谬，得出"运动是不存在的"。其实，芝诺是对客观辩证法的否定。芝诺分析运动难题的方式恰恰是分析命题中的矛盾或在谈话中揭露对方论证中的矛盾求得真理的方法，即主观辩证法。但芝诺以逻辑悖论的方式对事物运动性质，即客观辩证法的否定困扰了西方哲学界很多年。芝诺对事物运动变化的分析已经超越了赫拉克利特的现象直观，而在理论思维的层面回答了这种表面变动性的真正内涵，即一与多、间断与连续的内在关系，运动和矛盾内在结合在一起。

古希腊的另一位哲学家苏格拉底的教育方法被称为"助产术"，集中表现在他经常采用的"诘问式"的形式中，以提问的方式揭露对方提出的各种命题、学说中的矛盾，以动摇对方论证的基础，指明对方的无知。这种方式一般被称为"苏格拉底的讽刺"。苏格拉底的这种方法是由爱利亚学派的逻辑推论和爱利亚的芝诺的反证法发展而来的。在苏格拉底的讽刺的消极形式中存在着揭露矛盾的辩证思维的积极成果。苏格拉底开创了辩证法的"思维方法论范式"。

近代哲学家康德在构造其先验哲学体系中，主动引用了主观辩证法的形式，以著名的四个"二律背反"呈现理性自身的矛盾，破除了旧形而上学的僵硬独断。但在对待矛盾的态度上，康德借由"二律背反"对理性矛盾的揭示，与芝诺通过"芝诺悖论"对客观矛盾的揭示，没有根本的超越，在思维方式上都采取了形而上学的知性思维方式——坚持片面的知性规定，在两个相反的论断中，断定其一必真而另一必假。

打破芝诺悖论困局的是德国古典哲学的集大成者黑格尔。在康德哲学基础上，黑格尔指出哲学思考的实质就是认识对象的矛盾性质，这个对象是"思想范畴"，这个矛盾性质是内在于思想范畴本身的。那么，对于芝诺悖论，黑格尔认为从有效前提，经有效的逻辑推导而得出的"矛盾性"结论并不荒谬，因而也就无法归谬得出运动不存在。作为共识的"思维中不能有矛盾"这一观点并不假，只是这里的思维是形式逻辑范畴内的思维形式。而像在"飞矢不动"难题中，矛盾性结论"运动是在同一瞬间物体既在这个点上又不在这个点"，其中的矛盾并不是形式逻辑中的关于思维形式的矛盾，而是关于事物运动范畴的内涵逻辑中的矛盾，这种矛盾不仅不是荒谬的，恰恰是我们需要认识的，它是对象自身的矛盾，是对象的本质。黑格尔指出世间万物运动变化的内在依据正是事物自身的矛盾性。为此，黑格尔还制定了一套关于范畴矛盾发展的辩证法体系，从而使辩证法真正跃升为一种体系化的理论形态。黑格尔的辩证法采取了"思辨哲学范式"，而且其在唯心主义哲学之上建立的辩证法的理论体系使得辩证法达到了思辨哲学的最高峰。

【教学设计意图】辩证法经历了自然主义范式、思维方法论范式和思辨哲学范式的变迁，马克思主义哲学系统中的辩证法已经能完成作为世界观和作为方法论的双重效用。马克思主义的唯物辩证法是源于实践的科学世界观和方法论的统一体。

5. 情景再现

田忌赛马

齐国的大将田忌很喜欢赛马，有一回，他和齐威王约定，要进行一场比赛。他们商量好，把各自的马分成上、中、下三等。比赛的时候，要上马对上马，中马对中马，下马对下马。由于齐威王每个等级的马都比田忌的马强得多，所以比赛了几次，田忌都失败了。田忌觉得很扫兴，比赛还没有结束，就垂头丧气地离开赛马场。这时，田忌抬头一看，人群中有个人在看着自己，原来是自己的好朋友孙膑。孙膑招呼田忌过来，拍着他的肩膀说："我刚才看了赛马，威王的马比你的马快不了多少呀。"孙膑还没有说完，田忌瞪了他一眼："想不到你也来挖苦我！"孙膑说："我不是挖苦你，我是说你再同他赛一次，我有办法准能让你赢了他。"田忌疑惑地看着孙膑："你是说另换一匹马来？"孙膑摇摇头说："连一匹马也不需要更换。"田忌毫无信心地说："那还不是照样得输！"孙膑胸有成竹地说："你就按照我的安排办事吧。"齐威王屡战屡胜，正在得意扬扬地夸耀自己马匹的时候，看见田忌迎面走来，便站起来讥讽地说："怎么，莫非你还不服气？"田忌说："当然不服气，咱们再赛一次！"说着，哗啦一声，把一大堆银钱倒在桌子上，作为他下的赌钱。齐威王一看，心里暗暗好笑，于是吩咐手下，把前几次赢得的银钱全部抬来，另外又加了一千两黄金，也放在桌子上。齐威王轻蔑地说："那就开始吧！"一声锣响，比赛开始了。孙膑先以田忌的下等马对齐威王的上等马，第一局输了。齐威王站起来说："想不到赫赫有名的孙膑先生，竟然想出这样拙劣的对策。"孙膑不去理他。接着进行第二场比赛。孙膑拿田忌的上等马对齐威王的中等马，胜了一局。齐威王有点心慌意乱了。第三局比赛，孙膑拿田忌的中等马对齐威王的下等马，又战胜了一局。这下，齐威王目瞪口呆了。比赛的结果是三局两胜，当然是田忌赢了齐威王。还是同样的马匹，由于调换一下马匹的出场顺序，就得到转败为胜的结果。

【教学设计意图】通过情景剧的方式再现田忌赛马的经典历史故事，体会辩证法的质量互变规律的含义。质量互变规律指出，量变的形式是多种多样的，从引起质变的角度看，量变的基本形式可以分为两种，一是事物数量的增减变化引起，二是事物构成成分的排列顺序和结构形式上的变化引起。孙膑的建议正是排列顺序引起质变的具体运用。马还是原来的三匹马，但改变了出场顺序，就完全扭转了局面。此案例说明，要促使事物向好的方面发生质的转化时，除了要注意量的积累，还应把握事物空间"排列顺序"的变化。扬长避短，合理安排，就有可能获得预想的成果。辩证思维方法的核心是矛盾分析法，孙膑就是有效利用了质变和量变的矛盾运动规律，才最终转败为胜。

（三）挑战度教学设计

1. 疑难问题解答

有人说，马克思没有辩证法，恩格斯的自然辩证法不是辩证法。对该观点如何评价，如何正确认识马克思和恩格斯的辩证法思想？

首先，马克思并不感到需要写出一部叫《辩证法》的著作，因为黑格尔已经全面地有意识地叙述了辩证法的一般运动形式，马克思所做的只是将黑格尔的唯心辩证法颠倒地运用，将其改造成唯物辩证法。马克思运用辩证思维方法分析人类社会，得出了关于社会发展的客观辩证运动规律的唯物史观。马克思对黑格尔辩证哲学的认识经历了"之"字形：批判、改造、运用。马克思自己说："（1843 年《黑格尔法哲学批判》时期）当黑格尔辩证法还很流行的时候，我就批判过黑格尔辩证法的神秘方面。但是，正当我写《资本论》第一卷时，今天在德国知识界的模仿者们对待黑格尔，把他当作一条'死狗'了。因此，我公开承认我是这位大思想家的学生，并且在关于价值理论上还卖弄起黑格尔的特有的表达方式。""辩证法在黑格尔手中神秘化了，但这绝没有妨碍他第一个全面地有意识地叙述了辩证法的一般运动形式。"说马克思没有辩证法是不符合事实的。因为马克思的辩证法在他的全部理论著作中，在《资本论》中，只不过是以理论的状态存在着。例如，他分析了资本总公式的矛盾即既要遵循等价交换的原则又要实现价值增值；"资本不在流通中产生，但离不开流通领域";资本主义的工资悖论;等等。恰是马克思对黑格尔辩证思维方法的积极运用,才能让他拨开迷雾窥见资本主义生产的秘密,正确回答"资本主义向何处去"的时代疑问。

恩格斯是自然辩证法思想的创立者,他总结了自然科学发展史和自然科学的最新成就,清晰总结了自然界的辩证本性和自然科学展现的辩证思维的必要性,为辩证唯物主义世界观的构建奠定了坚实的基础,给出了扎实的论证。自然辩证法既是关于自然的辩证性质的客观辩证法,又是关于自然科学研究的方法论即主观辩证法。恩格斯的自然辩证法是马克思主义哲学的重要组成部分。不可用西方思辨哲学体系中的辩证法范式否定恩格斯的自然辩证法;不可将辩证法的本体论和方法论割裂开来;不可忽视、否定或质疑恩格斯自然辩证法的合理价值;不可割裂马克思和恩格斯的思想。

【教学设计意图】完整理解马克思的唯物辩证法理论,需要自觉回应质疑,合理处理马克思辩证法与黑格尔辩证法的关系,合理处理自然辩证法与唯物辩证法的关系。

2. 典型试题解析

(1)单选题

"人不能两次踏进同一条河流"与"人一次也不能踏进同一条河流",这两种观念(   )。

A. 前者是辩证法,后者是诡辩论

B. 前者是相对主义,后者是绝对主义

C. 是相同的,只是强调的方面不同

D. 都是辩证法,后者是对前者的发展

答案:A

【教学设计意图】考查学生对某些经典表达的理解:辩证法的运动观是绝对运动与相对静止的统一,诡辩论则走向了极端——夸大运动而否认相对静止的存在。

下列反映矛盾是事物发展动力的正确观点是(   )。

A. 矛盾的同一性和斗争性的相互作用是事物发展的动力

B. 矛盾的斗争性是事物质变的动力

C. 矛盾的同一性是事物量变的动力

D. 内部矛盾是事物发展的动力

答案:A

【教学设计意图】作为事物发展的动力的矛盾是一个整体。

"马克思主义最本质的东西，马克思主义活的灵魂，就在于具体地分析具体的情况。"这就要求人们在实践中学会运用（　　）。

A. 矛盾普遍性原理

B. 矛盾特殊性原理

C. 普遍联系原理

D. 运动发展原理

答案：B

【教学设计意图】矛盾特殊性原理的方法论要求就是具体问题具体分析。

黑格尔说，割下来的手就不是真正的人手了。这句话表达的哲学道理是（　　）。

A. 承认世界的统一性

B. 承认世界的本原是物质的

C. 唯心主义观点

D. 承认普遍联系的辩证法观点

答案：D

【教学设计意图】考查学生对辩证法的总特征的理解。

矛盾的两种基本属性是（　　）。

A. 矛盾的主要方面和次要方面

B. 矛盾的同一性和斗争性

C. 矛盾的普遍性和特殊性

D. 主要矛盾和次要矛盾

答案：B

【教学设计意图】考查学生对矛盾内涵的理解。

辩证法所要回答的是（　　）的问题。

A. 世界的本原是什么

B. 世界的状况是什么

C. 世界是否可知

D. 物质和意识能够统一

答案：B

【教学设计意图】考查辩证法的基本内涵。

"东北二人转"是一种非物质文化遗产。新中国成立后，艺术家们对"二人转"曲牌在内容上取其精华、去其糟粕，继承健康、幽默、风趣的优良传统，在形式上不断出新，伴奏乐器增加了扬琴、琵琶等，并兼用武场鼓、锣、钹，综合艺术质量不断提高。这说明发展(　　)。

　　A. 是物质运动的一种方式和属性

　　B. 是后出现的事物取代旧事物的过程

　　C. 是事物状态乃至性质的改变

　　D. 是新事物对旧事物的辩证否定

　　答案：D

【教学设计意图】考查了辩证的否定观：辩证的否定是扬弃。

唯物辩证法和形而上学根本分歧和斗争的焦点在于(　　)。

　　A. 是否用整体性观点看问题

　　B. 是否承认事物的变化不仅有量变而且有质变

　　C. 是否承认事物内部矛盾是事物发展的动力和源泉

　　D. 是否承认事物在运动

　　答案：C

【教学设计意图】考查学生对对立统一规律中关于"矛盾动力说"的理解，三大规律是关于事物如何联系并怎样发展的规律。

(2) 多选题

2018年4月，习近平总书记在深入推动长江经济带发展座谈会上强调，新形势下，推动长江经济带发展，关键是要正确把握整体推进和重点突破、生态环境保护和经济发展、总体谋划和久久为功、破除旧动能和培育新动能、自身发展和协同发展等关系，坚持共抓大保护、不搞大开发，探索出一条生态优先、绿色发展新路子。这一论断反映的辩证法道理有(　　)。

　　A. 主要矛盾和次要矛盾、矛盾的主要方面和次要方面是辩证统一的

　　B. 矛盾同一性和斗争性既相互联结又相互分离

　　C. "两点论"和"重点论"相结合

　　D. 矛盾的同一性是相对的，矛盾的斗争性是绝对的

　　答案：AC

【教学设计意图】考查矛盾的特殊性及其相应的方法论原理。

下列选项中，体现发展的实质的有(　　)。

　　A. 因祸得福、祸福相依

　　B. 无产阶级专政代替资产阶级专政

　　C. 培育出新优质品种

　　D. 从原始社会到私有制社会

　　答案：BCD

【教学设计意图】考查了对发展实质的理解，发展的本质是质变。

3. 课后实践作业

阅读论文《论和而不同》（陈望衡），围绕"中国的和合文化、社会主义和谐观"撰写小论文。要求：①深刻体会其中的马克思主义哲学原理；②用生动有力的事例佐证观点。

【教学设计意图】马克思主义的辩证法思想和中国文化包括传统和合文化和现代和谐观有着内在的一致性。借此作业，既可加深学生对辩证法的对立统一规律的理解，也可加强学生对中国哲学与马克思主义哲学关系的理解。

专题教学设计四　唯物辩证法是认识世界和改造世界的根本方法

一、教学设计目标

①知识目标：了解唯物辩证法的本质特征和认识功能，区分客观辩证法与主观辩证法，了解矛盾分析法，掌握辩证思维方法与现代科学思维方法的内容及其相互关系。

②能力目标：形成科学的世界观和方法论的思维，不断增强科学思维能力，特别是增强辩证思维能力、历史思维能力、系统思维能力、战略思维能力、底线思维能力和创新思维能力。培养学生运用具体问题具体分析的方法解决热点社会问题的能力，提高学生的分析能力和理论联系实际解决实际问题的能力。

③价值目标：通过教学使学生感受马克思主义理论的哲思之美；激发学生形成革命的和批判的辩证法精神，勇于突破、敢于创新；培养学生理论联系实际、解决具体问题的成就感。

二、教学设计要点

（一）唯物辩证法的本质特征和认识功能

①唯物辩证法本质上是批判的和革命的。

②唯物辩证法是客观辩证法和主观辩证法的统一，是科学的世界观和方法论的统一体。客观辩证法是客观事物或客观存在的辩证法，是各种物质形态的辩证运动和发展规律；主观辩证法是人类认识和思维运动的辩证法，是以概念

作为思维细胞的辩证思维运动规律；主观辩证法是客观辩证法在人的思维中的反映。③唯物辩证法是科学的认识方法。在唯物辩证法的方法论体系中，矛盾分析法居于核心地位。矛盾分析方法的核心要求是善于分析矛盾的特殊性，做到具体问题具体分析。

（二）辩证思维方法与现代科学思维方法

①辩证思维方法是人们正确进行理性思维的方法，主要有归纳与演绎、分析与综合、抽象与具体、逻辑与历史相统一的方法。

②现代科学思维方法是随着具体科学的发展而不断独立和丰富的方法论体系，包括控制方法、信息方法、系统方法、模型方法和理想化方法等。

③辩证思维方法与现代科学思维方法相互补充，前者是后者的方法论前提，前者的基本精神和原则贯穿于后者之中；后者不断丰富着前者。

（三）学习唯物辩证法，增强思维能力

以唯物辩证法为基础，增强思维能力，特别是辩证思维能力、历史思维能力、系统思维能力、战略思维能力、底线思维能力和创新思维能力。

辩证思维能力是科学思维能力的根本要求和集中体现，增强思维能力首先要提高辩证思维能力。辩证思维能力就是以唯物辩证法为指导，发现矛盾、分析矛盾、解决矛盾，把握本质、遵循规律、推动工作的能力。

历史思维能力是善于运用历史眼光认识发展规律、把握前进方向、指导现实工作的能力；系统思维能力是全面系统地分析和处理问题的能力；战略思维能力强调思维的整体性、全局性、长期性，是善于把握事物发展总体趋势和方向的能力。

三、教学设计方案

（一）高阶性教学设计

1. 经典原文解读

（1）毛泽东：《矛盾论》

《矛盾论》是 1937 年由毛泽东同志创作的，和《实践论》一并于延安窑洞诞生。它们是为了克服存在于党内严重的教条主义思想而写的，是毛泽东把马克思主义哲学与中国革命实践经验和中国传统哲学优秀成果相结合的产物，是马克思主义哲学中国化的典范。

文章包括两种宇宙观、矛盾的普遍性、矛盾的特殊性、主要矛盾和主要的矛盾方面、矛盾诸方面的同一性和斗争性、对抗在矛盾中的地位和结论七个部分。文章对辩证法尤其是对立统一规律及其相应的矛盾分析法进行了系统阐述：对立统一法则是唯物辩证法的基本法则，事物发展的根本原因在于事物的内部矛盾，矛盾存在于一切事物发展过程的始终，但矛盾的普遍性寓于特殊性之中，事物的性质主要是由取得支配地位的矛盾的主要方面规定的。

【教学设计意图】本书不仅系统阐述了对立统一规律这一唯物辩证法的核心法则，更是辩证法应用的典范，是理论与实际相结合的代表。学习该经典文本，可自觉破除辩证法的"教条化"倾向，充分感受辩证法的批判性、革命性、创造性的方法论魅力，同时加强对中国近代民主革命的科学认知。

（2）习近平：《辩证唯物主义是中国共产党人的世界观和方法论》，载《求是》2019 年第 1 期

文中，习近平总书记明确指出："辩证唯物主义是中国共产党人的世界观和方法论。"并依次列举了毛泽东、邓小平、江泽民、胡锦涛四位中国社会主义革命和建设的领路人，在国家建设大局设计上对马克思主义世界观的贯彻与坚持。

习近平总书记强调，今天，我们党要团结带领人民实现"两个一百年"奋斗目标、实现中华民族伟大复兴的中国梦，必须不断接受马克思主义哲学智慧的滋养，更加自觉地坚持和运用辩证唯物主义世界观和方法论，更好在实际工作中把握现象和本质、形式和内容、原因和结果、偶然和必然、可能和现实、内因和外因、共性和个性的关系，增强辩证思维、战略思维能力，把各项工作做得更好。

当前，结合我国实际和时代条件，学习和运用辩证唯物主义世界观和方法论，要注重解决好以下几个问题。第一，学习掌握世界统一于物质、物质决定意识的原理，坚持从客观实际出发制定政策、推动工作。当代中国最大的实际是什么？就是我国仍处于并将长期处于社会主义初级阶段。当然，客观实际也是不断发展的。同时，也要重视意识的反作用，强调理想信念是共产党人精神上的"钙"。第二，学习掌握事物矛盾的基本原理，不断强化问题意识，积极面对和化解前进中遇到的矛盾。强调经济发展不能简单以 GDP 增长率论英雄，提出加快转变经济发展方式、调整经济结构；强调既要对全面深化改革做出顶层设计，又强调突出抓好关键环节的改革；等等。第三，学习掌握唯物辩证法的根本方法，不断增强辩证思维能力，提高驾驭复杂局面、处理复杂问题的本领。世界上只有形而上学最省力，因为它可以不依据客观实际瞎说一气；而坚持辩证法则要求用大气力、下真功夫，一方面要加强调查研究，掌握客观实际，另一方面要坚持以发展的、全面的、系统的方法观察事物，处理各种重大关系。第四，学习和掌握认识与实践辩证关系的原理，坚持实践第一的观点，不断推

进实践基础上的理论创新。

【**教学设计意图**】一方面，用中国化马克思主义的最新成果展现辩证法在国家发展大业上的应用，将马克思主义和中国社会主义建设紧密联系起来，体会辩证法的魅力，坚定学好辩证法的决心。另一方面，该文全面总结了唯物辩证法的世界观内涵和方法论功能，放在第一章的最后，具有很好的概括总结作用，有助于强化学生对马克思主义唯物论与辩证法的统一性、辩证唯物主义和历史唯物主义的统一性，以及马克思主义理论和实践的统一性的认识。

2. 学术观点拓展

（1）客观辩证法与主观辩证法的关系

马克思主义的唯物辩证法是客观辩证法和主观辩证法的统一体。客观辩证法是指客观事物或客观存在的辩证法，即客观事物及其相互作用、相互联系的形式呈现出的各种物质形态的辩证运动和发展规律。主观辩证法是指人类认识和思维运动的辩证法，即以概念作为思维细胞的辩证思维运动和发展的规律。唯物辩证法是思维把握运动的理论。作为理论形态的东西，它是思维对客观世界运动规律的反映。思维若要反映客观世界的辩证运动，它本身也必须是辩证运动的，只有辩证运动的思维才能反映辩证的运动。这样，思维对运动的反映就有两类：一类是反映在它之外的、不以它为转移的客观世界的运动；另一类是反映它自身的运动，即对自身运动的反思。前者表现为客观辩证法，后者表现为主观辩证法。因此，唯物辩证法既包括客观辩证法也包括主观辩证法，体现了唯物主义、辩证法、认识论的统一。

客观辩证法与主观辩证法的辩证关系。二者在本质上是统一的，但在表现形式上则是不同的。客观辩证法采取外部必然性形式，独立于人的意识。主观辩证法采用观念的、逻辑的形式，是同人类思维的自觉活动相联系的，是以概念为基础的辩证思维规律，主观辩证法就是概念辩证法。本质上说，主观辩证法是对客观辩证法的反映。客观辩证法和主观辩证法是唯物辩证法的两种表现形式，不是两类不同的辩证法。唯物辩证法只有一个，那就是关于自然、人类社会和思维的运动和发展的一般规律的科学，它是由一系列基本规律和基本范畴构成的科学体系。

【**教学设计意图**】一方面了解辩证思维方法论的本质，了解主观辩证法是对客观辩证法的反映；另一方面系统理解唯物辩证法理论，将客观辩证法与主观辩证法、唯物论和辩证法、世界观和方法论统一起来，形成对马克思主义理论的系统化、整体化的认知。

（2）辩证法的批判本性

辩证法是马克思主义的"活的灵魂"。辩证法方法论贯穿于马克思主义理论的概念、原理的构建全过程，我们必须基于辩证法的思想才能科学理解马克思主义的理论内涵。马克思主义理论的创新正是马克思在相当程度上应用辩证思维，发挥辩证法的批判本性，向权威挑战，对现实说"不"的结果。马克思本人充分肯定了辩证法的批判性。他说：辩证法在对现存事物的肯定的理解中同时包含着对它的否定的理解，即对现存事物的必然灭亡的理解；辩证法对每一种既成的形式都是从不断的运动中，从它的暂时性方面去理解；辩证法不崇拜任何东西，按其本质来说，它是批判的和革命的。恩格斯评价黑格尔的辩证哲学："这种辩证哲学推翻了一切关于最终绝对真理和与之相应的、绝对的人类状态的观念。"

孙正聿把哲学理解为"理论思维的前提批判"，即哲学是对科学的反思。科学以思维和存在的统一为基本预设，作为不自觉的前提；而哲学恰恰是以思维和存在的同一性作为思考对象的。哲学反思的基本工具就是辩证法。他在《理论思维的前提批判——论辩证法的批判本性》中说：如果不对假定的前提进行检验，将它们束之高阁，社会就会陷入僵化，信仰就会变成教条，想象就会变得呆滞，智慧就会陷入贫乏。社会如果躺在无人质疑的教条的温床上睡大觉，就有可能会渐渐烂掉，要激励想象，运用智慧，防止精神生活陷入贫瘠，要使对真理的追求持之以恒，就必须对假设质疑，向前提挑战，至少应做到足以推动社会前进的水平。贺来在《"思维"与"存在"的异质性与辩证法的批判本质》一文中指出，"辩证法的批判本质要得到彻底的体现，有赖于从'思维'与'存在'的'统一性'优先向'思维'与'存在'的'异质性'优先这一重要观念的转换。这是把握辩证法批判本质关键性的思想枢纽，……它的基本理论是：'思维'永远无法达到对'存在'的总体性与整全性把握，无论是形式还是内容，二者都具有无法'统一'起来并实现'同一化'，思维与存在这两个系统服从于'不同的规律'，而且在结果中不可避免地发生'矛盾'。自觉到这种异质性，揭示并捍卫思维与存在之间的这种矛盾性和非同一性，并因此对一切试图抹杀和遮蔽这种异质性、矛盾性和非同一性的抽象的同一性观念和同一性力量保持警醒、反省和质疑，这是辩证法的批判性成为可能的深层根据"。

【教学设计意图】一是强调辩证法的批判本性，反对教条化的辩证法倾向，即辩证法不是刻板的公式，不是变戏法和诡辩，它是批判的"武器"。二是强化辩证法的批判本性，在学习马克思主义的唯物辩证法的世界观和方法论中，既要根据唯物论做到脚踏实地，从实际出发，也要根据辩证法做到充分发挥主观能动性，激发革命性和创造性的热情。

（二）创新性教学设计

1. 案例分析

（1）芝诺悖论

古希腊哲学家巴门尼德认为，世界的本原是存在，所以存在必然具有唯一性、不动性。其学生芝诺认可老师的观点并对存在的不动性加以论证，构造了"芝诺悖论"。芝诺悖论的主要目的是论证"运动"不存在，因而芝诺悖论又称为运动悖论。

芝诺构造了四个运动的难题：二分法难题、飞矢不动、阿喀琉斯追龟和运动场难题。这四个难题构成一个整体，共同说明运动不存在。其中，二分法和飞矢不动中涉及的是绝对运动，阿喀琉斯追龟和运动场难题涉及的则是相对运动；而阿喀琉斯追龟与二分法难题是对"运动存在"且"时空无限可分"的归谬，飞矢不动与运动场难题则是对"运动存在"且"时空有最小不可分单位"的归谬。四个难题或四处归谬并非直接否定了"运动存在"，而是对运动的性质"是否无限可分"提出的疑问与挑战。前两个难题质疑"时空无限可分"，归谬得出"时空有最小不可分单位"；后两个难题质疑"时空有最小不可分单位"，归谬得出"时空无限可分"。可见，四个难题共同构成一个完整的运动悖论："时空无限可分，当且仅当，时空有最小不可分单位。"

但是，芝诺悖论中的运动难题难在哪里？由此能得出运动不存在吗？其实，这一悖论并非如很多人想象的否定运动存在，而是否定了当时关于运动属性的认知。因而，芝诺悖论也并非哲学家的诡辩与妄语，而是通过哲学的抽象与系统化思维，通过逻辑悖论的形式，揭示了前人对运动的机械性认知的缺陷，从而为后来者建立关于运动属性的科学辩证的认知打开了缺口。辩证唯物主义运动观认为，运动是存在的，运动具有连续性，也具有间断性，运动是连续性和间断性的辩证统一。芝诺所发现的运动难题，其根源在于对运动的认识陷入了"非此即彼"的二分法思维困境中。"时空无限可分"，即运动的连续性，"时空有最小不可分单位"，即运动的间断性。按照二分法思维，承认运动有连续性就得否认其间断性，承认它有间断性就得否认其连续性，这种认识犯了机械主义的错误。

【教学设计意图】辩证法作为思维方法，与形而上学方法相对应，二者的区别在于是否承认矛盾。芝诺持有的形而上学思维方式否认矛盾，因而也就无法接受"运动"中的连续性与间断性的矛盾，并最终因无法接受包含矛盾的运动概念而连带否认了运动的存在性。相反，辩证法接受矛盾，认为在描述类事物的概念中自然包含着事物对立统一的矛盾属性，运动的连续性与间断性不仅不是相互排斥的，反而是只有把握了运动中的这对矛盾及其关系才算实现了对运动的科学认知。本案例揭示了形而上学思维方法的认知缺陷，从反面论证了辩证思维方法的必要性和重要性。

（2）苏格拉底解答"何为正义?"

苏格拉底与青年欧谛德漠关于"正义"的对话。为使欧谛德漠能正确认识和理解这一问题，苏格拉底与他进行了如下问答。

问：虚伪应当归于哪一行？

答：显然应该放在非正义一行。

问：偷盗、欺骗、奴役等应归于哪一行？

答：应归于非正义一行。

这时苏格拉底诘问道：如果一个将军惩罚那些极大地损害了自家利益的敌人，并对其采取了奴役的手段，这能说是非正义吗？

答：不能。

问：如果他偷走了敌人财物或在作战中欺骗了敌人，该如何断定？

答：这当然正确，但我指的是欺骗朋友。

听到这里，苏格拉底说：好吧，那我们就专门讨论朋友间的问题。倘若一个将军所统帅的军队已经丧失了进攻的勇气，如果他欺骗士兵说援军就要来了，从而鼓舞士气，取得了最后胜利，这种行为应怎样理解？

答：也应算是正义的。

苏格拉底又接着说：如果一个孩子有病，却不肯服药，父亲骗他说药很好吃，结果治好了他的病，这种行为该属于哪一行呢？

答：应属于正义一行。

问：如果一个人发了疯，他的朋友怕他自杀，偷走了他的枪，这种偷盗是正义的吗？

答：它们属于同一类的情况。

问：你不是认为朋友间不能存在欺骗吗？

答：请您允许我收回我刚才说过的话。

【教学设计意图】比较芝诺和苏格拉底，前者采取了形而上学思维无法实现对"运动"的恰当理解，而苏格拉底则运用了辩证思维，自觉挖掘包含在"正义"概念中的矛盾性质，实现认知的深化。

(3) 纳米技术与大数据

纳米技术专注于把东西变小，因为当事物达到分子级别时，它的物理性质会发生变化。铜本来导电，但纳米级别的铜就不能在磁场中导电了；银粒子具有抗菌性，但以分子形式存在时其抗菌性就会消失；达到纳米级别后，金属可以变柔软，陶土可以有弹性。

大数据技术则是专注于把东西变大，因为当我们增加所利用的数据量时，可以做很多在小数据基础上无法完成的事情。例如，电子科技大学计算机学院的周涛团队利用大数据"寻找校园中最孤独的人"。信息时代，人们的行为都被记录下来：浏览过的网页、去过的地方（门禁刷卡）、吃过的东西（电子消费）、购买过的产品（网络购物）。通过选课记录、图书馆刷卡、食堂用餐刷卡，研究团队从电子科技大学3万多名在校学生中，采集了2亿多条学生行为数据，通过对不同ID卡"一前一后"刷卡的记录分析，发现一些学生在校有多少亲密朋友、闺蜜、死党，也发现有800多名"最孤独的人"。

【教学设计意图】纳米技术和大数据技术都利用了质量互变关系原理，通过量的积累实现质的飞跃，使事物按照自己的意愿发生质变。这种方法论属于广义的矛盾分析法。

(4) 九方皋相马

秦穆公见伯乐年事已高，请伯乐推荐继任者，伯乐说九方皋可堪此任。九方皋奉穆公之命外出找马，三个月后复命说，马已找到。穆公问：是什么马？九方皋答道：是一匹黄色的公马。穆公派人去取马，取马人回报是一匹黑色的母马。穆公不悦，责备伯乐道：你推荐的那位相马者连马的黄黑公母都分辨不清，怎能鉴别马的好坏呢？伯乐答道："若皋之所观，天机也。得其精而忘其粗，在其内而忘其外。见其所见，不见其所不见；视其所视，而遗其所不视。若皋之相者，乃有贵乎马者也。"马至，果千里之马。伯乐之子把伯乐写的《相马经》读得烂熟。《相马经》上说，千里马是额头隆起，双眼突出，蹄如摞起的酒曲块。于是，他按照书上绘出的各种图形，与他所见到的"马"一一加以对照。结果，他找到一只癞蛤蟆。

【教学设计意图】认识事物要区分粗精、真伪、表里、内外，要去粗取精，去伪存真，由表及里，抓住事物的本质；要区分事物的主要方面与次要方面，抓住事物的主要方面。

伯乐之子相马用的是"按图索骥"的方法，把《相马经》当作教条，脱离实际，从"本本"出发，生搬硬套。思维方法是人们认识世界的中介；科学的思维方法是客观规律在人脑中的内化，它是人们认识世界，特别是理性思维的重要工具，是实践获得成功的重要条件；方法具有普遍意义，它比认识结果更为重要，只有掌握科学的思维方式，才能增强人的认识能力，做好各项工作，认识的发展过程及科学的思维方法。

（5）供给侧结构性改革

2015年11月10日，中央财经领导小组第十一次会议，研究供给侧结构性改革方案。其基本背景是：改革开放三十多年，中国经济持续高速增长，成功步入中等收入国家行列；但随着人口红利衰减、中等收入陷阱风险累计、国际经济格局深刻调整，经济发展进入"新常态"，经济指标之间的联动性出现背离，经济增长持续下行，CPI持续低位运行，企业利润下降。面对经济发展的新形势尤其是新问题，政府相应部门积极面对，商讨应对方案。

首先专家们进行了原因分析：中国经济运行的主要方式是市场经济机制，当时经济生活的主要矛盾是供需结构错配——不是需求不足，而是需求改变；表面上有效需求不足，实际上是有效供给不适应市场需求的变化。通过大量调查，发现中国人的需求结构向多样化、高端化、服务化转换，奢侈品需求大，旅游、养老、教育、医疗和各类服务性需求增长。但产能转换不及时，传统产业需求饱和，原有供给结构不适应市场需求结构的变化。2003年后，央企钢铁、煤炭、石油、石化、有色金属等行业产能严重过剩，企业亏损面达80%。显然，导致供需矛盾激化的主要原因在于供给侧，这是矛盾的主要方面，它规定了当时中国经济"新常态"的面貌。

供给侧结构性改革方案正是基于以上分析，致力于改变中国经济发展的不利局面。其主要做法是：从供给侧入手，围绕生产要素（劳动力、土地、资本等）和生产要素等的使用者（企业），用改革办法提高生产要素流动习惯和企业使用生产要素的效率，重构市场供需的平衡。

【教学设计意图】辩证思维方法的重要内容是两点论与重点论相结合的方法，案例中的供给侧结构性改革方案的设计正是这种方法的生动展示。在供需结构错配的矛盾中，找到供给侧作为矛盾的主要方面，从而在解决问题时遵循"牵牛要牵牛鼻子、打蛇打七寸"方法论原则，从主要问题着手，有的放矢，这样才能事半功倍。

2. 课堂讨论

辩证法与"变戏法"

网络文章《辩证法是如何降低智商的！》，文中列举了辩证法的诸多弊端：以无知当方法、教条化公式、抬杠工具、思想魔咒和诡辩武器。文章的一些典型表达如：

"中学时的课程，再没有比唯物辩证法更容易上手的了，简单易学，痛快明了，通关秘籍就一句话——凡事要一分为二地看！从此你就获得了一枚战无不胜的思想武器，天下虽大，恨无对手。举世悠悠，唯我独尊！你甚至不需要中学毕业，也照样能够把读书万卷的大学者，批得死去活来，嘻得号啕大哭！

"有关唯物辩证法的定义，是精心构设、有意混淆不同范畴的概念所形成的一个可怕魔咒。一旦被施法，大脑活泛程度就会不知不觉被降低。如不能够自我摆脱，终将沦为抬杠人士。别人说东，你一分为二地说西。别人撵狗，你凡事辩证地去捉鸡。最令人绝望的是，在这个过程中大脑是呈平滑运行，根本没有深层次的思考。抬杠至终，徒然荒废了自己。

"不管初始的辩证法定义是什么，但我们从课本上学到的，却是一门低级的诡辩术。这门诡辩术甚至连个像样的教程讲义都没有，完全是靠了临场发挥，胡言乱语，就能够让年轻人陷入到虚假的智力优越感之中。"

当前马克思主义在中国的大众化道路上，广泛存在着辩证法的教条化、庸俗化的问题，富于批判反思精神的辩证法蜕变为束缚手脚的理论教条和独断性权力话语，降格为一种"变戏法"。

具体操作：让学生预先阅读这篇网文；然后组织学生展开关于"辩证法与变戏法"的主题讨论，尝试反驳文章观点并一一驳斥其错误，最终强化对辩证法思维方式的正确认知；最后老师做总结。

【教学设计意图】辩证法的灵魂是具体问题具体分析。从上述网文来看，人们对辩证法的最大误解就在于把思想的内容和形式割裂开了，从而把作为世界观理论的、关于真理学说的辩证法，变成了没有思想内容、没有概念内涵、没有实证知识的纯粹的方法，似乎辩证法像某种工具一样，需要的时候可以拿出来用在各种对象上。正是由于把辩证法当作可以脱离思想内容的纯粹的工具或方法，因而就像恩格斯所批判的那样，把辩证法变成了可以套在任何论题上的刻板公式。让同学们在学习辩证法时避免教条化和庸俗化的陷阱。

3. 视听资料

朱德庸漫画《跳》flash 版本

朱德庸的漫画《跳》寓意深刻，漫画主要刻画了以下情况：一个漂亮女孩子，觉得自己过得很不幸，终于有一天，她从11楼跳下，身体下坠，她却看到了一系列出乎意料的场景。"我看到10楼以恩爱著称的阿呆夫妇正在互殴；我看到9楼平常坚强的Peter正在偷偷哭泣；8楼的阿妹发现未婚夫跟最好的朋友在床上；7楼的佳佳在吃抗抑郁的药；6楼失业的阿喜还在每天买7份报纸找工作；5楼受人尊敬的王老师正在偷穿老婆的内衣；4楼的Rose又要和男友闹分手；3 楼的阿伯每天盼望有人拜访他；2 楼的莉莉还在看她那结婚半年就失踪的老公的照片。"女孩感觉大受震动，"在我跳下之前，我以为我是世界上最倒霉的人；现在才知道每个人都有不为人知的困境；我看完他们之后深深觉得其实自己过得还不错，可是已经晚了。刚才被我看到的人，现在都在看着我。我想他们看了我以后，也会觉得其实自己过得还不错。"

【教学设计意图】案例展现了矛盾的普遍性，所谓"家家有本难念的经"，不仅自然事物有矛盾，人生也是。引导学生正确对待生活中的困难、挫折和问题，不夸大矛盾，及时发现并努力解决矛盾才是一个人成长的标志。

4. 知识拓展

底线思维

底线，就是不可逾越的界限，是事物发生质变的临界点。

首先，底线思维是边界思维。为思想和行为立界，守住主权的底线、法律的底线、民生保障的底线、环境保护的底线。例如，新民主主义革命时期，我们党维护群众利益，密切党群关系，画出底线，绝不损害群众利益；从严治党，加强军队纪律建设，把握军队建设底线。"不拿群众一针一线""三大纪律八项注意"，体现了人民军队为人民的政治本质，从而赢得了群众的支持与拥护。

其次，底线思维是风险思维，要居安思危，未雨绸缪，凡事要把困难尽量想充分，向好处努力。底线思维不是消极被动，不是只守底线、无所作为，而是立足最低点争取最大期望值。例如：1935 年，面对国民党的"围剿"，党中央和中革军委《告全体红色战士书》指出："有时向东，有时向西，有时走大路，有时走小路，有时走老路，有时走新路，而唯一的目的是为了在有利条件下求得作战的胜利。"在保存革命力量的基础上，积极争取斗争胜利。

【教学设计意图】帮助学生加深对质量互变规律的理解。底线思维是质量互变规律的方法论要求。习近平总书记在多个场合强调中国共产党党员的行为操守时，都提到了坚持底线思维。讲授时，结合哲学原理讲解治党方针，要将理论与实际有机结合。

5. 情景再现

中国教育道路的探索

中国的教育道路的探索，主要是把握好素质教育与应试教育的关系。当前中国教育的主要矛盾表现在中国教育资源不平衡不充分与人民希望接受高品质的教育获得上升机会之间的矛盾，次要矛盾则是固有的应试教育的单一性与社会人才需求的多样性之间的矛盾。因此，在教育资源未能得到充分平衡发展之前，主要矛盾难以改变，我们需要抓住主要矛盾，通过应试教育来保证教育资源分配的相对公平性，与人民获得上升机会的相对公平性；同时也应当重视次要矛盾，在非硬性条件下提倡素质教育，将素质教育融入应试教育的大前提下，促进青少年的健康成长。

请根据上述描述，以辩论赛的方式探讨中国教育道路，对国家政治生活与社会生活的重大事件进行关注，强化学生对具体问题具体分析的理论内涵和现实价值的理解。

【教学设计意图】 具体问题具体分析是矛盾特殊性原理的方法论要求，学生不仅要从理论上掌握它的内涵和要求，更需要理论联系实际，学会运用它去解决具体问题。关于中国教育体制，我们一直在素质教育与应试教育的二元选择中模糊视听。学生可对此具体分析，把握重点，在辩论中明白目前教育制度改革的复杂性，同时明确将素质教育融入应试教育是目前我国教育道路的主要方向。

（三）挑战度教学设计

1. 疑难问题解答

如何正确理解辩证法与形而上学的关系？

孙正聿说，辩证法与形而上学是相比较而存在的。对辩证法的种种误解，总是同对形而上学的种种误解密不可分，甚至可以说，正是由于简单化地、庸俗化地误解了形而上学，从而也简单化、庸俗化地误解了辩证法。到底如何做才能正确理解形而上学呢？

首先，从词源学上看，形而上学是中国对传统哲学的统一称谓，"形而下者谓之器，形而上者谓之道"，哲学就是道学，即形而上学。在马克思主义哲学革命中，马克思把旧哲学称为形而上学，这里的形而上学仅指一种哲学形态，如西方近代机械唯物主义、黑格尔的思辨唯心主义。由此也带来形而上学的第三个使用方式，即作为方法论，它是与机械唯物主义世界观相伴随的方法论。

恩格斯对作为方法论的形而上学的内涵做过阐述，"他们在绝对不相容的对立中思维"，"是就是，不是就不是；除此之外，都是鬼话"，这就是形而上学的思维公式。孙正聿认为要划分好形而上学的使用范围，形而上学的是与非的关键是界限。首先，这一"公式"正是我们日常生活的思维方式：太阳就是太阳，月亮就是月亮。这是我们每个人必须遵守的思维的确定性。违背了这种确定性，就无法与人交流沟通，甚至无法正常生活。但是，在超出经验生活，"跨入广阔的研究领域，就会碰到惊人的变故"。只要我们不只是生活，而是对生活进行思考，使生活进入"研究领域"，是非、好坏、理想与现实就不是泾渭分明地分开，而是"你中有我，我中有你"，只能运用辩证智慧去"保持必要的张力"

和"达到微妙的平衡"。可见，对于超越常识的科学理论及哲学理论的创建都不能采用形而上学思维，而应该用辩证思维。

【教学设计意图】用科学的态度、理性的方法学习辩证法，同样也要用科学理性的态度和方法评价形而上学，这是马克思主义思想的必然要求，也是学习马克思主义理论必须遵循的基本原则。

2. 典型试题解析

（1）单选题

在实际工作中，要注意掌握分寸，防止"过"或者"不及"，这在哲学上属于（　　）。

A. 抓事物的主要矛盾

B. 确定事物的质

C. 认识事物的量

D. 把握事物的度

答案：D

【教学设计意图】质量互变规律指出：度是保持事物质的稳定性的量的界限，这告诉我们过犹不及，在行动中应掌握分寸，遵循矛盾分析方法。

在剩余价值理论中，马克思揭示了劳动力的本质是如何被资本主义以工资形式所掩盖的真相。其中，马克思主要运用了（　　）的方法。

A. 矛盾分析法中区分偶然性与必然性

B. 矛盾分析法中区分可能与现实

C. 矛盾分析法中区分现象与本质

D. 矛盾分析法中区分原因与结果

答案：C

【教学设计意图】考查辩证思维方法的根本，即矛盾分析法，澄清现象与本质的辩证关系的方法。

"是就是，不是就不是，除此之外都是鬼话，"这在西方社会算是一句名言，处理简单日常事务时，执这种观点无可厚非。但作为哲学观点，它（　　）。

A. 执着于形而上学方法

B. 坚持了辩证思维的方法

C. 是唯物主义

D. 是可知论

答案：A

【教学设计意图】考查辩证思维方法与形而上思维方法的区别。

马克思说："对事物的肯定的理解同时包含对现存事物的否定的理解。"这句话蕴含的观点属于( )观点。

A. 相对主义   B. 形而上学

C. 辩证法   D. 唯物论

答案：C

【教学设计意图】考查矛盾分析法中关于肯定与否定的矛盾关系。

杜甫诗曰："挽弓当挽强，用箭当用长。射人先射马，擒贼先擒王。"这首诗蕴含的哲理是( )。

A. 看问题要分清主流和支流

B. 抓主要矛盾，抓中心，抓关键

C. 承认矛盾的客观性，正确对待矛盾

D. 既要看到矛盾的主要方面，又要看到矛盾的次要方面

答案：B

【教学设计意图】考查了辩证思维方法中的重点论方法。

"盲人摸象"与"管中窥豹，可见一斑"告诉我们的哲学道理是( )。

A. 坚持适度原则

B. 坚持"两点论"与"重点论"相统一

C. 事物的发展史前进性与曲折性的统一

D. 看问题要全面，反对以点带面、以偏概全

答案：D

【教学设计意图】考查矛盾分析法中部分与整体的矛盾关系。

主要矛盾和矛盾的主要方面在方法论上应坚持( )。

A. 均衡论 B. 一点论 C. 两点论 D. 重点论

答案：D

【教学设计意图】考查了辩证法中的重点论方法。

"一把钥匙开一把锁"，这句话在哲学上讲的是( )。

A. 矛盾的普遍性   B. 矛盾的同一性

C. 矛盾的特殊性   D. 矛盾的斗争性

答案：C

【教学设计意图】考查矛盾的特殊性。

"马克思主义最本质的东西，马克思主义活的灵魂：具体地分析具体情况"。这就是要人们在实践中学会( )。

A. 唯物主义原理   B. 矛盾特殊性原理

C. 普遍联系原理　　　　　　　D. 运动发展原理

答案：B

【教学设计意图】具体问题具体分析是矛盾的特殊性原理的方法论要求。

唯物辩证法的根本方法是（　　　）。

A. 观察实验方法　　　　　　　B. 逻辑推理方法

C. 矛盾分析方法　　　　　　　D. 归纳演绎方法

答案：C

【教学设计意图】考查学生对矛盾分析法地位的理解。

（2）多选题

马克思指出："具体之所以具体，因为它是多种规定性的综合，因而是多样性的统一。"这里的"具体"指（　　　）。

A 感性具体　　　　　　　　　B 思维具体

C 理性具体　　　　　　　　　D 在理性思维中再现事物整体的具体

答案：BCD

【教学设计意图】抽象与具体相统一是辩证思维方法之一，马克思强调，认识不仅是从感性具体上升到理性抽象，还需要从理性抽象到理论具体，只有完成了"具体—抽象—具体"的一个认知周期后，对事物的认识才算基本完成，这是辩证法"否定之否定规律"的体现和要求。马克思尤其强调从抽象上升到具体的认知方法，并在《资本论》中利用该方法对商品和资本运转的规律进行了阐发。

3. 课后实践作业

马克思主义中国化就是将马克思主义的一般原理和中国具体实际相结合的过程，其中包含着中国共产党人和有识之士运用马克思主义辩证法分析和寻找中国社会发展的可行道路和方案的努力。

请结合中国共产党党史、新中国史、改革开放史、社会主义发展史，寻找我们党和国家运用"具体问题具体分析"方法的典型事例，并对之加以深刻分析和解读。

【教学设计意图】作为方法论的辩证法的重要内容是具体问题具体分析，这不仅是一个理论符号，更是马克思主义者的实际践行。借此作业，可加深学生对辩证法的理解，同时深化学生对"四史"的解读，激发学生树立正确的世界观和掌握科学的方法论，积极投身到建设社会主义的事业中。

第二章

实践与认识及其发展规律

专题教学设计一　实践与认识

一、教学设计目标：

①知识目标：了解人类思想史上关于实践的观点、掌握马克思主义关于实践的本质与基本结构、认识的本质与过程、实践与认识的辩证运动及其规律。

②能力目标：通过马克思主义科学实践观，培养学生理论联系实际，在实践中发现问题、分析问题、解决问题的能力。

③价值目标：强化"实践第一"的价值理念，增强"绝知此事要躬行"的践行精神和实践创新、理论创新意识。

二、教学设计要点

（一）科学的实践观及其意义

①科学实践观的创立与发展：马克思、恩格斯以前的中外哲学都使用过实践的概念，但是他们都没有真正理解人类实践的本质，没有看到实践在社会生活与认识活动中的决定意义。马克思科学阐明了人类实践的本质和作用，创立了科学的实践观。列宁、毛泽东、邓小平、习近平结合时代发展，不断丰富着科学实践观。

②科学实践观的意义：第一，克服了旧唯物主义的根本缺陷。第二，建立了科学的、能动的、革命的反映论，实现了人类认识史上的变革。第三，在人类思想史上第一次揭示了社会生活的实践本质，为创立科学的历史观奠定了理论基础。第四，为人们能动地认识世界和改造世界提供了基本的思想方法和工作方法。

（二）实践的本质与基本结构

①实践是人类能动地改造世界的社会性的物质活动，具有客观实在性、自觉能动性与社会历史性三个基本特征。

②实践活动是以改造客观世界为目的的客观过程，是实践的助推与客体之间的相互作用，但这种相互作用必须借助于一定的手段和工具，即实践的中介。实践的主体、客体和中介是实践活动的三项基本要素。

③实践的形式可分为三种基本类型：物质生产实践、社会政治实践与科学文化实践。

④实践对认识的决定作用：一是实践是认识的来源；二是实践是认识发展的动力；三是实践是认识的目的；四是实践是检验认识真理性的唯一标准。

（三）认识的本质与过程

①唯物主义与唯心主义对认识本质的不同回答：唯物主义坚持反映论立场，认为认识是主体对客体的反映，人的一切知识都是从后天实践中得来的。唯心主义否认认识是人脑对客观世界的反映，认为认识先于人的实践经验。

②认识的过程。认识的过程是从实践到认识与从认识到实践。认识过程首先是从实践到认识的过程，主要表现为在实践的基础上认识活动由感性认识能动地飞跃到理性认识，这是认识运动的第一次飞跃。认识再回到实践中去，实现认识的第二次能动飞跃。

（四）实践与认识的辩证运动及其规律

实践与认识的辩证运动是一个由感性认识到理性认识，再由理性认识到实践的飞跃，是实践、认识、再实践、再认识循环往复以至于无穷的辩证发展过程。

三、教学设计方案

（一）高阶性教学设计

1. 经典原文解读

（1）马克思：《关于费尔巴哈的提纲》

《提纲》首次系统地论述了马克思主义科学的实践观。《提纲》是"包含着新世界观的天才萌芽的第一个文件"，是辩证唯物主义和历史唯物主义的奠基石，标志着马克思与旧唯物主义彻底划清了界限，在思想上彻底转变为新唯物主义者。主要内容分三个方面：一是批判了费尔巴哈旧唯物主义忽视人的主观能动性和唯心主义片面夸大主观能动性的错误，阐明了马克思以实践为基础的新唯物主义哲学与旧哲学（包括旧唯物主义与唯心主义）的区别；二是批判了旧唯物主义的唯心史观，论述于历史唯物主义的几个基本问题；三是从阶级基础、哲学功能和使命等角度阐述了新、旧哲学的区别。《提纲》揭露了旧唯物主义哲学的阶级局限性，阐明了马克思主义哲学的阶级基础和历史使命。

【教学设计意图】引导学生通过阅读经典，运用马克思主义科学实践观批判旧唯物主义与唯心主义的根本缺陷。

（2）毛泽东：《实践论》

《实践论》是毛泽东同志在 20 世纪 30 年代所写的重要哲学篇章，是毛泽东哲学思想的核心文本。在这本光辉著作中，毛泽东强调了认识与实践的辩证关系，指出通过认识运动，不但要了解客观实践的规律性，更重要的是要用这种认识能动地改造世界。认识来源于实践，我们要将认识能动地作用于实践。

【教学设计意图】《实践论》是马克思主义科学实践观中国化的典范文本。尽管已经过去了 70 多年，但在当代实践新格局的大背景下，它依然闪烁着真理的光辉，具有深远的现实意义，通过阅读经典，让学生进一步体会马克思主义科学实践观的丰富与发展。

2. 学术观点拓展

马克思的实践唯物主义及其相关讨论

"实践唯物主义"这一概念是我国在反思和批判传统的苏联教科书体系、重新理解和阐释马克思主义的进程中出现的概念，源于 20 世纪 80 年代开始的"实践是检验真理的唯一标准"大讨论。从"实践是检验真理的唯一标准"大讨论开始，我国马克思主义哲学界逐步探讨了人性与人道主义、主体性等问题，并最终不可避免地深入"实践"这一人之本质的存在方式的探讨。也正是从实践及其本质的理解入手，开始了重新理解和阐释马克思主义的过程。实践唯物主义就是在理解和阐释马克思主义本质的过程中提出的，即认为马克思主义哲学是实践唯物主义。

复旦大学教授俞吾金认为，马克思主义哲学就是实践唯物主义；实践唯物主义是在马克思批判传统唯物主义和批判地解读英国古典经济学的基础上形成起来的，其特征是实践性、历史性和人文性；当代哲学向实践唯物主义提出了挑战，应当从生存论的本体论的立场出发，批判地借鉴康德的实践理性学说，促进实践唯物主义问题域的当代转型。

华中师范大学林剑教授指出，马克思主义哲学应被合理地理解为一种"实践的唯物主义"：在"实践的唯物主义"哲学中，实践范畴既是它的理论基础，又是其思维辐射的轴心。实践是人的存在方式，这就意味着人的一切活动都具有自由自觉的性质，在本质上都是实践的；只有将人的一切活动都理解成一种实践活动时，人才能被认为是一种以实践为存在方式的存在物。

北京师范大学杨耕教授认为，在哲学史上，马克思主义哲学第一次把实践提升为哲学的根本原则，转化为哲学的思维方式，科学地解答了人与世界的关系问题和人类解放何以可能的问题，从而实现了唯物主义和辩证法、唯物主义自然观和历史观的统一，创立了一种实践、辩证、历史的唯物主义。在马克思主义哲学体系中，实践唯物主义、辩证唯物主义、历史唯物主义不是三个不同的"主义"，而是同一个"主义"，是马克思新唯物主义三个不同称谓，是从三个不同维度反映了同一个世界观的特征，即马克思主义世界观的特征。

中国人民大学教授安启念指出，在马克思的哲学思想中，最有代表性的，它所特有的，不仅把它与唯心主义哲学家的思想而且与形形色色的唯物主义哲学家的思想区别开来的，是实践唯物主义。从人、主体、实践出发解释世界是马克思主义的特点，因此，把马克思称作实践唯物主义者，是恰当的。辩证唯物主义和实践唯物主义是从不同角度对世界的认识，前者是本体论，后者是人的解放理论，相互之间并不矛盾。

【教学设计意图】实践性是马克思主义理论区别于其他理论的根本特征。实践的观点是马克思主义的基本观点。通过引介学术研究与讨论，深化学生对实践在马克思主义世界观与方法论中的地位与作用的理解与认识。

（二）创新性教学设计

1. 案例分析

（1）哲学家与渔夫的故事

一位哲学家与一位渔夫同坐一条船渡河。

哲学家问："渔夫，你懂不懂哲学？"

渔夫说："不懂。"

哲学家说："那太可惜了，你失去了一半的生命。"

哲学家接着又问："那你懂不懂数学？"

渔夫回答说："不懂。"

哲学家："那你又失去了三分之一的生命。"

突然一个浪头打过来，哲学家与渔夫都掉到了河里。这时渔夫问哲学家："你懂不懂游泳？"哲学家说："不懂。"

渔夫说："那你就更可惜了，因为你马上就要失去整个生命。"

【教学设计意图】实践是认识的目的，认识只有应用于实践，才是真正的、有意义的知识。本案例启迪学生必须将理论知识与实践活动结合起来，善于把知识转化为实践能力。

（2）濠梁之辩

庄子与惠子游于濠梁之上。庄子曰："鲦鱼出游从容，是鱼之乐也。"

惠子曰："子非鱼，安知鱼之乐？"

庄子曰："子非我，安知我不知鱼之乐？"

惠子曰："我非子，固不知子矣，子固非鱼也，子不知鱼之乐，全矣。"

庄子曰："请循其本。子曰汝安知鱼乐云者，既已知吾知之而问我，我知之濠上也。"

【教学设计意图】从马克思主义认识论的角度看，这个故事说明了人的认识活动的能动性。人对客观事物的认识，并不是像镜子一样简单的映照，而是一种创造性的活动，融合了个体的努力、情感与意愿。所以，对同一个事物，不同人的认识是存在差异的。在濠梁之辩中，惠子感受不到鱼的快乐，而庄子能感受到鱼的快乐，这正是两人用不同的认识方式来看待鱼之乐的结果。惠子是逻辑认知方式，而庄子是直觉认识方式。直觉认识方式属于认识活动中的非理性因素。本案例可以帮助学生理解认识主体的能动性与认识活动的多样性。

（3）"天空立法者"的奥秘开普勒（1571—1630）是 17 世纪的德国数学家和天文学家。因为他发现了太阳系行星运动的三定律而被称誉为"天空立法者"。开普勒发现行星运动三定律，可以说是一种高度的科学创造。那么，开普勒成为"天空立法者"的奥秘何在呢？

一般说来，做出一种科学创造，需要具有必备的科学素质和多种才能。其中最基本的有两种：一种是观察实验才能，另一种是理论思维才能。近代科学史上，大多数一流科学家，这两方面的才能兼而有之。但是，也有另外一种情况，即有的科学家特别擅长观察实验，有的科学家则更加善于理论思维，彼此竞存，各有千秋；一旦二者结合，便相得益彰，相映成趣，这往往导致科学上的重大发现。

开普勒属于擅长理论思维的科学家，他的数学才能特别高超。开普勒与他的老师——丹麦天文学家第谷·布拉赫的合作，是导致他发现行星运动三定律的重要原因。老师长于观测，学生精于思考和计算，师生珠联璧合，历来被传为佳话。

布拉赫是继哥白尼之后天文学上最重要的人物。他在天文学上的主要贡献是专门从事实际天文观测。他从 1576 年起直到去世，用了 20 多年的时间坚持不懈地从事天文观测，积累了大批极为丰富的天文观测资料，使其成为天文学史上宝贵的财富。

可是，第谷·布拉赫却有一个缺点，即不善于理论分析和数学计算。1601年，第谷·布拉赫不幸染疾辞世了。临终前他把自己毕生辛勤劳动成果——所有的天文观测资料全都赠给了他的学生兼助手开普勒。开普勒接受了老师这笔珍贵的遗产之后，充分发挥了自己的理论思维和数学才能的优势，终于发现了隐藏在那些杂乱无章的数据后面的自然规律，于1609年提出了行星运动的两条定律，十年后，又提出了第三条定律，这就是著名的行星运动三定律。

【教学设计意图】本案例通过对开普勒在第谷长期观察所获得经验数据的基础上，结合抽象思维加工从而发现行星运动三定律进行分析，引导学生深刻理解感性认识与理性认识的特点与局限以及两者之间的辩证关系。

（4）接地气的行为经济学

2017年的诺贝尔经济学奖揭晓，芝加哥大学教授理查德·塞勒（Richard Thaler）一个人独得，获奖理由是他对行为经济学的贡献。塞勒教授研究的"行为经济学"到底是什么呢？

这个问题要从现代经济学的鼻祖亚当·斯密说起。亚当·斯密作为"经济学之父"，提出了一个重要的假设：理性人。什么是理性人呢？简单来说，就是人会通过审慎思考，做出理性决策，谋求自己的利益最大化。所以，亚当·斯密认为人是"理性"的。

假如我们把现代经济学比喻成一座大厦，"理性人假设"就是一块重要的基石，在"理性人"的基础上，人们都基于理性从事各种经济行为，经济学形成了一套严密且自洽的知识体系。

几百年来，各个经济学家对"理性人"的观点几乎都深信不疑，好比物理学家对"万有引力定律"那样奉若神明。

然而有一个人对此提出了疑问，他就是塞勒。通过大量调查研究后他发现，现实中人的选择行为，常常背离"理性人假设"，而这些例子并非仅仅是个别现象，而是多到足以动摇传统经济学大厦的基石。于是塞勒提出了一个针锋相对观点：人是"非理性"的。

人们在进行各种消费决策的时候，并不一定是趋利避害的，可能也会一时头脑发热，选择"趋害避利"。

而且这并不是个别现象，大多数人在选择的时候：

——要么会犯错（这家餐厅的菜根本不合我胃口，听别人推荐才去的）；

——要么会感情用事（因为这家餐厅是朋友开的，不好吃我也去）；

——要么就懒得动脑筋（实在不知道哪家餐厅好，干脆抛硬币决定吧）。

总之，普通人连吃饭这样的小事也不可能"理性地"做出"最优选择"，面对各种比吃饭还头大的事情，更不可能都选到最优的。再拿传统经济学模型去预测，结果又怎么可能准确呢？所以，基于人是"非理性"的这一假设，塞勒把心理学引入了经济学研究中，大大拓展了经济学研究的实用性，这就是我们所说的"行为经济学"。

【教学设计意图】通过塞勒的行为经济学可以帮助学生意识到，人的认识活动是一个复杂的运动过程，无论是在感性认识还是理性认识中，都有非理性因素的作用。人作为认识主体，是知、情、意的统一整体，人的认识过程是理性因素和非理性因素协同作用的结果，而人的认识又会影响人的具体行为。

2. 课堂讨论

从网络社交看虚拟实践的本质与特点

伴随着现代计算机、互联网、虚拟现实等信息技术的发展，当代社会中人们的交往方式呈现网络化与虚拟化，网络社交成为人们的新交往方式。每一个人，除了现实生活中的自己，还在网络上有一个自己的代表，在网络上能够体现你的个性、你的思想、你的各种信息，同时别人也可以通过网络随时与你沟通交流，每一个人都成为互联网的一个"节点"。网络交往实质上是一种联结不同网络终端的人脑思维的虚拟化、数字化的交流和互动，它代表着一种虚拟实践。

如何基于马克思主义实践观认识与评价当代虚拟实践的本质与特点？

【教学设计意图】虚拟实践是指人们运用计算机、网络和虚拟现实等信息技术在赛伯空间和电脑网络空间中有目的地进行的能动地改造和探索虚拟客体的一切客观活动。它具有沉浸性、交互性、虚拟性、智能性、开放性等特点。虚拟实践的优点在于它极大地提升了人的主体能力和自由度，使人超越现实限制，在虚拟空间操纵现实世界原先的可能或不可能，但它也使人们面临着新的困惑、困境和危机，如网络沉溺、数字化犯罪、计算机病毒侵害、"网络帝国主义"等。通过对虚拟实践的思考与讨论，可以进一步深化学生对实践本质与特征的前提性反思，确立实践的思维方式，凸显"理论与实践相统一"的原则。

3. 视听资料

（1）《世界百大发现》（2004）

Discovery 频道制作了 9 集电视纪录片《世界百大发现》展现了 8 个科学领域（物理学、天文学、医学、化学、生命科学、生物学、地球科学、遗传学）中最杰出的 100 个发现。本片以生动的画面与故事，展现了伟大的科学发现的由来，以及对现代社会生活的巨大影响。

【教学设计意图】实践出真知。任何科学发现都来自长期不断的科学研究与实验。纪录片简明扼要地讲述了科学发现的实践基础，有助于学生深入理解实践是认识的基础。

（2）腾讯视频《湖南农民运动考察报告》

1927年1—2月，毛泽东历时32天，对湖南湘潭、湘乡、衡山、醴陵、长沙五县的农民运动进行考察。基于实地考察，毛泽东对湖南农民运动有了自己的认识和看法，写出了《湖南农民运动考察报告》，澄清了关于农民运动的不实之词。

【教学设计意图】纪录短片详细展现了毛泽东同志撰写《湖南农民运动考察报告》的历史背景、具体过程与影响价值，可以帮助学生深刻体会毛泽东同志"没有调查，就没有发言权"所蕴含的马克思主义实践认识论。

4. 知识拓展

（1）人类思想史上的实践观

实践范畴是哲学史上比较古老的话题。亚里士多德是第一个比较全面地阐述人类实践活动的西方哲学家，他在《形而上学》中，把人类活动区分为两类：一类是本身没有目的，或者目的在自身之外的活动，比如生产活动，其目的在于行为的结果，即得到产品，而不在于行为本身；另一类是本身即为目的或包含完成目的在内的活动，比如伦理、政治行为。亚里士多德以当时他所生活的城邦为依托，把人类活动做了比较全面的分析，这是他在哲学史上的重大贡献；但是他认为，真正的实践仅仅是伦理、政治活动。这种理解显然把实践仅仅狭隘地规定在人与人的交往领域，忽视了实践在人与自然关系中的重要作用。

康德是继亚里士多德之后正式建构"实践哲学"理论体系的哲学家，在对实践的理解上有所突破。"在康德看来，'按照自然概念的实践'和'按照自由概念的实践'是两类完全不同的实践。前者属于现象和认识领域，是人们认识和改造自然的实践活动；后者属于物自体和本体论的领域，是人们运用道德法则处理互相之间关系的实践活动。"这样，康德其实就肯定了人类的两类活动都是人的实践活动，即人的认识自然、改造自然的活动和人的纯粹社会性的交往活动都是实践活动。

黑格尔的实践观揭示了劳动是人的本质，劳动是对人本质确证的历史环节，并把人的生成看作一个历史过程，看作一个"肯定—否定—否定之否定"的辩证发展过程。但他的"实践"毕竟指的是所谓"客观"概念的活动，现实的人的实践在他看来不过是逻辑概念的"异在"，而且只是把"实践"看成对"善"的"趋向"，这显然既是彻底的唯心主义，也是狭隘、片面的。

在费尔巴哈看来，实践不是主体能动地改造外部世界的感性物质活动，而是客体强加于主体，主体消极被动地反映客体的活动，是人的一种感性直观活动。费尔巴哈的人本学实践观的积极意义在于唯物主义地恢复了"感性"的实践地位，使"实践"获得活生生的"肉身"的力量。

【教学设计意图】通过引介、梳理、评价哲学史上的实践观及其内在缺陷，让学生能够更加清晰地意识到马克思的科学实践观的革命与创新意义。

（2）哲学史上对认识起源和本质的不同观点

观点1：柏拉图的"回忆说"

回忆说是古希腊哲学家柏拉图为论证他的理念论而提出的一种认识学说。柏拉图认为，人的感觉只能认识有变化生灭的、不真实的现实事物，而不能认识永恒的、真实的理念，人们关于理念的知识只有通过回忆的途径才能获得。

观点2：亚里士多德的"蜡块说"

蜡块说是古希腊哲学家亚里士多德认识论的一个重要观点。亚里士多德认为，感觉是感性灵魂的一种机能，它接受的是事物的形式而不是质料，正如蜡块一样，当刻有图纹的金属作用于它的时候，它接受的是印纹而不是金属本身。在亚里士多德看来，灵魂有认识的能力，但自身不会产生知识，感觉和思维都是在外部对象作用下发生的。蜡块说的意义在于它肯定了人类的知识起源于外部世界。

观点3：洛克的"白板说"

洛克认为，经验是知识的唯一来源。他说："人的心灵天生就好比一块白板——不是白颜色的板，而是空白的板，上面没有任何记号，没有任何观念。人出生时心灵犹如白纸或白板一样，对任何事物都没有印象。""我们的全部知识是建立在经验上面的；知识归根到底都是导源于经验。"

观点4：笛卡尔的"天赋观念论"

17世纪法国哲学家、数学家笛卡尔认为数学是科学的典范，要求一切科学知识都要做到像数学那样确切可靠。他使用新兴的科学中的机械方法对人类的知识进行分析，指出一切知识都是由观念构成的，这些观念一共分为三类。第一类是通过感官从外界得到的，带着个别性和偶然性，而且常常会欺骗人们，因此单凭感性经验不能形成无可怀疑的科学知识。第二类是人们通过理性直观得到的，如数学的、形而上学的公理，一看就知道，清楚明白，无可怀疑，这类观念是一切科学的基础。第三类是人们凭空虚构的，如飞马、金山之类，没有客观有效性，当然不能成为科学。笛卡尔认为，第二类观念是普遍必然的，不可能来自个别的、偶然的感性经验，只能是理性自身固有的"天赋观念"，所以，他认为真正的知识只能来自人的天赋观念，只有人类先天就具有的这些天赋观念才是知识的源泉。

观点5：休谟的"怀疑论"

休谟是18世纪英国经验主义哲学家，温和的怀疑论或不可知论者。休谟从经验论出发，提出了以怀疑论为特色的哲学理论。他写道："如果我们是哲学家的话，那么我们就应该对一切持怀疑态度。这样才能名副其实。"在认识论上，休谟怀疑感觉的来源。他把经验的对象称为知觉，它分为印象与意念两大类，其中印象又分为感觉印象和反省印象。观念来源于印象，反省印象来源于感觉印象，一切知识都来源于感觉印象。至于感觉印象的来源，则是一个无法回答的问题。

【教学设计意图】通过引介哲学史上不同的认识论观点，指出这些观点存在的唯心主义缺陷，向学生展现马克思主义在认识论发展史上体现的革命性变革。

5. 情景再现

学者与河兵辩论石兽丢失之谜

沧州的南面，有一座寺庙靠近河岸，寺庙的大门倒塌在了河水里，两个石兽一起沉没了。经历十多年，和尚们募集金钱重修寺庙，在河中寻找两个石兽，最终没找到。和尚们认为石兽顺着水流流到下游了，于是划着几只小船，拉着铁耙，寻找了十多里，没有任何石兽的踪迹。

一位学者在寺庙里设立了学馆讲学，听了这件事嘲笑说："你们这些人不能探究事物的道理。这不是木片，怎么能被大水带走呢？石头的性质坚硬沉重，沙的性质松软浮动，石兽埋没于沙上，越沉越深罢了。顺着河流寻找石兽，不是疯了吗？"大家都很佩服，认为是正确的结论。

一位年老的河兵听说了这个观点，又嘲笑说："凡是丢失在河里的石头，都应当到河的上游寻找。因为石头的性质坚硬沉重，沙的性质松软浮动，水流不能冲走石头，河水的反冲力，一定在石头下面迎面冲击石前的沙子，形成坑穴，越冲越深，冲到石头底部的一半时，石头必定倒在坑穴里。像这样又冲击，石头又会再次转动，这样不停地转动，于是反而逆流而上。到河的下游寻找石兽，本来就疯了；在原地深处寻找它们，不是更疯吗？"按照他的话去寻找，果然在上游的几里外寻到了石兽。

让学生分别扮演学者与河兵，辩论石兽的去向。

【教学设计意图】老河兵对石兽的比重、水的冲力以及与石兽相互作用对河床形态的改变的描述，都来自其自身丰富的巡河、治河实践，因而得出了正确的结论。本情景剧有助于增强学生对实践出真知的理解与认识。

（三）挑战度教学设计

1. 疑难问题解答

（1）如何看待现代信息科学进展与马克思主义认识论的关系？

以信息为研究对象的信息论自 20 世纪 50 年代产生后，便取得了巨大的进展。它主要是研究通信和控制系统中普遍存在着信息传递的共同规律以及研究最佳解决信息的获限、度量、变换、存取和传递等问题的基础理论。

信息论与认识论的关系，大体可以归纳为三点：第一，信息论从科技的角度揭示了人类认识的物质过程。人类认识的物质过程，就是通过社会实践，使物质、能量、信息相统一的客观对象作用于人的感觉器官，从而引起以物质和能量为载体并借助于二者的转换而实现的信息的获取、传递和加工的过程。第二，信息论从科技的角度深化了人们对认识的发生发展及其规律性问题的研究。马克思主义把实践的观点引入认识论，解决了人类认识的发生发展及其规律问题。没有能动的实践活动，外界信息决不会自动地进行获取、传输、变换，形成认识。第三，信息论从科技的角度为人类的思维活动的定量化研究提供了新的思路。长期以来，人们在思维活动的定量化研究方面感到困惑，信息论和现代科技的发展，促使对人们认识的定量化研究不断获得新的成就。

事实表明，人们对认识的分析、加工和建构，只能是对能动的反映论的深化和精确化，信息论没有也不可能取得能动的反映论。

【教学设计意图】以信息论的科学进展丰富、扩展、深化学生对认识的本质及其基本规律的理解，进而把握科学与哲学之间的辩证关系。

（2）机器可能产生认识吗？

阿尔法围棋是第一个击败人类职业围棋选手、第一个战胜围棋世界冠军的人工智能机器人，由谷歌（Google）旗下 DeepMind 公司戴密斯·哈萨比斯领衔的团队开发。其主要工作原理是"深度学习"。

2016 年 3 月，阿尔法围棋与围棋世界冠军、职业九段棋手李世石进行围棋人机大战，以 4 比 1 的总比分获胜；2016 年末 2017 年初，阿尔法围棋在中国棋类网站上以"大师"（Master）为注册账号与中日韩数十位围棋高手进行快棋对决，连续 60 局无一败绩；2017 年 5 月，在中国乌镇围棋峰会上，与世界排名第一的柯洁对战，以 3 比 0 的总比分获胜。围棋界公认阿尔法围棋的棋力已经超过人类职业围棋顶尖水平，在 GoRatings 网站公布的世界职业围棋排名中，其等级分曾超过人类排名第一的棋手柯洁。

2017 年 5 月 27 日，在柯洁与阿尔法围棋的人机大战之后，阿尔法围棋团队宣布阿尔法围棋将不再参加围棋比赛。2017 年 10 月 18 日，DeepMind 团队公布了最强版阿尔法围棋，代号 AlphaGo Zero。

阿尔法围棋是一款围棋人工智能程序，其主要工作原理是"深度学习"。"深度学习"是指多层的人工神经网络和训练它的方法。一层神经网络会把大量矩阵数字作为输入，通过非线性激活方法取权重，再产生另一个数据集合作为输出。这就像生物神经大脑的工作机理一样，通过合适的矩阵数量，多层组织链接在一起，形成神经网络"大脑"进行精准复杂的处理，就像人们识别物体标注图片一样。

【教学设计意图】机器下棋所取得的成绩表明机器的本质已经发生了重要变化，它不再仅仅是对人类认识感官系统的放大和延伸，或者是作为人类认知的辅助系统，而是从认识活动的边缘位置走向了中心和主体地位。这种机器认识的当代发展有助于学生把握一种非人类中心认识论的可能与趋势。

2. 典型试题解析

（1）单选题

"社会上一旦有技术上的需要，则这种需要会比十所大学更能把科学推向前进。"这说明（　　）。

A. 实践是认识的来源

B. 技术推动了科学的发展

C. 实践是认识发展的动力

D. 科学进步是实践的目的

答案：A

【教学设计意图】通过经典原文，考查学生对实践是认识的来源的理解。

科学家尼葛洛庞帝说："预测未来的最好办法就是把它创造出来。"从认识和实践的关系看，这句话对我们的启示是（　　）。

A. 认识总是滞后于实践

B. 实践和认识互为先导

C. 实践高于（理论的）认识，因为它不仅具有普遍性的品格，而且具有直接现实性的品格

D. 实践与认识是合一的

答案：C

【教学设计意图】本题考查学生对实践的基本特征的理解。

（2）多选题

一个正确的思想，往往需要经历实践到认识、认识到实践的多次反复才能形成，这是因为（　　）。

A. 认识主体存在着自身的局限性

B. 事物本质的暴露是一个过程

C. 人的认识受社会历史条件的限制

D. 认识是一个过程

答案：ABC

【教学设计意图】本题考查学生对认识运动过程与规律的理解。

19 世纪英国作家惠兹里特说："一个除了书本以外一无所知的纯粹学者，必然对书本也是无知的。"与这句话在内涵上相一致的名言还有（　　）。

A. 纸上得来终觉浅，绝知此事要躬行

B. 尽信书，则不如无书

C. 感觉到了的东西我们不能立刻理解它，只有理解了的东西才能更深刻地感觉它

D. 饱经风霜的老人与缺乏阅历的少年对同一句格言的理解是不同的

答案：ABCD

【教学设计意图】本题考查实践是认识的基础。

生物学史，可以说是显微镜的发展史。17 世纪中叶，英国科学家使用诞生不久的显微镜观察软木塞发现了植物细胞，开启了近现代生物学的大门。此后，显微镜的放大能力和成像质量不断提升，人类对细胞的认知也随之深刻和全面。20 世纪中叶，科学家们利用 X 射线晶体学发现了 DNA（脱氧核糖核酸）双螺旋结构，人类的观察极限从亚细胞结构推向了分子结构。我国科学家的重要科研成果"剪接体的高分辨率三维结构"的背后，也站着一个默默无闻的英雄——冷冻电子显微镜。显微镜在生物科学发现中的作用表明（　　）。

A. 实践主体、客体和中介三者的有机统一构成实践的基本结构

B. 实践的主体和客体正是依靠中介系统才能够相互作用

C. 人类认识水平的提高与实践条件的进步有着直接的关系

D. 探索未知世界的科学实验是人类最基本的实践活动

答案：ABC

【教学设计意图】本题主要考查学生对实践的基本结构的掌握情况。

1971 年，迪士尼乐园的路径设计获得了"世界最佳设计"奖，设计师格罗培斯格却说："其实那不是我的设计。"原因是在迪斯尼乐园主题工程完工后，格罗培斯格暂停修乐园里的道路，并在空地上撒上草种，5 个月后，乐园里绿草茵茵，草地上被游客走出了不少宽窄不一的小路，格罗培斯格根据行人踏出来的小路铺设了人行道，成了"优雅自然、简洁便利、个性突出"的优秀设计，

格罗培斯格的设计智慧对我们认识和实践活动的启示是：（　　）。

A. 要从生活实践中获取灵感

B. 要尊重群众的实践需求

C. 不要对自然事物做任何改变

C. 要对事物本来面目做直观反应

答案：AB

【教学设计意图】本题主要考查学生对实践与认识的辩证关系的理解。

（3）简答题

古希腊哲人说："没有理性，眼睛是最坏的见证人。"如何理解这句话？

【教学设计意图】这句话强调了理性认识的重要性，指出离开理性的感性是盲目的，甚至会扭曲事物的真相。这是合理的，但是，也不能因此完全否定感性的重要作用。本题考查学生对感性认识与理性认识辩证关系的深入理解。

3. 课后实践作业

①阅读毛泽东的《实践论》，撰写心得体会。

②结合自身参与科研的经历，说明从实践到认识、认识到实践的辩证运动过程。

【教学设计意图】通过文本阅读与科研经历，增强学生对实践与认识的辩证关系的体会与理解。

专题教学设计二　真理与价值

一、教学设计目标

①知识目标：掌握马克思主义真理概念的含义、真理的客观性、相对性与绝对性的辩证关系、真理的检验标准、价值及其基本特性、价值评价及其特点。

②能力目标：运用马克思主义真理观分析、批判唯心主义与旧唯物主义真理观，运用马克思主义价值观分析当代社会思潮。在实践中坚持真理尺度与价值尺度的辩证统一。

③价值目标：树立马克思主义真理观、坚定社会主义核心价值观。

二、教学设计要点

（一）真理的客观性、绝对性与相对性

①真理的含义：真理是标志主观与客观相符合的哲学范畴，是对客观事物及其规律的正确反映。

②真理的客观性：真理的内容是对客观事物及其规律的正确反映，真理包含着不依赖于人和人的意识的客观内容。客观性是真理的本质属性，但是真理的形式又是主观的，即真理主要是通过概念、判断、推理等主观形式表达的。

③真理的绝对性与相对性：真理的绝对性是指真理主客观统一的确定性和发展的无限性。真理的绝对性体现为两个方面：一是真理的内容具有客观性；二是真理发展具有上升性；真理的相对性是指人们在一定条件下对客观事物及其本质和发展规律的正确认识总是有限度的、不完善的。真理的相对性表现为两种情形：一是真理范围具有相对性；二是真理层次具有相对性。真理的绝对性和相对性是辩证统一的，真理的绝对性与相对性既相互依存又相互包含。

④真理与谬误：所谓谬误，是同客观事物及其发展规律相违背的认识，是对客观事物及其发展规律的歪曲反映。真理和谬误是人类认识过程中不可避免的一对矛盾，它们之间既对立又统一。

（二）真理的检验标准

①哲学史上关于真理标准问题的争论：意见标准、感觉标准、实用标准。

②实践是检验真理的唯一标准，这是由真理的本性和实践的特点所决定的。真理的本性是主观和客观相符合。检验一种认识是否为真理，既不能在纯粹主观范围内解决，也不能在纯粹客观范围内解决。实践是沟通主观和客观的"桥梁"，具有直接现实性的特点，能够把主、客观联系起来加以对照，从而判明主、客观是否一致。在实践检验真理的过程中，逻辑证明可以起到重要的补充作用。

③实践标准的确定性和不确定性：确定性即绝对性，是指实践是检验真理的唯一标准；实践能够检验一切认识。不确定性是指具体实践具有历史局限性，不能充分检验某一认识的真理性；实践检验真理不是一次完成的，而是一个过程。

（三）价值

①价值范畴：在实践基础上形成的主体和客体之间的意义关系，是客体对个人、群体乃至整个社会的生活和活动所具有的积极意义。

②价值的基本特性：第一，价值具有主体性。价值是以人为中心的认识活动，主体的需要对于价值认识的结果具有关键作用。第二，价值具有客观性。在一定条件下客体对于主体的意义不依赖于主体的主观意识而存在。第三，价值具有多维性。每个主体的价值关系都具有多样性。第四，价值具有社会历史性。主体和客体的不断变化决定了价值的社会历史性特点。

③价值评价及其特点：价值评价是主体对客体的价值以及价值大小所做的评判或判断，因而也被称作价值判断。价值评价主要有以下三个基本特点：第一，评价以主客体的价值关系为认识对象。第二，评价结果与评价主体直接相关。第三，评价结果的正确与否依赖于对客体状况和主体需要的认识。

④价值观：人们关于价值本质的认识以及对人和事物的评价标准、评价原则、评价方法的观点的体系。

⑤真理与价值在实践中的辩证统一：一方面，价值尺度必须以真理为前提。另一方面，人类自身需要的内在尺度，推动着人们不断发现新的真理。

三、教学设计方案

（一）高阶性教学设计：

1. 经典原文解读

（1）列宁：《唯物主义与经验批判主义》

《唯物主义与经验批判主义》第 2 章第 4 节是"有没有客观真理"，第 5 节是"绝对真理和相对真理，或论亚·波格丹洛夫所发现的恩格斯的折中主义"，第 6 节是"认识论中的实践标准"。

《唯物主义和经验批判主义》是列宁的一本重要哲学著作。在这部著作中，列宁在总结革命实践经验和自然科学新成就的基础上，把实践和辩证法引入认识论，系统批判了以马赫为代表的经验批判主义认识论的唯心主义哲学思潮，捍卫和发展了辩证唯物主义认识论。该著作的第 4、5、6 节，列宁结合恩格斯的论断，进一步阐述了真理的客观性、绝对性、相对性以及实践标准等问题。

【教学设计意图】通过阅读经典文本，深化学生对马克思主义真理的基本性质的理解，同时感受马克思主义在理论斗争中不断发展的时代精神。

（2）毛泽东：《为人民服务》

《为人民服务》是毛泽东于 1944 年 9 月 8 日在张思德同志追悼会上的演讲稿。张思德同志在陕西烧炭时，因炭窑倒塌而牺牲。当时，抗日战争正处在十分艰苦的阶段，有许多困难需要克服。毛泽东主席针对这一情况，讲述了为人民服务的道理，号召大家学习张思德同志完全彻底为人民服务的精神，团结起来，打败日本侵略者。

【教学设计意图】通过阅读经典文本，让学生理解"为人民服务"或"全心全意为人民服务"的内涵，这是社会主义价值观的根本要求，也是评价中国共产党人一切行为的最高价值标准。

2. 学术观点拓展

（1）马克思对黑格尔真理观的扬弃

真理问题一直以来都是哲学的核心问题。黑格尔作为德国古典哲学集大成者，创造性使用辩证法，建构起真理观在认识领域中的主、客统一。马克思则将辩证法运用到了实践领域，实现了主、客观在人类物质生产实践中的统一，从而实现了实践真理观对黑格尔思辨真理观的变革和超越。

一方面，就黑格尔真理观而言，北京大学先刚教授在《黑格尔〈精神现象学〉中的"真相"和"真理"概念》一文中从词源学的角度对黑格尔语境中的"真相"与"真理"做出区分，认为二者虽然本质上是同一个东西，但真相属于本体论范畴，真理属于认识论范畴，当意识以真相为对象并与真相契合的时候，就达到了真理。复旦大学教授俞吾金在《黑格尔精神认识论初探——重读〈精神现象学〉和〈精神哲学〉有感》中提出黑格尔的认识论是精神认识论，即精神在自身活动中认识自己的理论。他认为精神认识论不仅终结了二元对立，同时开启了社会认识论的先河，形成真理的一个重要向度。

另一方面，就马克思与黑格尔真理观的内在关系而言，韩庆祥在《实践生成本体论：马克思本体论思想解析》一文中认为，马克思真理观是建立在"感性实践生成本体论"基础之上的，感性实践生成本体论是对黑格尔"理性本体"在生成方式上的扬弃。华侨大学许斗斗教授在《真理必须走向现实——马克思对黑格尔真理观的批判与超越》一文中从"本体"与其"活动"的结合方式上理解真理，本体变革统率真理目的论上的不同路径。黑格尔以"绝对理念"为本体，以"收回到自身内"的方式成就真理，真理在于解释世界。真理的任务在于改造世界，马克思立足于"现实主体"，以现实的个人的对象性活动实现真理的现实性转向。广州大学公共管理学院教授高家方在《马克思对黑格尔理性真理观的实践颠倒》一文认为，黑格尔的真理具有"理性本质"与"思辨特征"，马克思真理观则具有"实践本质"和"人性特征"。马克思实现了对黑格尔"理性颠倒"的"实践颠倒"，从而实现了对以黑格尔为代表的整个传统形而上学本体论的伟大变革。

【教学设计意图】以黑格尔为代表的德国古典哲学是马克思主义的重要思想

来源。通过引介黑格尔与马克思真理观的内在关系，帮助学生进一步了解马克思主义真理观的思想背景与丰富内涵。

（2）国内马克思主义价值论研究

改革开放以来，中国的哲学研究有了长足的进展，其中价值哲学研究构成了一个很重要的方面，并对哲学研究的其他领域产生了很大影响。

中国社会科学院哲学研究所李德顺研究员在《价值论：一种主体性的研究》一书中立足于马克思主义的立场、观点和方法，从辨析主观性与主体性的差别出发，确立了"主体性"这个哲学概念，把价值看作一种具有主体性的客观事实。它虽然因人而异，因主体需要的变化而变化，但却是客观的，而不是主观的，是不依赖人们的评价和意愿为转移的。这里的主体可以是个人，也可以是群体、人类，无论是哪一层次的主体，其需要（包括物质需要和精神需要）都是一种具有客观性的现象。一定客体的属性和功能能否满足主体的需要以及满足的程度，也就是一种客观的事体，因而对价值问题同样可以进行科学的理论研究。

北京师范大学袁贵仁教授的《价值学引论》在借鉴国内各种见解的基础上，将价值学理论划分为价值的本质、价值的活动、价值的作用三个层次，提出价值的本质是客体对主体的效用和意义，这种效用和意义就在于客体对主体需要的满足；价值的活动在人类实践活动和认识活动中生成，实践是价值的真正源泉；价值的作用主要表现为价值取向、价值激励和价值调节三个方面。

陕西省社会科学院研究员王玉樑的《价值哲学新探》认为，价值产生于主体和客体的相互作用，这种相互作用包括物质活动和精神活动，但物质活动决定精神活动，因此，价值的基础归根到底是实践活动。价值本质上是客体对主体的效应，主要是对主体发展、完善的效应，从根本上说，是对社会主体发展、完善的效应。哲学价值基本范畴有利、真、善、美。利主要指物质价值，是较低层次的价值，也是最基础的价值；真、善、美是指知识价值、道德价值、审美价值，属于精神价值，是较高层次的价值。

【教学设计意图】引介国内学者对马克思主义价值论的研究，有助于进一步丰富与深化学生对价值的本质、特征、结构、功能、层次、作用等价值论基本问题的认识与理解。

（二）创新性教学设计

1. 案例分析

（1）世纪之交的物理学革命

到 19 世纪末，经典物理学取得了前所未有的进步和成功，这就使不少科学家认为，物理学的大厦已经落成，物理学已经发展到了顶峰。著名物理学家迈克耳孙（A. A. Michelson）说："当然无法决然肯定物理科学不再会有像过去那么惊人的奇迹，但非常可能的是大部分宏伟的基本原理业已确立，而今后的进展仅在于将这些原理严格地应用于我们所关注的现象上。在这里测量科学的重要性就显示出来了——定量的结果比定性的结果更为可贵。一位卓越的物理学家曾经说过，物理科学未来的真理将在小数点六位数字上求索。"德国著名的物理学家普朗克年轻时曾向他的老师表示要献身于理论物理学，老师劝他说："年轻人，物理学是一个已经完成了的科学，不会再有多大的发展了，将一生献给这门学科，太可惜了。"

当他们陶醉于这种"尽善尽美"的境界之中的时候，富有洞见的是英国著名物理学家凯尔文（L. Kelvin）于 1900 年所做的演说。他在对 19 世纪物理学的成就表示满意的同时，提出了"在物理学晴朗天空的远处，还有两朵令人不安的乌云"。这"两朵乌云"指的是：一是实验察觉不到物体和以太的相对运动；二是气体多原子分子的低温比热不符合能量均分定理。这"两朵乌云"迅速导致"倾盆大雨"，即相对论和量子论两场物理学的革命。

物理学上出现了一系列新的发现，这些无法用经典物理学解释的新发现，使经典物理学陷入了危机。并由此掀起了一场空前的物理学革命，把物理学由经典物理学阶段推进到现代物理学阶段，而相对论和量子力学就是这场物理学革命的最主要成果。

【教学设计意图】世纪之交的物理学革命说明，任何科学理论都不可能是一成不变的，随着科学实验的发展，理论必须不断发展，这段科学史有助于学生掌握真理是具体的、发展的，是绝对性与相对性的辩证统一。

（2）广义相对论的三个验证

除了量子理论，广义相对论是现代物理学的两大支柱之一，即引力理论和关于行星、星系和整个宇宙的理论。爱因斯坦在 1905 年发表了一篇探讨光线在狭义相对论中，重力和加速度对其影响的论文，广义相对论的雏形就此开始形成。1912 年，爱因斯坦发表了另外一篇论文，探讨如何将引力场用几何的语言来描述。自此，广义相对论的运动学出现了。1915 年，爱因斯坦引力场方程发表了出来，整个广义相对论的动力学终于完成。广义相对论认为，引力是由时空弯曲造成的。这实际上是使人类的认识产生了格式塔的转变，对于这一转变，人们需要由实验来予以证实和推动。早期，验证广义相对论的实验有三个，它们是水星剩余进动、光线弯曲和引力红移。这三个实验对于广义相对论的验证起到了至关重要的作用，因而被称为广义相对论的三个经典实验。后来又增加了第四个实验，即雷达回波的时间延迟。

20 世纪 60 年代初，物理学家在地球引力场中利用伽马射线的无反冲共振吸收效应（穆斯堡尔效应）测量了光垂直传播产生的红移，结果与广义相对论预言一致。

1919 年，英国科学家爱丁顿领导的两支考察队利用跨大西洋日全食的机会观测，得到的结果约为 1.7 角秒，而且该结果刚好在相对论实验误差范围之内，引起误差的主要原因可能是太阳大气对光线的偏折。

20 世纪 60 年代美国物理学家克服重重困难，完成了有关实验。研究小组先后对水星、金星与火星进行了雷达实验，证明雷达回波确有延迟现象，太阳质量导致的雷达波往返的时间延迟将达到 200 毫秒左右，结果与广义相对论预言相符。近年研究人员试验月球作为反射靶，实验精度有所改善，所得结果与广义相对论理论值一致。

【教学设计意图】在得到多次天文现象和实验的检验后，相对论才真正确立了它在科学界的地位。本案例通过介绍相对论从提出到被检验的过程，充分展现了实践才是检验真理的唯一标准。

2. 课堂讨论

牛顿力学是不是真理？如果是，那么爱因斯坦的相对论与牛顿力学之间是什么关系？

【教学设计意图】这个问题有助于深化学生对真理的客观性、绝对性与相对性的理解与认识。就真理的发展过程及人们对它的认识和掌握程度来说，真理既是绝对的，又是相对的。这是真理的辩证法。从真理的客观性与绝对性来说，牛顿力学与相对论都正确揭示了客观事物及其规律，具有真理性。而且，人类对客观世界及其规律的认识是不断发展的。人类对物理学的认识不会止于牛顿与爱因斯坦。从真理的相对性来说，牛顿力学适用于宏观的、慢速运动物体，相对论适用于宏观的、快速运动物体，两者都是对客观事物有限的、近似的反映，体现了真理的相对性。

3. 视听资料

《真理标准大讨论》

《百年求索》系列微纪录片由中华人民共和国国史学会、华润（集团）有限公司和中央新闻纪录电影制片厂（集团）等单位联合出品。第 46 集《真理标准大讨论》生动展现了 1978 年的思想解放运动。1978 年 5 月 10 日，中共中央党校内部刊物《理论动态》第 60 期发表了《实践是检验真理的唯一标准》。1978 年 5 月 11 日，《光明日报》以特约评论员的署名转发了这篇文章。文章说，检验真理的标准只能是社会实践，理论与实践的统一是马克思主义的一个最基本的原则，从而否定了"两个凡是"的观点。文章在全国范围内引起强烈反响，引发了一场关于真理标准的大讨论，在此后半年多的时间里，全国各地主要报刊都刊登了这方面的文章。"实践是检验真理的唯一标准"的思想逐渐为人民所接受和肯定。

【教学设计意图】通过纪录片所展现的这场深刻而广泛的思想解放运动，深化学生对真理的实践标准的理解，坚定马克思主义思想路线。

4. 知识拓展

哲学史上的各种真理观

除了马克思主义真理观，哲学史上还存在普遍流行的三种主流真理观：符合论真理观、融贯论真理观、实用论真理观。

符合论真理观在西方哲学史上占有举足轻重的地位。古希腊哲学家巴门尼德提出了"思维和存在是同一的"的命题。柏拉图在此基础上，从知觉与思想的符合出发，提出人们获得的与事物的理念一致的认识就是真理。亚里士多德继承和发展了这一思想，提出"真假的问题依事物对象的是否联合和分离而定，谁认为分离的东西是分离的，联合的东西是联合的，谁就拥有真理"。亚里士多德的真理观被奉为符合论真理观的经典，标志着符合论真理观的正式提出。符合论真理观认为凡是与客观事实相符合的命题就是真理，反之，就是谬误。

符合论真理观产生于以主体和客体二分为主要特征的传统思维模式，将真理置于认识论范畴，把认识当成主客体之间的一种关系，其实质是一种外在的、形式化的解释。符合论真理观在现实中造成了非常严重的后果，具体表现在两个方面：一是将真理等同于客观实在，片面地追求超越感性的纯粹的客观世界，将追求真理看作最高目标，忽视了人在真理中的主体地位；二是将目光主要盯在科学认知真理上，致力于寻找一种绝对不变的真理，将真理知识理论化，忽略了实践在真理形成过程中的地位，使得在理论行得通的认识在现实中不一定正确。

融贯论真理观认为，真理表现为一组命题之间的融贯关系，也就是说，一个命题的真假取决于它能否与本系统中的其他命题相融贯。融贯论作为一种独立的真理体系的出现，严格说来是近代的事。笛卡尔、莱布尼茨、斯宾诺莎等人就是理性主义在近代哲学中的典型代表，他们关于真理问题的哲学主张一般被称为真理问题上的融贯论。笛卡尔的融贯论是以他的唯理论为前提的，他所持的理性真理的标准是观念自身的"清楚明白"。笛卡尔认为："凡是我们极清楚、极明白地设想到的东西都是真的。"尽管唯理论哲学在本体论上是以超感觉、超现实的抽象实体为哲学起点的，强调真理的自明性乃是这种真理论的题中之义。作为一个理性主义者，斯宾诺莎不反对笛卡尔以观念的清楚、明白作为真理的标准，然而，他认为，只有"恰当的观念"才能称之为"真观念"。他所谓的"恰当的观念"，是指与对象完全隔离的观念，即它的存在不是以存在着的事物为依据，而是以观念自身的特性为依据。换句话说，一个观念之所以为"真观念"，不是因为它符合于它的对象，而是因为它本来就是一个真观念。融贯论的最大困难则莫过于它的约束力和有效性十分勉强。融贯论者声称，不是命题与事实之间的符合，而是命题与命题之间的融贯决定着命题的真，只有逻辑上不自相矛盾的命题才是真理。从理论上看，这种把真理理解为某个系统中各个命题之间相互一致性的做法，并不足以保证它就能够充分有效地解释或描述它欲解释或描述的世界。

实用论真理观（又称工具论真理观）认为，一个命题或者一种理论是真的，当且仅当它是有效用的。代表人物詹姆士提出"有用即为真理，真理即是有用"的著名诊断，他的真理是和效用结合在一起的。他说："'真理是有用的，因为它是真的；或者说，它是真的，因为它是有用的'，这两句话的意思是一样的。"詹姆士认为真理的意义就在于它能够运用于实际，指导我们的实践。在詹姆士看来，真理不是静止不变的，而是一个过程，在此过程中，人们通过真的思想获得真理的对象，这才是"观念与实在相符合"的真正含义。詹姆士认为一个观念或认识之所以会成为真理，是因为这个观念能对我们的行动产生引导作用。反过来，观念对我们的引导的效果恰恰证明了观念的真理性。世间无绝对的真理，真理决定于实际效用，而且真理常随着时代环境的变迁而改变；能够随着时代环境的变化而继续产生效用的，即是真理。他认为真理具有工具性，它是我们行动的一种工具，工具只是帮助我们认识世界、改造世界的一种桥梁、一种手段。如果这个工具可以很好地运用于我们的生活和实践之中，我们暂且可以使用。如果工具已经不能被我们的实际所满足，甚至带来了错误的实践，那么我们就用一种新的工具来代替它，更好地指导我们的实践。

实用论真理观的合理之处在于它从价值的角度肯定了真理具有"效用"的功能，强调了真理的工具意义和价值意义。实用论的局限之处在于把人性、方便性和实用性作为真理的主要特征，用以反对符合论真理观和融贯论真理观的片面性，这本身就是一种片面性。另外，实用论真理观把真理依附于瞬息万变的价值评价上，只关心成功的结果和个人是否满意，而不关心成功的原因、客观条件和过程，因而把真理主观化、简单化、庸俗化了。实用论真理观是一种主观主义、相对主义的真理观。

【教学设计意图】通过对符合论真理观、融贯论真理观、实用论真理观的评析，帮助学生更好地理解马克思实践真理观的革命意义与创新价值。

5. 情景再现

分 12 个小组，收集、整理校园学习生活中体现社会主义核心价值观的人与事，并在课堂上分享。

【教学设计意图】以贴近学生、贴近实际、贴近生活的方式，让社会主义核心价值观感染学生，增强学生的价值认同。

（三）挑战度教学设计

1. 疑难问题解答

如何理解实践证明与逻辑证明的辩证关系？

实践是检验真理的唯一标准。这是从实践是认识的唯一本源的意义上说的，本意在于强调实践标准那种最终的和归根结底的性质。在检验真理的过程中，实践标准不应该排斥逻辑证明所起的逻辑标准作用。逻辑证明是以被历史实践证明为真的带有普遍性的知识为前提，通过逻辑的"合理关系"（推理）把一种个别性的认识与前提相对照，以此来验证一种认识正确与否的逻辑活动。既然这种逻辑活动能够确定认识的真理性，我们就应该承认它能起检验真理标准作用。

在检验真理的过程中，逻辑证明与实践证明是对立统一的两个方面、两个环节，它们之间有同一性，是互为存在前提的。逻辑证明中的前提是由实践证明提供的，而实践证明中的命题、指导线索又是靠逻辑证明提供的，实践证明中包括逻辑证明的环节（它用逻辑的方法把历史实践的证明作用再现出来），而逻辑证明中也包含着实践证明的环节（只有经过一个个具体实践的证明，逻辑证明所提供的科学假说或科学预测才能转变成现实的真理）。离开了实践，人们就失去了认识客观世界的基础，也就失去了进行逻辑证明的基础；而离开了逻辑证明，人们就不可能进行任何有理论指导的社会实践活动。在认识真理、检验真理的过程中，实践证明和逻辑证明是相互依存、不可分割的。

【教学设计意图】通过讨论实践证明与逻辑证明的辩证关系，深化学生对实践是检验真理的唯一标准的理解，同时表明逻辑证明在检验认识的真理性方面的重要作用。

2. 典型试题解析

（1）单选题

"人的思维是否具有客观的真理性，这并不是一个理论的问题，而是一个实践的问题。人应该在实践中证明自己思维的真理性，即自己思维的现实性和力量，亦即自己思维的此岸性。"这一论断说明了( )。

A. 实践是认识的来源和动力

B. 实践是检验认识是否具有真理性的唯一标准

C. 实践检验真理不需要理论指导

D. 认识活动与实践活动具有同样的作用和力量

答案：B

【教学设计意图】本题考查学生对经典作家原文的准确理解。

任何科学理论都不能穷尽真理，而只能在实践中不断开拓认识真理的道路。这说明真理具有( )。

A. 客观性

B. 绝对性

C. 全面性

D. 相对性

答案：D

【教学设计意图】本题考查学生对真理的相对性的理解。

"真理和谬误的对立，只是在非常有限的范围内才有意义"是( )的观点。

A. 形而上学

B. 唯物辩证法

C. 诡辩论

D. 相对主义

答案：B

【教学设计意图】本题考查学生对真理与谬误的辩证关系的理解。

对一个事物价值的判断是因人而异的，这说明价值具有( )。

A. 客观性

B. 主体性

C. 社会历史性

D. 多维性

答案：B

【教学设计意图】本题考查学生对价值的基本特征的理解。

评价性的认识与知识性的认识在认识结果上的不同在于( )。

A. 前者依主体的具体特点而转移，后者不依主体的具体特点而转移

B. 前者具有主观性，后者具有客观性

C. 前者获得的是非理性的，后者获得的是理性的

D. 前者获得的是理性的，后者获得的是非理性的

答案：A

【教学设计意图】本题考查学生对价值评价与事实之间的区别的认识。

（2）多选题

"谎言重复一千遍，就会变成真理"的错误在于认为（　　）。

A. 真理和谬误没有明确的界限

B. 真理和谬误具有主观随意性

C. 真理的内容不具有客观性

D. 有用就是真理

E. 它符合真理的本性

答案：ABC

【教学设计意图】本题考查学生对真理的内涵的理解。

列宁说："只要再多走一小步，仿佛是向同一方向迈的一小步，真理便会变成错误。"这说明（　　）。

A. 真理和谬误没有确定的界线

B. 真理和谬误相比较而存在

C. 真理和谬误在一定条件下可以转化

D. 沿着真理的方向继续前行会使真理变成谬误

E. 真理的发展趋势是谬误

答案：BC

【教学设计意图】本题考查学生对真理与谬误的辩证关系的理解。

下列观点中体现了真理和价值的辩证关系的有（　　）。

A. 真理既是制约实践的客观尺度，又是实践追求的价值目标之一

B. 遵循真理尺度就要按科学规律办事，遵循价值尺度就要满足人的需要

C. 价值的形成和实现以坚持真理为前提，真理又必然是具有价值的

D. 实现价值是人们追求真理的目的，价值追求引导人们去探索真理

E. 坚持真理就不能有效追求价值

答案：ABCD

【教学设计意图】本题考查学生对真理尺度与价值尺度的辩证关系的理解。

3. 课后实践作业

设计制作《当代大学生价值观现状》的调查问卷，按照不同年级、性别、专业等，选择调查对象与调查区域，通过校园访谈、问卷星等方式，调研当代

大学生社会价值观特点与趋势。

【教学设计意图】通过调研，提高学生理论联系实际的能力，并在对调研结果的分析基础上，深刻认识树立积极的价值观的重要性。

专题教学设计三 认识世界与改造世界

一、教学设计目标

①知识目标：理解认识世界与改造世界、必然与自由、实践创新与理论创新的辩证关系，掌握一切从实际出发、实事求是的思想路线。

②能力目标：运用党的思想路线分析、评价现实社会重大历史问题。

③价值目标：在认识世界与改造世界的辩证关系中树立科学的自由观。

二、教学设计要点

（一）认识世界与改造世界相结合

①认识世界，就是主体能动地反映客体，获得关于事物的本质和发展规律的科学认识，探索和掌握真理。认识世界是人的首要任务，是进行实践活动的前提和基础。改造世界，就是人类按照有利于自己生存和发展的需要，改变事物的现存形式，创造自己的理想世界和生活方式。改造世界是认识世界的最终归宿。认识世界和改造世界是相辅相成、辩证统一的。实践是认识的目的所在，改造世界是认识世界的最终诉求。改造世界既包括改造客观世界，也包括改造主观世界。

②认识世界与改造世界的过程是从必然走向自由的过程，自由是表示人的活动状态的范畴，是指人在活动中通过认识和利用必然性所表现出的一种自觉自主的状态。认识必然和争取自由是人类认识世界和改造世界的根本目标，是一个历史过程。

（二）一切从实际出发，实事求是

①一切从实际出发是马克思主义认识论的根本要求。认识世界和改造世界必须坚持一切从实际出发。从实际出发，就是要从变化发展着的客观实际出发，从特定的社会历史条件出发，按照客观世界的本来面目认识世界而不附加任何外来的主观成分。从根本上说，就是要从客观事物存在和发展的规律出发，在

实践中按照规律办事。

②实事求是是中国共产党思想路线的核心。认识世界和改造世界还要坚持以实事求是为核心的党的思想路线。思想路线就是人们在实践活动中用以指导行动的基本原则和方法，是特定的世界观和方法论在实际工作中的运用和贯彻。中国共产党在领导人民进行革命、建设、改革的长期实践中，逐步形成和确立了一条正确的思想路线，其基本内涵就是：一切从实际出发，理论联系实际，实事求是，在实践中检验和发展真理。这条思想路线是中国共产党对马克思主义理论发展做出的重大贡献。

（三）实现理论创新和实践创新的良性互动

①实践创新为理论创新提供不竭的动力源泉。实践创新具有基础性的意义，理论创新应建立在实践创新的基础之上。理论创新不是空穴来风，不是主观任意，而是实践创新对理论的发展提出了与时俱进的新要求。

②理论创新为实践创新提供科学的行动指南。理论创新不仅要以实践创新为基础，还要发挥科学的指导作用"反哺"实践。理论对规律的揭示越深刻，对社会发展和变革的引领作用就越显著。

三、教学设计方案

（一）高阶性教学设计

1. 经典原文解读

（1）毛泽东：《改造我们的学习》

《改造我们的学习》是 1941 年 5 月 19 日毛泽东在延安干部会议上的报告。毛泽东强调，实事求是是一个共产党员起码应该具备的态度。改造我们的学习是手段，实事求是是目的，共产党人要永远坚持实事求是的思想路线和思想方法，全党要树立理论和实际相结合、实事求是的马克思主义作风。

【教学设计意图】重读《改造我们的学习》，有助于青年学生深刻理解与把握一切从实际出发，理论联系实际，实事求是，在实践中检验真理和发展真理的思想路线。

（2）毛泽东：《反对本本主义》

《反对本本主义》是毛泽东为反对当时红军中教条主义思想于 1930 年 5 月所写，原篇名为《调查工作》。后该文遗失，20 世纪 60 年代初期该文被重新发现后，毛泽东做了部分文字的修订和内容上的补充，题目改为《反对本本主义》。文章的核心思想就是反对本本主义，一切从实际出发，理论联系实际，从中国的具体国情出发研究和解决问题。本本主义是指一切从本本出发，不结合具体实际，把马克思主义当成抽象的教条生搬硬套，其实质是一种反马克思主义的思想作风。本本主义的主要特点是理论与实际脱节，主观与客观脱离。生搬硬套马克思主义书本上的词句，不注重调查实际情况，这是唯心主义、主观主义的方法，是反马克思主义的态度。

【教学设计意图】通过经典阅读，让学生再次体会马克思主义与中国共产党人坚持一切从实际出发、理论联系实际、注重调查研究的优良学风。进入新时代，我们面临的时代条件、社会环境和形势任务发生了深刻变化，更需要发扬一切从实际出发、实事求是的精神，不断研究新情况，解决新问题。

2. 学术观点拓展

中国共产党的理论创新

习近平总书记《在党史学习教育动员大会上的讲话》中提出："我们党的历史，就是一部不断推进马克思主义中国化的历史，就是一部不断推进理论创新、进行理论创造的历史。"[1] 一百年来党的事业之所以能够不断发展，其中一个非常重要的原因就是中国共产党能够在坚持马克思主义基本原理的基础上，结合中国的实际不断地推进理论创新和理论创造。

中共中央研究室的石仲泉研究员在《百年党史视野下的中国共产党理论创新》中提出，为什么中国共产党能带领人民使中国实现扭转乾坤的巨变呢？最根本的原因，就是党的指导思想坚持了作为科学指南的马克思主义理论，不断将马克思主义理论与中国革命、建设和改革开放的具体实际相结合，进行理论创新，形成了毛泽东思想、邓小平理论、"三个代表"重要思想、科学发展观、习近平新时代中国特色社会主义思想这样一个又一个马克思主义中国化理论，引领着中国共产党从胜利走向胜利，使社会主义中国跻身于世界先进民族之林。

中国社科院的金民卿研究员在《百年大党理论创新的历史进程与辉煌成就》指出，以毛泽东为代表的中国共产党人，深刻揭示中国社会主要矛盾和基本性质，准确把握中国社会的发展阶段，系统阐述中国革命的性质、特点和基本任务，成功开辟了新民主主义革命道路，在科学回答重大理论的过程中，创立并不断丰富毛泽东思想这一中国化马克思主义的第一个重大理论成果。以邓小平、江泽民、胡锦涛等为代表的中国共产党人，在改革开放和社会主义现代化的历史新时期，紧紧围绕着中国特色社会主义这个根本主题，与时俱进地回答了"什么是社会主义、怎样建设社会主义""建设什么样的党和怎样建设党""实

---

① 习近平. 在党史学习教育动员大会上的讲话［M］. 北京：人民出版社，2021：12.

现什么样的发展和怎样发展"等核心问题，创立并不断丰富中国特色社会主义理论体系，成功实现并不断推进马克思主义中国化的第二次历史飞跃。以习近平为代表的中国共产党人，立足新时代中国特色社会主义伟大实践，科学回答了新时代坚持什么样的中国特色社会主义和怎样坚持中国特色社会主义这一重大时代课题，创立并不断发展习近平新时代中国特色社会主义思想，成功开辟了马克思主义中国化理论发展的新境界。

中国社会科学院辛向阳研究员在《党的理论创新成果的进一步丰富和发展》中进一步指出，《习近平谈治国理政》第三卷是新时代治国理政、新时代加快发展的理论总结、思想反映。书中提出的许多具有原创性的重大思想观点是习近平新时代中国特色社会主义思想的重要组成部分，是党的理论创新成果的进一步丰富和发展。

北京大学宇文利教授在《习近平总书记对党的理论创新的贡献》中认为，习近平总书记推进党的理论创新的主要内容和重要表述有：中国梦、中国特色社会主义理论体系、社会主义核心价值观、一带一路与人类命运共同体倡议、生态文明与美丽中国、党的建设与思想政治工作。习近平总书记推进党的理论创新的重要特质表现为尊重客观实践、尊重科学规律、尊重历史经验、尊重理论觉悟。

【教学设计意图】引介学界对中国共产党的理论创新史的研究，有助于深化学生对理论创新与实践创新良性互动的理解与认识。

（二）创新性教学设计

1. 案例分析

（1）日本科学家小保方晴子造假事件①

2014 年初，日本理化学研究所（RIKEN）发育与再生医学综合研究中心学术带头人生物学实验室的小保方晴子（Haruko Obokata）和同事发现，将从新生小鼠身上分离的细胞暴露在弱酸性的环境中，能够使细胞恢复到未分化状态，并使其具备分化成任何细胞类型的潜能，他们将这种现象称之为"刺激触发的多能性获得"（Stimulus Triggered Acquisition of Pluripotency，STAP）。2014 年 1 月 29 日，小保方团队将两篇研究论文发表在《自然》上。

论文一发表就引起学界极大震动，一方面带来一片惊叹声，认为这是生物学上的重大突破，是获取诺贝尔奖级别的发现，另一方面也引起部分人的怀疑。

---

① 案例来源：科学网"日本女科学家小保方论文造假事件追踪"https：//news. scien-cenet. cn/submore. aspx？id＝0&subid＝1739

美国生物学权威保罗·纽泼勒就隔洋喊话，直指成果涉假。接着，纽泼勒等人在自己的实验室，按小保方晴子所说的方法反复实验，证实小保方晴子的结论不能重现，并将这个发现刊登于《自然杂志》新闻栏里。争议不仅围绕 STAP 和两篇论文，也爆出小保方晴子以往论文中就有伪造实验数据、篡改图片的嫌疑。

在 2 月中旬，日本理化学研究所和《自然》方面分别就小保方晴子所遭受的学术不端指控开展了相关调查行动。

4 月 1 日，日本理化学研究所的调查结果认定小保方晴子在 STAP 细胞论文中有篡改、捏造等造假问题，属于学术不端行为。认定她是一个缺乏研究伦理，不谦虚，不诚实，也不合格的学者。她的这些不正当行为"歪曲了科学本质，玷污了'研究'二字，并且严重伤害了大众对研究人员的信任"。

这时，一直保持沉默小保方晴子，却在记者招待会上含泪申辩说："STAP 细胞确实有，自己已经成功制出了 200 次以上。"对此，日本理化学研究所根本不理会，坚持认为这是学术造假，并再次宣布，一个月后公布对她的处理结果。小保方晴子则反驳说她的发现有效，提出不服申诉。双方各执一词，僵持不下。

6 月 4 日，双方达成一致意见：小保方晴子同意将两篇论文从《自然杂志》撤下，而理化所则同意让她回到实验室，重复完成她认为成立的实验，但条件是另为她开设实验室，并在实验室入口处和室内安装三个摄像头做全天候的监控，并指定第三方人员做现场公证。此外，细胞的培养仪器将上锁，出入实验室实施电子卡门禁管理。实验到 11 月份结束。无疑，实验室已成了监督严密的"考场"，小保方晴子在这里，或洗白自己，或万劫不复。

最终的实验结果让人心碎。12 月 18 日，日本理化学研究对外宣布，小保方晴子未能再现万能细胞，实验终止。随后，小保方晴子黯然辞职。"考试"方式虽然残酷，但公允透明，它让假的真不了。此次事件还引发了一场"血案"。小保方晴子的导师笹井芳树在 8 月间突然自杀。他在给传媒的一封电子邮件中称，自己被耻辱感淹没了，他是以死来向社会谢罪。

2015 年 2 月 10 日，日本理化学研究所宣布对事件的处罚结果：小保方晴子应予以解雇处分，若山照彦教授等相关人员则给予停职、严重警告等处分。

【教学设计意图】本案例粗线条地回顾和梳理了"小保方晴子事件"的前后经过。通过本案例的教学，帮助学生深刻理解在科学研究中要实事求是，在追求真理的过程中要自觉坚持和弘扬科学精神和人文精神。

（2）屠呦呦：此生执着青蒿素①

疟疾，中国民间俗称"打摆子"，是由疟原虫侵入人体后引发的一种传染病，患者会出现周期性的发冷、发热、多汗等症状，重症患者甚至有面临死亡的危险。疟疾曾在热带、亚热带地区猖獗流行，夺走了成千上万人的生命。青蒿素被发明之前，无法治愈的疟疾一直是盘桓在人们心中的痛，但人们从未因此而放弃寻求治愈疟疾的机会。

1969年1月21日，年轻的屠呦呦了解到一个全国性大协作项目——"523"任务，她的科研人生就此迎来转折。"523"任务是一项援外战备紧急军工项目，也是一项巨大的秘密科研工程，涵盖了疟疾防控的所有领域。接手任务后，屠呦呦翻阅古籍，寻找方药，拜访老中医，对能获得的中药信息逐字逐句地抄录。在汇集了包括植物、动物、矿物等2000余内服、外用方药的基础上，课题组编写了以640种中药为主的《疟疾单秘验方集》。正是这些信息的收集和解析奠定了青蒿素发现的基础。

从《神农本草经》到《圣济总录》再到《温病条辨》……终于，葛洪的《肘后备急方》中关于青蒿抗疟的记载"青蒿一握，以水二升渍，绞取汁，尽服之"，给黑暗中摸索的课题组一抹亮光。古人这么做，是不是因为加热会破坏青蒿里的有效成分？屠呦呦决定用沸点只有34.6℃的乙醚来提取青蒿，实验过程繁复而冗长。1971年10月4日，在190次失败后，191号青蒿乙醚中性提取物样品抗疟实验的最后结果出炉——对疟原虫的抑制率达到了100%。1972年3月，屠呦呦在全国"523"办公室主持的南京中医中药专业组会议上，报告了青蒿乙醚中性粗提物的鼠疟、猴疟抑制率达100%的结果。"523"办公室要求，当年必须到海南临床，看一看到底效果如何。1972年7月，屠呦呦等3名科研人员在医院严密监控下进行了一周的试药观察，未发现该提取物对人体有明显毒副作用。随后，屠呦呦亲自携药，去往海南昌江疟区救人。结果显示，该药品对当地、低疟区、外来人口的间日疟和恶性疟均有一定效果。再之后，屠呦呦课题组的组员分离出了有抗疟作用的有效单体。

青蒿素类抗疟药是举国体制的成果、集体主义的结晶，也是自主创新的杰作。屠呦呦常强调，荣誉属于科研团队中的每一个人，属于中国科学家群体。

【教学设计意图】通过屠呦呦的科研经历与成就，帮助学生认识到实践是认识的基础，实践创新对于理论创新具有基础性的意义。理论创新不是空穴来风，

---

① 案例来源：中国经济网"屠呦呦：此生执着青蒿素"https：//baijiahao. baidu. com/s？id＝1701351314077020023&wfr＝spider&for＝pc

而是始于实践问题。

2. 课堂讨论

彼得·威尔执导:《楚门的世界》(美国派拉蒙影业公司出品 1998 年)

影片讲述了楚门是一档热门肥皂剧的主人公,他身边的所有事情都是虚假的,因为他从小到大一直生活在一座叫桃源岛的小城(实际上是一座巨大的摄影棚),他的亲人和朋友全都是演员,但他本人对此一无所知。最终楚门不惜一切代价走出了这个虚拟的世界,走向外面的真实世界。

讨论① 楚门为什么要坚持走出"摄影棚"的世界?

讨论② 如果你是楚门,你愿意生活在哪一个世界?

【教学设计意图】人们追求真相、真实、真理,具有重要的价值意蕴,即实现自由。因为自由的基本前提是对必然性的把握,即对真理的把握。走出虚拟、虚假的世界就是追求真实、真理,这是争取自由的重要基础。通过这个讨论,让学生厘清真理与自由之间的内在关系。

3. 视听资料

《创新——与时俱进的马克思主义》(中国共产党上海市委员会宣传部与中共中央编译局·2012)

系列纪录片《创新——与时俱进的马克思主义》主旨是突出马克思主义从诞生到当代的理论创新发展的伟大历程。该片强调了马克思主义不是一成不变的科学,而是一门与时俱进、不断发展创新的科学。该片主题鲜明、叙事严密、细节生动、论理深刻、制作精良、史料丰富,具有很强的可看性和感染力。

【教学设计意图】以马克思主义本身的理论创新史去丰富学生对实践创新与理论创新的辩证关系的理解。

4. 知识拓展

实事求是的思想路线的形成与确立

思想路线,亦称认识路线,指的是人们的认识所遵循的方向、途径、原则和方法。一个政党也有其思想路线,政党的思想路线是指这个政党确立自己的指导思想并支配自己行动的认识路线。只有坚持正确的思想路线,才能制定正确的政治路线和方针政策,才能采取正确的行动。坚持辩证唯物主义和历史唯物主义的思想路线,反对唯心主义、形而上学的思想路线,对于正确地制定和贯彻无产阶级政党的政治路线和各项方针政策具有决定性的意义。

一切从实际出发,理论联系实际,实事求是,在实践中检验真理和发展真理是中国共产党的思想路线。它的形成和确立有一个过程。

第一步:第二次国内革命战争时期,毛泽东在 1929 年 6 月 14 日写给时任红四军纵队队长的林彪一封信中分析红四军党内存在着种种错误思想，第一次使用了"思想路线"这一概念。这封信长达 7000 多字，分析了红四军党内存在种种错误思想的原因，认为那些错误的思想"只是历史的结穴，历史上一种错误的思想路线上的最后挣扎"。同年 12 月，毛泽东在其主持起草的《古田会议决议》中明确提出了"关于主观主义"的问题，此时关于党的思想路线的内容已初具雏形。

第二步：1930 年 5 月，毛泽东在《反对本本主义》在这篇文章中提出著名的论断"没有调查，就没有发言权"。毛泽东在《反对本本主义》中指出，"本本主义是完全错误的，完全不是共产党人从斗争中创造新局面的思想路线"，从而初步界定了中国共产党人的思想路线的基本含义。也就是要一切从实际出发，在实践中检验和发展真理。在这里，"从斗争中来"，是说要从实际出发，而不能从主观想象出发，不能搞本本主义；"创造新局面"，是说不能照抄照搬，而应该有创造性，这是唯物论与辩证法的运用和体现。

第三步：毛泽东在《实践论》《矛盾论》等著作中深刻阐述了理论对于实践的依赖关系，以及矛盾的普遍性和特殊性的关系，对党的思想路线做了系统的哲学论证。1938 年，毛泽东在中国共产党第六届中央委员会第六次全体会议（简称六中全会）所作的政治报告中，在提出"马克思主义中国化"任务的同时，借用我国传统文化中的"实事求是"来提倡马克思主义同中国实际相结合的科学态度，指出："共产党员应是实事求是的模范""因为只有实事求是，才能完成确定的任务"。"实事求是"一词出自东汉班固所著《汉书·河间献王刘德传》，原文是"修学好古，实事求是"，意在歌颂河间献王刘德求实的治学态度。毛泽东借用了"实事求是"这句成语的形式，吸收了其中朴素的合理因素，并从辩证唯物主义的哲学高度做了最新的科学的解释，赋予其崭新的时代的内容，使"实事求是"这一成语获得了新的强大生命力。这也是毛泽东把马克思主义与中国的传统文化结合起来实现马克思主义中国化的表现之一，不但发展了中国传统文化，又实现了马克思主义中国化。

第四步：为了统一全党思想并为制定新民主主义革命的总路线奠定思想基础，在"延安整风"期间，毛泽东从思想路线的角度，系统地阐述了坚持实事求是的重要性。1941 年 5 月，在《改造我们的学习》的报告中，对"实事求是"的科学含义做了马克思主义的界定，而且将能否坚持实事求是提到了有没有党性或党性纯不纯的高度。文章指出："'实事'就是客观存在着的一切事物，'是'就是客观事物的内部联系，即规律性，'求'就是我们去研究。我们要从国内外、省内外、县内外、区内外的实际情况出发，从其中引出其固有的而不是臆造的规律性，即找出周围事变的内部联系，作为我们行动的向导。"

第五步：经过"延安整风"和党的七大，"实事求是"的思想路线在全党得到了确立。

【教学设计意图】通过梳理党的思想路线的形成过程，帮助学生进一步明确理论来源于实践、理论指导实践的辩证关系。

5. 情景再现

分组收集整理从马克思、恩格斯到习近平总书记关于实践创新与理论创新的相关论述，在课堂上分享自己的研究心得与体会。

【教学设计意图】坚持在实践创新的基础上实现理论创新是马克思主义的基本要求。通过对文献观点的梳理，有助于学生深刻理解这一理论观点的历史进程与丰富内涵。

（三）挑战度教学设计

1. 疑难问题解答

马克思的自由观与西方的自由观的比较

自古希腊以来，"自由"就是西方哲学最高的价值诉求。亚里士多德指出："只因人本自由，为自己的生存而生存，不为别人的生存而生存，所以，我们认取哲学为唯一的自由学术而深加探索，这正是为学术自身而成立的唯一学术。"亚里士多德认为一个为自己而生存的人应该将伦理德性与理智德性结合起来，过一种符合"善"的、自由的生活。当人们将获取财富、权力和荣誉当作目的时，就会远离"善"和自由，因为财富、权力和荣誉都来自他人的赐予，是不可靠的；而"善"是自己本具的。自己本具的东西才是长久和可靠的，才可以将其视作幸福和自由的来源。在这里，亚里士多德将自由归结为与实践和现实利益无关的精神自由。这种对自由的理性主义、道德主义的理解对西方哲学的自由观念影响深远。德国古典哲学创始人康德坚信，只有高尚的道德和自由的意志才能带给人们幸福。虽然康德也热爱自然科学，但他认识到，人不能只有科学知识，一个人应该做到有知识、有善心、有自由、有德行。在康德看来，生命的价值不在于获取了多少知识，享受了多少快乐，而在于实践了多少道德行为。康德所主张的道德是自由意志的一种体现，但这种自由意志要建立在自觉和自律的基础上。"德国古典哲学的终结者"黑格尔用绝对精神的自我运动将康德的道德实践领域的自由贯彻到现象世界。他认为自由和必然不是绝对对立的，从必然到自由的过渡就是概念发展的过程，概念的自我运动过程就是必然和自由统一的过程。

在马克思之前，哲学家对自由的理解方式的共同缺陷就是他们未能从人类物质实践活动这一最基本的人类存在方式去理解自由的本质。他们的自由观带有一种虚幻性和神秘主义色彩，自由对他们而言只是一种本体论意义上的承诺，缺乏现实客观性。在马克思看来，解决自由与必然的矛盾需要现实的媒介，而这一媒介就是实践，抛开实践的自由只能在天国中实现，实践是马克思哲学的基本特征，亦是马克思自由观的基础。马克思的自由观不同于其他哲学自由观的根本之处就在于，他抛弃了"直接从思维或存在的维度去探寻自由"的思维方式，转而在思维之外探寻实现自由的现实条件和途径。因此，马克思对自由的理解一开始就立足于现实世界，立足于人类物质生产。在马克思看来，本真意义上的物质生产劳动是自由的。马克思指出："动物的生产是片面的，而人的生产是全面的；动物只是在直接的肉体需要的支配下生产，而人甚至不受肉体需要的支配也进行生产，并且只有不受这种需要的支配时才进行真正的生产；动物只生产自身，而人在生产整个自然界。"所以，与动物不同，人的生产生活是"自由的有意识的活动"，自由是物质生产劳动的本质。这种自由的本性，在于人能够不受肉体需要的支配而进行独立的生产劳动；在于人的有意识的劳动将自己的劳动本身变成反思的对象；这样的劳动是现实的，所以不会脱离一定的外界条件，但是这些条件不应该成为自由的限制。然而，在人类现实的社会生活中，人类的自由之路却困难重重，自然分工和私有制、城乡二分、阶级对立、观念禁锢等都束缚着人类的自由。

在马克思看来，在共产主义社会中，人们才有摆脱各种不自由的状态并实现人的个性的解放的可能，这些束缚人的自由的外在条件才能够加以扬弃。在马克思看来，资本主义灭亡之后，生产力高度发展的共产主义社会将实现人的本质的复归，也就是人的解放的过程。共产主义社会是"自由人的联合体"，"在那里，每个人的自由发展是一切人的自由发展的条件"。

【教学设计意图】通过辨析马克思的自由观与西方的自由观，深化学生对马克思自由观的实践性、现实性与科学性的理解与认识。

2. 典型试题解析

（1）单选题

"在实践基础上的理论创新是社会变革的先导"，这一命题（　　）。

A. 强调了认识对实践的决定作用

B. 夸大了认识对实践的反作用

C. 强调了认识对实践的能动作用

D. 低估了实践对认识的决定作用

答案：C

【教学设计意图】本题考查学生对理论创新与实践创新的辩证关系的理解。

在自由和必然的关系问题上，马克思主义哲学认为，自由是(　　)。

A. 人们按照自己的意志创造历史

B. 不受必然性制约的创造性活动

C. 对客观必然性的认识和对客观世界的改造

D. 按照人们共同拟订的计划从事改造世界的活动

答案：C

【教学设计意图】本题考查学生对马克思主义自由观的掌握。

"人对一定问题的判断越是自由，这个判断的内容所具有的必然性就越大。"这句话指的是(　　)。

A. 包含必然性越大的判断，就越是自由的判断

B. 没有超时间、超历史的绝对的自由

C. 自由是必然的根据

D. 必然是自由的限度

答案：A

【教学设计意图】本题考查学生对自由与必然关系的理解。

(2) 多选题

"实事求是"包含着丰富的哲学思想，它体现着(　　)。

A. 主观和客观的统一

B. 认识和实践的统一

C. 唯物主义和辩证法的统一

D. 自由和必然的统一

E. 尊重客观规律和发挥主观能动性的统一

答案：ABCDE

【教学设计意图】本题考查学生对"实事求是"的哲学意蕴的理解。

3. 课后实践作业

①阅读邓小平《解放思想，实事求是，团结一致向前看》，撰写读后感。

②结合自身学习科研经历，谈谈自己的某项创意、发明、设计如何改变生活，让生活更美好。

【教学设计意图】文本阅读与自身实践经历相结合，加强学生在认识世界与改造世界辩证关系中的自主自觉能力。

第三章

人类社会及其发展规律

专题教学设计一　社会基本矛盾及其运动规律

一、教学设计目标

① 知识目标：从总体上理解马克思主义社会发展矛盾动力理论，掌握生产力与生产关系矛盾运动的规律、经济基础与上层建筑的矛盾运动规律，以及以上两对社会基本矛盾规律之间的相互关系、人类普遍交往于世界历史的形成发展、社会形态更替的一般规律及特殊形式。

② 能力目标：通过马克思主义社会发展矛盾动力理论，锻炼学生透过纷繁复杂的现实表象抓取社会历史发展规律的能力；正确分析社会形态更替的多样性和曲折性的能力。

③ 价值目标：尊重社会发展规律，走社会历史发展的必由之路，为社会历史的发展和人类进步事业做出自己的贡献。

二、教学设计要点

（一）生产力与生产关系的矛盾运动及其规律

①生产力的基本要素包括：劳动资料、劳动对象、劳动者。生产关系包括生产资料所有制关系、生产中人与人的关系和产品分配关系。其中，生产资料所有制关系是最基本、最具决定意义的方面。

②生产力与生产关系的相互关系：第一，生产力决定生产关系，生产力状况决定生产关系的性质，生产力的发展决定生产关系的变化；第二，生产关系反作用于生产力，当生产关系适合生产力发展的客观要求时，对生产力的发展起推动作用；当生产关系不适合生产力发展的客观要求时，就会阻碍生产力的

发展；一定条件下不变更旧的生产关系，生产力就不能继续发展。

③生产力与生产关系的矛盾运动规律：生产关系一定要适合生产力状况。生产关系对于生产力总是从基本相适合到基本不相适合，再到新的基础上的基本相适合。与此相适应，生产关系也总是从相对稳定到新旧更替，再到相对稳定。

④生产力与生产关系矛盾运动规律原理的理论意义和现实意义：第一，首次确立了生产力发展是"社会进步的最高标准"，把生产力和生产关系矛盾运动的规律作为判断时代变革的客观依据。第二，该原理是马克思主义政党制定路线、方针和政策的重要依据。

（二）经济基础与上层建筑的矛盾运动及其规律

①经济基础是由社会一定发展阶段的生产力所决定的生产关系的总和。上层建筑分为观念的上层建筑和政治的上层建筑（主导地位）。

②经济基础与上层建筑的辩证统一关系：首先，经济基础决定上层建筑。其次，上层建筑对经济基础具有反作用。再次，经济基础与上层建筑的相互作用构成了二者的矛盾运动。最后，经济基础和上层建筑之间的内在联系构成了上层建筑一定要适合经济基础状况的规律。

（三）人类普遍交往与世界历史的形成发展

①人类普遍交往的类型：物质交往和精神交往。

②交往对社会生活有着重要的影响：促进生产力的发展，促进社会关系的进步；促进文化的发展与传播，促进人的全面发展。

③生产方式的发展变革是世界历史形成和发展的基础，普遍交往是世界历史的基本特征。

（四）社会形态更替的一般规律及特殊形式

①社会形态的内涵：关于社会运动的具体形式、发展阶段和不同质态的范畴，是同生产力发展一定阶段相适应的经济基础与上层建筑具体的历史的统一体。可划分为经济形态、政治形态和意识形态。

②社会形态更替的具体特征：统一性和多样性、必然性与选择性、前进性与曲折性。

三、教学设计方案

（一）高阶性教学设计

1. 经典原文解读

（1）马克思、恩格斯：《德意志意识形态》（费尔巴哈章）

《德意志意识形态》既是一部阐述历史唯物主义基本原理的宏伟巨著，又是一部批判费尔巴哈、青年黑格尔派和"真正的社会主义者"的论战性著作。其中的"费尔巴哈章"集中阐释了"从直接生活的物质生产出发阐述现实的生产过程"的唯物史观基点，论述了物质生产与再生产、社会关系生产、人类自身的生产与精神生产。在此基础上以社会形态演进为线索，说明历史上是如何由物质生产方式的动态变化推动社会形态的变化的。

【教学设计意图】通过对经典原文的介绍，阐发唯物史观，揭示物质资料生产在社会生活中的决定作用，论述生产力和生产关系的辩证关系，并进一步解读社会政治结构同生产的相互联系，阐明经济基础和上层建筑辩证关系原理。

（2）马克思：《〈政治经济学批判〉导言》

1857—1858 年《〈政治经济学批判〉导言》是马克思的一部重要手稿，它实现了对古典政治经济学的彻底变革，是对后来的《资本论》研究对象的逻辑的结构化的表达。马克思在对古典资产阶级政治经济学的生产对象予以批判的基础上彻底提出生产关系对象。并且从这一社会认识的形成与发展问题切入到对生产关系的为什么问题的考察。马克思认为此二者是把握生产关系"是什么"的基础，而生产关系的是什么问题和范畴批判的工作是直接呼应的。这些研究统一了生产关系的历史和逻辑。从中我们可以看到，唯物辩证法作为一种思想方法和思维工具始终贯穿于马克思主义政治经济学研究的始终。

【教学设计意图】通过对经典原文的深入阐释，有助于学生将抽象的生产力与生产关系的矛盾运动规律，以及经济基础与上层建筑的矛盾运动规律转化为经济现实和历史事实加以理解。

2. 学术观点拓展

关于社会基本矛盾问题的研究

任何一种思想都是历史和时代的产物，它既来源于这个时代的发展和思想潮流，同时也对这个时代产生着作用。近些年，社会发展矛盾动力理论一直是学界讨论的热点。这一问题引起的争论也有很多，主要依循生产力标准来解释社会发展动力，多数集中在从生产力到社会发展的推动模式的分析上，没有深入到经典马克思主义的整体视域来凸显其他动力向度的意义及其关系。因此，基于马克思社会理论的整体视域，立足中国社会现代化转型的新阶段和新特征，从作为本体论的感性美好生活需要向度、生产力生产关系动力系统的实践向度、深化改革的功能向度、中国梦的价值向度，多维阐释新时代中国特色社会主义社会发展动力系统，这既能拓展当代中国社会发展动力机制研究的问题域，在学理上创新马克思主义社会发展动力论，又对推动新时代中国各项事业发展极具现实意义和实践价值。

东北大学田鹏颖教授阐述了社会基本矛盾学说的创新发展与时代启示。他认为，社会基本矛盾是马克思发现唯物史观的逻辑切口，是科学揭示社会发展基本规律的理论支点，是人类改造社会世界的实践中枢。马克思主义社会基本矛盾学说经历了苏联的思想僵化、中国社会主义建设时期的探索、改革开放新时期的应用、中国特色社会主义新时代的创新的发展历程。当代中国马克思主义实现了社会基本矛盾学说在认识论、方法论、实践论、价值论等多维的突破，对中国共产党治国理政有十分重要的方法论意义。

湖北大学的卢国琪教授认为，社会基本矛盾具有两个方面的功能性作用，一是对社会发展过程的基本性质的规定性作用，二是对社会发展过程的基本趋势的规定性作用，尤其是对社会历史发展的根本推动作用。因此，对人类社会发展规律再认识的深化，就是深化对社会基本矛盾推动社会发展规律的再认识，要充分认识社会基本矛盾不会变化而社会主要矛盾随生产力发展水平的变化而变化这一规律。

扬州大学副教授武素云认为，在社会历史进程中，社会基本矛盾运动的实质是人民主体价值的内容与社会形式之间的统一。社会基本矛盾运动促进了人民主体性的生成与发展，其价值在于促进人的全面自由发展。而社会基本矛盾运动之所以能够不断向前发展，就在于人不断追求自由和力求实现主体性。因而，要辩证地看待社会基本矛盾运动对实现人民主体性的影响，既要看到社会基本矛盾运动对人民主体性生成的促进作用，也要看到人民主体性生成对社会基本矛盾运动的推动作用。

【教学设计意图】社会基本矛盾运动规律是马克思主义唯物史观的基石，通过引介相关学术研究的理论前沿，深化学生对生产力与生产关系、经济基础与上层建筑两对社会基本矛盾内涵的认识，让学生尝试学习运用社会基本矛盾运动规律解释社会历史发展的具体过程。

（二）创新性教学设计

1. 案例分析

（1）中国农村改革第一村

中国的改革是从农村开始的，农村的改革是从安徽开始的，安徽的改革是从小岗村开始的。

在中国革命博物馆里，有一份特殊的藏品——印有 18 个红手印的协议书。这件国家一级文物是由中国农村改革第一村——安徽省凤阳县小岗村的农民们亲手创造的。在邓小平诞辰 100 周年纪念日到来之际，小岗村的村民们感慨万千地说起当年邓小平对小岗的关心。

1977 年底，小岗村不论户大户小，户户外流；不论男人女人，只要能走路的都讨过饭。全队近 20 户人家有 11 户的门是用高粱秸扎成的。1978 年初，凤阳县乃至安徽省尝试"包干到组"，小岗人也满怀兴趣地把 20 户人家分成 4 个组。没干多久，组里就产生了矛盾，于是每个组又分"叉"。但没干几天又有吵架的。社员提议，这样干不好，干脆包干到户。大家最终拟订了 3 条意见：①夏秋两季打的头场粮食要先把国家公粮和集体提留交齐；②明组暗户，瞒上不瞒下；③如果队长因此犯法坐牢，他家的活由全队包下来，小孩由全队养到 18 岁。到会的 18 户户主发誓按下红手印。1979 年，即"大包干"的第二年，小岗村农民人均收入由 22 元猛增到 400 元，全队粮食产量达 13.3 万斤，相当于 1966—1970 年 5 年粮食产量的总和。

小岗村人用 18 个鲜红的手印揭开了中国农村改革蔚为壮观的一页。"大包干"诞生伊始，就有人责难说，这违背了"三级所有，队为基础"的原则，是资本主义；也有人说，"大包干"是机会主义。

就在有人对"大包干"提出质疑、改革处于关键时刻时，1980 年 5 月 31 日，邓小平同志在同其他中央负责人就农村问题发表重要谈话时指出："农村政策放开后，一些适宜搞包产到户的地方搞了包产到户，效果很好，变化很快……'凤阳花鼓'中唱的那个凤阳县，绝大多数搞了'大包干'，也是一年翻身改变面貌，有的同志担心这样搞会不会影响集体，我看这种担心是不必要的。"这对最终发展到包产到户、包干到户具有"扭转乾坤"的巨大作用。一时间"凤阳花鼓"填了新词，"说凤阳，道凤阳，凤阳如今大变样。三中全会路线好，爱民传统大发扬。政策顺心干劲足，五谷丰登粮满仓"。

1992 年，邓小平同志发表著名的"南方讲话"，随后党的十四大精神在农村传达贯彻。小岗村人积极寻找再次发展之路、富裕之路，先后招聘 3 名有文化、懂技术的人进村办厂，引来了几家外资企业，还向外转移劳力，有 50 名年轻人走出小岗村。2004 年，小岗村的粮食产量已由 1978 年的 3 万斤增加到 120 万斤，人均收入由 1978 年的 22 元增加到 2000 元，分别增长 40 倍和 96 倍。全村 100 余户建起了新房，人均住房 20 平方米以上。村民文化素质大幅提高，初中以上文化程度 97 人，与过去多数人是文盲的小岗村相比，简直是发生了翻天覆地的变化。

【教学设计意图】 通过案例提出问题：小岗村的改革说明了什么？改革的理论依据是什么？有无一般性？通过对小岗村案例的分析，我们从中得以挖掘其现实基础——70 年代我国生产力水平低和发展不平衡的状况。这是生产关系一定要适合生产力状况的规律的具体运用和体现，即生产力的状况决定一定的生产关系的产生及其变化发展的方向和形式，生产关系对生产力的反作用服从于生产力的发展要求。当年发源于小岗村的农村改革微澜，最后在全国掀起全面的经济体制改革浪潮表明，小岗村的改革不是个例，而是符合社会历史发展规律的必然举措，作为 20 世纪 70 年代中国社会改革的先行者和代表者，其经验具有一般性。

（2）梁启超关于三大人类文明时代的学说

1900 年 1 月 30 日午夜，梁启超提出人类文明经历了三个时代：第一纪为"河流文明时代"，由中国、印度、埃及和小亚细亚这四个"古文明祖国"组成。第二纪为"内海文明时代"，由地中海、波罗的海、阿拉伯海和黄海、渤海等周边文明构成。第三纪为"大洋文明时代"，是随着哥伦布发现新大陆出现的。文中所提到的河流文明时代的"四大古文明祖国"，是"四大文明古国"说法的所知的早期雏形。

【教学设计意图】 梁启超借由对人类历史经河流文明时代（四大文明四国）——内海文明时代（包括古典希腊）——大洋文明时代三大阶段来说明人类历史是以物质生产方式为基础，在两大社会基本矛盾运动规律的作用下不断动态发展着的。

（3）瑞士：从山区穷国崛起为发达国家的经验借鉴

提到瑞士，人们通常会联想到高精尖产品、高福利与发达国家这些代名词。雀巢奶粉、瑞士手表、瑞士军刀、瑞士银行、阿尔卑斯山如诗如画的风景，都是令世人瞩目的。瑞士也是世界上最富裕的国家之一，国民生产总值位居世界前列，如在 2021 年，瑞士以 8.71 万美元的人均 GDP 排名全世界第 4 位，可以看到国家之富裕。虽然今天的瑞士，成为举世瞩目的高科技制造业、高质量农产品、现代服务业相并存的财富天堂，以及全世界著名的旅游胜地。但是，历史上瑞士是一个资源贫瘠、经济欠发达的农牧业国家。瑞士的地理条件与我国贵州、广西、四川秦巴山区等西南山区省份地形特征都非常类似，乃典型的多山少平地的山区国。瑞士位于欧洲的中部，与周围邻国德国、奥地利、法国、意大利等国接壤，没有出海口，乃典型的内陆国。瑞士全境以高原和山地为主，有"欧洲屋脊"之称。整个国家分为西北部的汝拉山、南部的阿尔卑斯山与中部的高原三个自然地形区，平均海拔为1350米，适合居住的面积约为1680平方千米，占据全国领土面积25%，可以看到瑞士适合居住面积的确是小。

瑞士也是一个资源劣势的国家，占据瑞士国土大部分都是崇山峻岭，除了水源、木材和一些盐矿，几乎没有其他矿产资源，就连工业生产需要的化石燃料与金属矿都非常匮乏，媒、铁、铜都需要从周边国家进口。由于资源匮乏，历史上瑞士工业化进程可谓举步维艰，即使是资源密集型的重化工业也很难获得大规模发展。

19世纪第一次工业革命在英国、美国等国家轰轰烈烈开展时，瑞士还是一个落后的农牧业国家。当时，很多瑞士民众为了生计，只能移民、到别国打工，或者到国外当雇佣军。后来，瑞士在1848年成立独为统一的联邦制国家，制定了新宪法，开始了其工业化的进程。瑞士也赶上了19世纪末工业革命的浪潮，经过几十年工业发展，在20世纪初期就成为欧洲工业化程度比较高的国家之一。二战之后，历史上的穷国瑞士更是跻身于世界富裕国家的行列。

我们分析一下，瑞士是如何利用本国高原山区优势发展工业的。

①扬长避短，发展适合本国山地特色的高质量优质轻工业。瑞士虽然山川湖泊众多，自然风景优美，却非常不适合农业，这也是工业革命之前瑞士经济落后与民众生活贫困的根本原因。整个瑞士全国可耕种面积占据总面积的28%，牧场占据21%，森林占据25%，是不太适合进行大规模农业生产。面对资源贫瘠与山区交通成本高的劣势，瑞士没有盲目复制欧洲平原地区发展重化工业的道路，而是把重心放置在发展新兴工业——食品加工、电子、医药化工等精密制造轻工业方面。因为这些产品科技含量高，而高科技高质量容易产生品牌效应，更具有市场竞争优势，如瑞士的食品制造业，比较著名就是奶粉类食品加工业，是瑞士历史悠久的传统部门，杰出代表就是闻名遐迩的雀巢奶粉。现在，瑞士人也把精密高质量的传统牛奶食品制造业精神与本国现代工业生产相融合。瑞士奶粉加工业的优质、精密与高质量，可以从奶牛饲养中看出。如，在瑞士奶粉加工厂的产品生产中，要保障每一头奶牛都食用1—1.5公顷的优质草场，而且必需保障牛奶全年只能吃草料，禁止食用一切其他饲料。在冬季大雪封山的时候，哪怕是开拖拉机清雪，也必须保障每一头奶牛每三天出牛棚呼吸一次新鲜空气。

又如最能体现瑞士精密高质量的产业就是钟表制造业。瑞士手表时针旋转的高精度，使得该产品名扬天下。由于瑞士手表的优质，自然具有名牌效应，于是成为世界各国上流社会人士必买的奢侈品。瑞士手表平均价格能够高达235瑞士法郎，是国际市场手表平均价格（54瑞士法郎）的4.3倍以上。与之相比，日本手表的价格为23瑞士法郎，香港手表的价格仅为9瑞士法郎。由此可以看到，精密必然带来产品的优质与高质量，进而带来品牌效应，因此，自然能够占据市场与获得高额利润。

②根据山区特色，发展旅游业。由于瑞士自然风景的秀丽，一直都被欧洲文坛"浪漫主义大师"卢梭、拜伦、雪莱、歌德在诗歌与散文中所歌颂。所以，瑞士一直都很注重发展旅游业，让旅游业成为仅次于轻工业化工业的重要产业。为了发展旅游业，瑞士非常注重保护名胜古迹。如首都伯尔尼1191年建成，现在依然保存着中世纪的自然风貌。同时，瑞士也注重发展交通业。2011年瑞士的公路超过7万千米，铁路超过5000千米且全部实现了电气化，建成了全世界地势最高的地铁，是世界上公路和铁路密度最大的国家。

由于交通发达与处在欧洲中部位置，瑞士的旅店与餐饮业也蓬勃发展，乃欧洲各国商业往来、人员往来的十字路口与必经之地。瑞士的旅店餐饮业能为来往客商与前往罗马朝圣的基督教徒、天主教徒提供食宿服务。旅游业在今日瑞士经济中是十分重要的产业，其创利之多仅次于机械制造业和化工业，名列第三。旅游业发展给瑞士社会带来的好处是多方面也是明显的，不仅为瑞士26万人提供了就业机会，而且由于旅游景点通常处在偏远山村与深山老林之中，也能为贫穷落后地区带来地方环境建设与居民的收入，缓解了国家经济发展不平衡的状况，放慢了人口的流失，减轻了城市的就业压力。

③发展外向型经济。由于瑞士山区之国的特点，决定了其经济发展必然是外向型的。由于瑞士自然资源匮乏，所以生产生活需要大量的原料与能源都依赖进口。二战之后，瑞士趁着战后经济恢复与世界秩序的重组，积极发展外向型经济，换取国家工业发展需要的皮革、橡胶等。瑞士也大力发展金融业，大力对外资本输出，在竞争激烈的国际市场上注重产品的名牌效应和维护产品的优良信誉，以便占据国际市场与获得高利润。

④瑞士发展对我国广西等西部山区省份的借鉴。通过一百年乃至几百年来几代人的共同努力，成为世界著名的富裕发达国家，瑞士是非常值得我国西部地区，如广西、云南、贵州、四川、西藏等山区省份学习的。因为我国广西等西部山区省份也存在瑞士先天发展地理条件不足、山脉众多河谷纵横、多山少平地的发展劣势，也可以积极利用山区特色发展绿色生态轻工业。

　　山区虽然交通闭塞，但自然风景优美，是非常适合发展旅游业的。我国西部山区省份也有着美丽的自然风景，如山区中的森林、河流、峡谷、瀑布，还有丰富多彩的少数民族文化与风情，如侗族的风雨桥、瑶族的瑶寨等，这些都是西部山区省份可以打造的旅游品牌。通过发展旅游业，能推动少数民族地区经济发展，使少数民族"脱贫致富"，也能缓解地区经济发展不平衡的状况。

　　我们需要注意的是，瑞士能够"脱贫致富"，由穷国变为经济发达的富裕之国，很大一部分也是与科教兴国创新分不开的。无论是瑞士著名的牛奶等食品轻工业，还是钟表制造业，都体现了瑞士产品的优质与产业的高精尖。产品的高精尖才能带来附加高利润与占据市场，这一切都需要科学技术的发展。但是，科学技术发展与教育也是密不可分的。事实上，我们可以看到瑞士从立国开始就注重科教兴国，对人才与科技的重视程度远远超过我国西部山区省份，人才与科技的储备量也远远超过了我国西部山区省份。瑞士在 1955 年，就建立了研究型高等学府，全国的研究型大学中教授的精力主要用于研究，并力求将最新的科研成果引入大学的课堂教学中，并在教学中引导学生学会理论和实践密切结合。瑞士的科研体系分为联邦理工学院、大学、应用型大学和研究所，这些大学和研究所遍布全国，瑞士每千人的科研人员数和人均科研经费在西方国家都是名列前茅的。如瑞士每千人中有 4.4 个研究人员（美国是 2.5 个），很多科研经费都是企业拨款的。800 多万人口的瑞士，培养出了 20 多位诺贝尔奖获得者。

　　瑞士为企业服务的技术型人才教育、职业教育发展水平远超过我国。瑞士所有企业的技术工人都是先培训后就业。瑞士受过高等教育的比例达到 35.3%。由于瑞士科研与教育发达，如同一根链条，直接推动瑞士产业发展，大量专业技术人才、科研队伍、技术知识的储成为瑞士高精尖产业发展的关键。所以，我国西部山区省份为了脱贫致富，还是如邓小平同志说的"科学技术是第一生产力"，注重科研与教育才能保障产业的优势与具有市场竞争力，为经济发展带来强大的后盾。

　　【教学设计意图】本案例通过总结瑞士从落后的山区国家发展为发达的现代化工业国家的经验，揭示了推动社会历史发展的根本动力在于物质生产方式，自然地理环境和人口因素都不是决定性因素。从而启发学生深刻感受社会基本矛盾对历史发展所起的推动作用，尤其是生产力作为社会存在和发展的物质基础，是不能任意选择的物质力量和历史活动的前提。

2. 课堂讨论

必须警惕和预防颜色革命

所谓颜色革命，并非真正意义上的革命，而是通过和平的"街头政治"方式（有时也不排除使用暴力，但主要不是暴力方式）颠覆政权的一种政变。20世纪80年代末、90年代初苏联、东欧国家的政局剧变就是一个典型（最早称为"天鹅绒革命"，比喻像踏着天鹅绒一样向前滑行，意思是没有暴力行动的改变政权），后来在一系列东欧、中亚及北非国家重演。由于在颠覆政权的过程中，夺取政权的反对派往往用某种颜色作为标志，例如，乌克兰用橙色作为标志，格鲁吉亚用玫瑰色作为标志，吉尔吉斯共和国用黄色作为标志，突尼斯共和国用茉莉花作为标志，等等，所以把这类事件统称为"颜色革命"。

"颜色革命"应该区分为两类不同性质的：一类是改变社会主义国家政权的性质，把社会主义的无产阶级专政变为资本主义的资产阶级专政，像二十世纪八九十年代苏联东欧国家发生的政局剧变那样，这类"颜色革命"实质上就是我们常讲的"和平演变"；另一类是在资本主义国家里把现政权改变成为亲美的（或更加亲美的）政权，21世纪以来，剧变以后的东欧、中亚及非洲大陆北部地区（以下简称北非）许多国家发生的事件，实质就是如此。

我们如何在和平年代全球化历史趋势下警惕和预防"颜色革命"？

【教学设计意图】"颜色革命"是意识形态领域的斗争，但其表现形式和影响是广泛而深刻的，它极易通过制造颠覆现政权的舆论、建立政治组织、物色和培养有一定号召力的意见领袖，利用突发性事件煽动社会舆论，分裂国家政权，撕裂社会组织结构。其背后往往是以美国为代表的西方资本主义国家为实现其国家利益，在世界推行霸权主义而采取的政治手段。一旦成功，对一国所造成的危害，是从上层建筑到经济基础的全面反制。因此，预防和警惕"颜色革命"对我国而言是一项系统工程，需要我们实时关注国计民生、社会热点，加强核心社会价值观引导，巩固和强化马克思主义的指导地位，坚定社会主义立场，对所谓的西式"民主""自由"保持清醒的认识，最根本的是要巩固和加强党的阶级基础，坚持无产阶级政党的群众路线。

3. 视听资料

《小岗人家四十年》

为纪念改革开放四十周年，以中国农村改革策源地安徽省凤阳县小岗村为主要内容的纪录片《小岗人家四十年》于2018年12月10日至12月14日在中央电视台中文国际频道《国家记忆》栏目播出。本片包括《一声惊雷》《岗上情深》《希望田野》《振兴之路》和《小岗大道》五集内容。

【教学设计意图】这一系列纪录片以小岗村大包干带头人和新小岗人为故事主角，以小岗村几代村民在农村改革、农业生产和农民生活中的鲜活故事为载体，展现了小岗村四十年来从贫穷走向温饱，再从温饱走向富裕的变化，勾勒出改革开放四十年来小岗村的改革、发展、变化之路，昭示了改革开放与中国农民命运与共的联系。通过视频资料回顾小岗村的发展历程，帮助学生拥有历史的纵向视野，深刻理解社会基本矛盾运动的逻辑内涵。

4. 知识拓展

（1）马克思社会发展动力理论的思想来源

马克思社会发展矛盾动力理论有其丰富的理论渊源，它是马克思、恩格斯在继承和批判前人思想基础之上产生的，其主要的思想来自古希腊米利都学派的自然动力理论、文艺复兴时期关于人性解放的动力理论和以黑格尔绝对精神为代表的理性动力理论。

自然动力理论：自然动力理论是一种从自然界寻找社会历史发展的动力，用自然现象说明、预见社会现象，把社会发展动力归结于某种自然必然性、自然现象或自然物的观点。

泰勒斯最早探索了世界的本原，认为水是万物的本原，打破了之前认识世界的神秘和神话色彩，转变了人们认识世界的方式。作为泰勒斯的学生，阿那克西曼德与泰勒斯的观点不同，他认为世界的本原并不是像水一样的某个特定的物质，而是物质的一种概念，这种概念性的物质在运动的过程中生成了世间万物。相比而言，阿那克西曼德的思想比泰勒斯的思想包含着更多的运动和辩证的观点。而阿那克西曼德的学生阿那克西美尼认为万物的本原是由"气"组成的，由于气的压缩或者稀薄，才造就了世间万物。除了米利都学派的三个典型代表人物，毕达哥拉斯、亚里士多德、赫拉克利特等也都对世界的本原进行了探索。可以说，古希腊时期哲学家们对于世界本源的探索以及在此基础上对于物质"变"与"不变"的朴素辩证法思想，构成了早期人类对社会历史发展动力的元理论。

人性解放动力理论：马克思社会发展矛盾动力论的另一重要理论来源是文艺复兴时期的人性解放动力理论和启蒙运动思想。人性解放动力理论是指从14世纪末、15世纪初文艺复兴运动开始，并为17和18世纪法国启蒙学者所继承和发展的用人性来解释社会发展动力的一种观点。由于中世纪的欧洲教会权力空前强大，教皇和许多宗教特权阶级贪婪、腐化，人们渐渐认清了教会的欺瞒与压迫，想要获得世俗自由和思想解放。同时，由于资本主义生产方式的萌芽，人们的思想逐渐开化，由此文艺复兴运动逐渐兴起。

文艺复兴之后，以法国为中心的启蒙运动逐渐展开，以孟德斯鸠、卢梭、伏尔泰为代表的思想家们，主张人的自由、平等与独立，开始重视利益与价值对社会发展的推动作用。人性解放动力理论因其大力鼓吹人的意志自由、提倡人的尊严和个性发展使人类关于社会历史发展动力的观点开始了又一次历史性转变。

理性动力理论：文艺复兴运动和启蒙运动把人从神的束缚下解放了出来，18 世纪末 19 世纪初，作为"西方德国古典哲学的集大成者"，黑格尔在肯定文艺复兴和启蒙运动对于人的思想的解放基础上，也充分肯定了人的活动是有目的和意识的。从"绝对精神"出发，黑格尔深刻地反思了人类以往全部历史，在社会历史领域开创了一个独特的社会动力理论体系——理性动力理论。在黑格尔看来，俾"绝对精神"在战胜并摆脱自然界外化为人类社会的时候，同时构成历史发展的真实内容和最终基础。人类社会历史不过是"绝对精神"发展的产物，是"绝对精神"演进和逐渐实现的过程。"理性统治了世界，也同样统治了世界历史。"

（2）其他社会发展动力理论

神学动力理论：把社会发展动力归因于神，企图从神的意志那里寻求关于社会历史运动、变化、发展解释的一种观点。在原始社会，由于生产力水平极端低下，人类面对强大的自然力的支配无能为力，他们认为有一种超自然、超历史、超人类的力量在起作用，这种力量就是神灵。万物皆有灵，神灵主宰人类的命运推动社会的运动、变化和发展。神学动力理论把人从自然的奴役中解放出来，使人的地位得到了一定程度的提升。而作为社会发展最终动力的神的本质无非是人的本质的异化。

利益动力理论：一种把社会发展的动力归因于利益的观点。法国启蒙学者爱尔维修认为，在社会生活的各个领域里，人的利益起着支配一切的作用，不仅决定着个人的全部活动，而且构成社会的法律基础和道德准则。"利益是我们的唯一推动力。"追求利益的普遍性和必然性不以谁的意志为转移。利益、自私和情欲乃是推动社会向前发展的"奥妙的原因"。

【教学设计意图】通过引介、梳理哲学史上的社会发展动力观及其内在缺陷，拓展学生关于社会动理论的知识，进一步认识到马克思主义社会发展矛盾动力理论的革命性。

5. 情景再现

①学生分小组对《〈政治经济学批判〉导言》不同章节进行文本解读。

【教学设计意图】通过解读文本，引导学生从学理层面深化对马克思社会基本矛盾运动原理的认识。

②让学生观看纪录片《风云四十年》第 1 集《伟大转折》，情景重现 1978 年冬夜，小岗村一间破旧茅草屋内，18 位庄稼汉托孤求生、立誓为盟，签订分田到户的"秘密协议"，按下鲜红手印的历史故事。

【教学设计意图】通过情景重现，增强学生对生产关系反作用于生产力的原理以及改革开放的历史意义的理解。

（三）挑战度教学设计

1. 疑难问题解答

（1）经济增长就是社会发展吗？

第二次世界大战（以下简称二战），摧毁了大量的物质财富，战后百废待兴，"经济增长"成为世界各国面临的首要问题。所以，这个时期单一追求经济增长成为发展理论的主流诉求，并从某种意义上将"经济增长"视为"社会发展"。人们将社会发展状况划分为"传统社会"和"现代社会"两种类型。认为社会发展就是"传统社会"向"现代社会"趋近的过程，而其实现手段就是"经济增长"。然而，一些国家按照这一范式进行发展，却出现了"有增长而无发展"的现象，并集中表现为经济单一发展的"畸形"状况和整个社会系统的功能失调。经济的"畸形"发展主要表现为片面追求数量增长和规模扩大而忽视质的优化。与此同时，由于只重视经济增长，而忽视社会发展，出现了一系列社会问题，如贫富两极分化、环境恶化、生态危机等，乃至波及整个国家的发展存亡。在这一过程中，人们开始逐渐认清经济增长并不等于社会发展。社会发展不但要关注物质财富的增长，而且还要关注精神层面的发展以及社会关系的和谐，只有如此才能从根本上促进人的发展。

【教学设计意图】通过经济增长与社会发展内涵的辨析，启发学生辩证看待生产力发展与生产关系调整及经济基础与上层建筑之间的关系。

（2）为什么马克思说"经济上落后的国家在哲学上仍然能够演奏第一提琴"？

社会存在决定社会意识。但是唯物史观又反对"经济唯一论""经济决定论"。恩格斯晚年对历史唯物主义的重大发展之一就是与"经济决定论"做斗争。所有社会意识无一不受经济发展水平的决定和制约，但是，不能由此得出经济发展水平高的国家产生的社会意识一定先进。因为马克思主义认为社会意识具有相对独立性，即社会意识一旦出现，不仅有自己的运动发展规律，而且可以反作用于作为原生性或决定性力量的社会存在。社会意识的相对独立性表现在四个方面：第一，社会意识与社会存在发展变化的不完全同步性和不平衡性。不完全同步性是指进步的社会意识可以在一定程度上预见、推断未来，落后于社会存在的社会意识则阻碍社会的发展。不平衡性是指在经济比较发达的社会，其社会意识不一定就很发达。相反，在经济落后的社会，社会意识反而有可能很先进。马克思的这一论断实际上就是社会意识的不平衡性的体现。

第二，社会意识内部诸形式之间相互影响和相互作用。例如，法律会对艺术产生影响，哲学会对文学产生影响，哲学思想和宗教思想互相影响。

第三，社会意识的发展本身具有历史继承性。恩格斯对马克思主义的社会主义学说有一个评价，他说："就其理论形式来说，它起初表现为十八世纪法国伟大启蒙学者所提出的各种原则的进一步的、似乎更彻底的发展。和任何新的学说一样，它必须首先从已有的思想材料出发，虽然它的根源深藏在经济事实中。"这就是说，每一历史时期的社会意识同它以前的思想成果都有继承关系。

第四，社会意识对社会存在具有能动的反作用。正确的意识促进社会的发展，错误的意识阻碍社会的发展。

【教学设计意图】马克思的论断体现了社会意识的相对独立性，可以帮助学生更深入地理解社会存在与社会意识的辩证关系。

2. 典型试题解析

（1）单选题

全部人类社会关系中，最基础的关系是（　　　）。

A. 血缘亲族关系

B. 社会生产关系

C. 政治思想关系

D. 阶级压迫关系

答案：B

【教学设计意图】本题考查学生对唯物史观基本观点的把握。

奥古斯丁把全部社会历史说成是上帝的信徒和魔鬼的信徒之间斗争的历史，结局是上帝的信徒取胜，并在地上建立起永恒的王国，因此世俗统治者就是上帝在人间的代表。这一观点（　　　）。

A. 真正理解和把握了社会历史的本质

B. 不能用实践的观点来看待社会

C. 把人类社会自然化

D. 正确认识了自然界与人类的关系

答案：B

【教学设计意图】本题考查学生对实践的基本特征的理解。

（2）多选题

马克思说："无论哪一种社会形态，在它所能容纳的全部生产力发挥出来以前，是决不会灭亡的；而新的更高的生产关系，在它存在的物质条件在旧社会的胞胎里成熟以前，是决不会出现的。"这段话说明（   ）。

A. 生产力的发展是促使社会形态更替的最终原因

B. 一种新的生产关系的产生需要客观的物质条件

C. 无论哪一种社会形态，当它还能促进生产力发展时，是不会灭亡的

D. 社会形态总是具体的、历史的

答案：ABCD

【教学设计意图】本题考查学生对社会基本矛盾推动社会形态发展的唯物史观基本原理的理解。

"社会的物质生产力发展到一定阶段，便同它们一直在其中活动的现存生产关系或财产关系发生矛盾。于是这些关系便由生产力的发展形式变成生产力的桎梏。那时社会革命的时代就到来了。"这段话表明（   ）。

A. 生产力的发展必然引起生产关系的变化

B. 生产力是生产方式的内容，生产关系是生产方式的社会形式

C. 生产力必须在一定生产关系中存在和发展

D. 生产力和生产关系的矛盾是社会革命的根本原因

答案：ABCD

【教学设计意图】本题考查学生对生产力与生产关系矛盾运动规律的理解。

生产关系的客观性是指（   ）。

A. 人们不能自由选择生产关系

B. 人们不能随意创造或消灭某种生产关系

C. 生产关系是社会有机体中客观实在的组成部分

D. 生产关系是社会上层建筑的物质基础

答案：ABCD

【教学设计意图】本题考查学生对生产关系内涵的把握。

"各种经济时代的区别，不在于生产什么，而在于怎样生产，用什么劳动资料生产。劳动资料不仅是人类劳动力发展的测量器，而且是劳动借以进行的社会关系的指示器。"马克思在《资本论》中的这段话表达的观点是（   ）。

A. 劳动资料是测量生产力的客观尺度

B. 劳动资料是生产关系的指示器

C. 劳动资料是划分不同经济发展阶段的指标

D. 生产方式区分不同的经济时代

答案：ABCD

【教学设计意图】本题考查学生对生产方式中"劳动资料"的理解。

2011 年 4 月，耶鲁大学出版了《马克思为什么是对的》一书，书中列举了当前西方社会 10 个典型的歪曲马克思主义的观点。其中一种观点是：马克思主义将世间万物都归结于经济因素、艺术、宗教，政治、法律、道德等都被简单地视为经济的反映，对人类历史错综复杂的本质视而不见，而试图建立一种非黑即白的单一历史观。上述观点是对马克思主义关于经济基础和上层建筑辩证关系思想的严重歪曲，其表现为(　　)。

A. 把社会历史发展多重因素的综合作用歪曲为单一因素决定论

B. 把上层建筑与经济基础的相互作用歪曲为机械的单向作用

C. 把经济作为社会的基础所具有的归根到底的决定作用歪曲为唯一决定作用

D. 把意识形态对社会历史始终具有的积极能动作用歪曲为消极被动作用

答案：ABD

【教学设计意图】本题考查学生对经济基础与上层建筑辩证关系的理解。

随着科学技术和经济全球化的发展，人类的交往活动日益普遍和深化。交往作为人类特有的活动和存在方式，对社会发展具有越来越重要的作用。主要表现在(　　)。

A. 交往促进生产力的发展

B. 交往推动社会关系的变革和改善

C. 交往是科学文化传承和发展的重要途径

D. 交往促进人自身的发展

答案：ABCD

【教学设计意图】本题主要考查学生对交往及其作用的理解。

(3) 简答题

为什么说劳动发展史是理解全部社会发展史的"钥匙"？

【教学设计意图】恩格斯指出，"马克思主义是在劳动发展史中找到了理解全部社会史的钥匙的新派别"。本题意在体现马克思主义的贡献不是把历史建筑在纯物质过程之上，而是把最基本的有意识的活动——劳动，作为历史过程的起点，作为历史的基础。本题考查学生对作为马克思主义唯物史观逻辑起点的生产劳动的认识。

3. 课后实践作业

①阅读马塞罗·默斯托主编的《马克思的〈大纲〉——〈政治经济学批判大纲〉150 年》，撰写心得体会。

②结合自己所学专业，尤其是专业实习实践相关内容，辩证分析科学技术发展对社会历史发展所起的作用，以及如何解决社会发展的现代性问题。

【教学设计意图】通过阅读文本《马克思的〈大纲〉——〈政治经济学批判大纲〉150 年》，拓展学生的学术视野，从全世界不同国家背景马克思思想研究者的视角解读《政治经济学批判大纲》。同时，引导学生结合所学专业背景，更深切地认识全球化国际经济的产生是内在于资本主义生产方式的，有针对性地帮助学生从当下社会发展现实出发，去理解社会基本矛盾运动的辩证关系。

专题教学设计二　社会历史发展的动力

一、教学设计目标

① 知识目标：理解马克思主义社会发展动力理论，掌握马克思主义社会历史发展的根本动力是社会基本矛盾的作用，社会主要矛盾是社会基本矛盾的具体体现，阶级斗争和社会革命在阶级社会发展中的作用，改革在社会发展中的作用，科学技术在社会发展中的作用。

② 能力目标：通过马克思主义社会发展动力理论，学会从生产力发展水平出发，理解生产关系层面的动态发展和自我调整；运用马克思主义阶级分析方法全面、动态地考察社会各阶级地位、政治立场和意识形态，把握阶级力量的动态变化，把握社会运动和社会生活的总体趋势；在社会实践中辩证理解科学技术的两面性。

③ 价值目标：树立唯物史观基本立场，深化和明确社会存在决定社会意识是唯物主义社会历史观的第一要义，与唯心史观划清界限。

二、教学设计要点

（一）社会基本矛盾在历史发展中的作用

①生产力和生产关系、经济基础和上层建筑的矛盾是社会基本矛盾。

②社会基本矛盾作为历史发展的根本动力主要表现在：首先，生产力是社

会基本矛盾运动中最基本的动力因素，是人类社会发展和进步的最终决定力量。其次，社会基本矛盾特别是生产力和生产关系的矛盾，决定着社会中其他矛盾的存在和发展。经济基础和上层建筑的矛盾也会影响和制约生产力和生产关系的矛盾。最后，社会基本矛盾具有不同的表现形式和解决方式，并从根本上影响和促进着社会形态的变化和发展。

③社会主要矛盾在历史发展中的作用：社会主要矛盾是社会基本矛盾的具体体现。社会主要矛盾会朝着两个方面转化，一是社会主要矛盾双方的内容发生一定变化；二是矛盾地位发生变化，原来的主要矛盾转化为从属地位的矛盾，而原来的某个非主要矛盾则上升为占支配地位的主要矛盾。

（二）阶级斗争和社会革命在阶级社会发展中的作用

①阶级既是一个经济范畴，也是一个历史范畴。阶级斗争是根本利益相互冲突的对抗阶级之间的对立和斗争。

②阶级斗争是阶级社会发展的直接动力，对阶级社会发展的推动作用突出地表现在社会形态的更替中，同时，阶级斗争及其作用受到一定社会历史条件的制约。

③社会革命根源于社会基本矛盾的尖锐化。广义的社会革命包括人与自然的关系、人与人的社会关系、思维方式、思想观念的重大变革。狭义的社会革命指社会形态的变更。

社会革命在社会发展中的重要作用表现在：首先，社会革命是实现社会形态更替的重要手段和决定性环节；其次，社会革命能充分发挥人民群众创造历史的积极性和伟大作用。最后，无产阶级革命将为消除阶级对抗，并充分利用全人类的文明成果为促进社会全面进步创造条件。

（三）改革在社会发展中的作用

①改革的实质：改革是同一种社会形态发展过程中的量变和部分质变，是推动社会发展的又一重要动力。

②社会主义改革：中国的社会主义改革是一场广泛深刻的伟大变革，从性质上看，它是社会主义制度的自我完善和自我发展，从广泛性和深刻性上看，它是一场伟大的革命。

（四）科学技术在社会发展中的作用

①科技革命是推动经济和社会发展的强大杠杆，能引起生产方式、生活方式和思维方式的深刻变化。

②科学技术是一把"双刃剑"。

三、教学设计方案

（一）高阶性教学设计

1. 经典原文解读

（1）马克思：《哲学的贫困》

马克思在该书中分析了整个人类社会历史发展进程，得出了生产方式是生产力与生产关系的统一，生产力的发展必然引起生产方式更替的科学结论。同时，马克思认为，革命阶级是在一切生产工具中最强大的一种生产力，工人阶级是能根本改造资本主义社会的革命阶级。无产阶级反对资产阶级剥削压迫的阶级斗争必将消灭资本主义社会，建立起一个人人平等的共产主义社会。

【教学设计意图】通过对《哲学的贫困》经典段落的解析，培养学生以历史唯物主义为理论武器，批判地看待唯心主义经济学，认识到资本主义经济学观点的历史局限性和反革命性。

（2）恩格斯：《家庭、私有制和国家的起源》

恩格斯通过深入分析雅典、罗马和德意志等国家的产生，系统阐述了关于国家起源与阶级利益关系发展和利益矛盾之间的关系。他认为，社会由于利益分化陷入了不可解决的自我矛盾，进而分裂为不可调和的对立面，而又无力摆脱这些对立，因而需要有一种凌驾于社会之上的力量，这种力量得以使经济利益互相冲突的对立阶级不致在无谓的斗争中把自己和社会消灭。这种自居于社会之上、缓和冲突并把冲突保持在秩序范围内的力量就是国家。

【教学设计意图】深刻说明马克思主义唯物史观关于阶级和阶级斗争的基本观点，引导学生运用阶级分析方法考察社会结构特征。

（3）卢卡奇：《历史与阶级意识》

格奥尔格·卢卡奇在其第一部重要著作《历史与阶级意识——关于马克思主义辩证法的研究》中，深刻把握现代资本主义社会变化的时代精神，以及国际共产主义运动的新变化历史语境，阐发了对马克思主义的本质的理解，重新恢复了马克思主义唯物辩证法的正统地位，将理论和实践的关系作为其辩证法的核心，及理论通过掌握群众，变成一种改造世界的物质力量。

【教学设计意图】从直接现实的社会过程出发，揭示资本主义生产方式所必然产生的拜物教形式，从而揭去资本主义生产制度所掩盖的人与人之间主体真实关系的面纱。

2. 学术观点拓展

马克思主义的社会发展动力理论及其相关讨论。

中国人民大学谢富胜教授提出，中国共产党通过渐进式改革，建立社会主义市场经济，激发了经济增长的内生动力，启动了社会主义经济快速增长的"引擎"，所形成的社会主义市场经济理论与时俱进地丰富和充实了社会发展动力理论。

陕西师范大学阎树群教授认为，社会发展动力问题历来是思想家们所致力探索的社会奥秘之一，也是马克思主义所关注和回答的重大理论和实践问题。我国社会主义社会从创立到不断完善和发展的过程，从一个重要的理论层面看，就是马克思主义社会发展理论中国化的过程。

安徽大学的任暟教授认为，分析马克思的社会结构理论，需要从社会结构及动力背后的存在论基础加以回答，正是这一基础把马克思和以往的哲学社会理论区分开来，马克思更强调感性实践活动的存在论基础，这是其社会及动力理论的特质。马克思分析社会发展动力不是仅从认识论层面，更是从本体论层面加以分析的。马克思社会理论在消化传统理论的基础上实现了对以往哲学的批判性扬弃。原因在于马克思在处理诸多问题时，是从存在论高度加以处理的。在社会发展动力问题上更是如此，社会结构和动力背后的存在论基础是感性社会实践活动。这个基础不是仅仅作为认识对象而存在的，而是作为社会发展最基础的存在来表达的，这是分析马克思社会动力系统的必要前提。

【教学设计意图】社会发展动力理论是马克思主义唯物史观的重要理论组成，通过介绍国内相关研究代表性学术观点，能够提升学生对社会发展动力理论现实意义和理论价值的认知，能将抽象的理论内容变为中国化的具体特征加以理解和消化。

（二）创新性教学设计

1. 案例分析

（1）中华人民共和国成立以来我国社会主要矛盾的历史变化

第一阶段：先进的社会主义制度同落后的社会生产力之间的矛盾。

1956 年 9 月，党的八大分析了国内形势和社会主要矛盾的变化，提出了全党的注意力应当放在通过社会主义革命解放生产力方面。刘少奇在政治报告中分析了社会主义改造以后我国社会阶级关系的新变化："原来剥削农民的地主和富农，正在被改造成为自食其力的新人；民族资产阶级分子正处在由剥削者变为劳动者的转变过程中；广大农民和其他个体劳动者，已经变为社会主义的集体劳动者；工人阶级已经成为国家的领导阶级，它的队伍扩大了，它的觉悟程度和文化技术水平大大提高了；知识界已经改变了原来的面貌，组成了一支为社会主义服务的队伍；国内各民族已经组成为一个团结友好的民族大家庭。"基于以上社会各阶级阶层的历史性变化，加之这些新建立的生产关系在某方面还不完善，党的八大提出：国内的主要矛盾是人民对于建立先进的工业国的要求同落后的农业国的现实之间的矛盾，是人民对于经济文化迅速发展的需要同当前经济文化不能满足人民需要的状况之间的矛盾，其实质就是先进的社会主义制度同落后的社会生产力之间的矛盾。

第二阶段：人民日益增长的物质文化需要同落后的社会生产之间的矛盾。

十一届三中全会以后，以邓小平为核心的新一届党中央认识到，生产力落后的客观现实导致了在生产关系方面社会主义公有制所必需的生产社会化程度很低，商品经济和国内市场很不发达，而新出现的非公有制生产关系恰恰是对社会生产力起推动作用的积极因素。因此，中国迫切需要建立起充满生机和活力的社会主义经济体制，以满足人民日益增长的物质文化需要。1979 年 3 月，邓小平在《坚持四项基本原则》中指出："我们的生产力发展水平很低，远远不能满足人民和国家的需要，这就是我们目前时期的主要矛盾。"中国要解决所有问题的关键在于自己的发展，从根本上讲，只有手头的东西多了在处理各种矛盾和问题时才能立于主动地位。根据邓小平的意见，党的十一届六中全会提出，在现阶段，我国社会的主要矛盾是人民日益增长的物质文化需要同落后的社会生产之间的矛盾。这个主要矛盾，贯穿我国社会主义初级阶段整个过程和社会生活的各个方面，决定了我们的根本任务是集中力量发展社会生产力。

第三阶段：人民日益增长的美好生活需要和不平衡不充分的发展之间的矛盾。

2002 年 11 月，党的十六大报告指出，我国正处于并将长期处于社会主义初级阶段，现在达到的小康还是低水平的、不全面的、发展很不平衡的小康，人民日益增长的物质文化需要同落后的社会生产之间的矛盾仍然是我国社会的主要矛盾。"不全面、发展很不平衡"表明，经过 80、90 年代的发展，社会主义市场经济条件下的中国社会关系结构已经发生深刻变化，城乡区域经济发展不平衡，收入分配差距逐渐拉大，社会利益格局多元分化，尽管没有根本改变我国社会主义初级阶段的基本国情，但社会主要矛盾出现了新的特征。据此，中华人民共和国国民经济和社会发展第十二个五年规划纲要（以下简称十二五规划）将在今后相当长一段时间内，努力平衡人民过快增长的物质文化需求与社会生产之间的关系，作为建立和谐社会主义的主要任务。2017 年 10 月 18 日，党的十九大报告指出，"中国特色社会主义进入新时代，我国主要矛盾已经转化为人民日益增长的美好生活需要和不平衡不充分的发展之间的矛盾"。人民日益增长的美好生活需要不仅体现在对物质文化生活提出了更高要求，更体现在民主、法治、公平、正义、安全、环境等方面的要求也日益提高。尽管社会生产力水平总体上显著提高，但发展不平衡不充分的问题，成为了实现以上两方面社会需求的制约因素。

【教学设计意图】马克思主义辩证唯物史观视域下，生产力与生产关系的辩证发展意味着须在否定之否定的发展逻辑中把握社会主要矛盾转化的内在意蕴。新时代社会主要矛盾的转化反映出社会需求的历史性变化以及人民群众主体范畴进一步拓展。通过对中华人民共和国成立以来社会主要矛盾的历史梳理，帮助学生理解实现新时代"以人民为中心"的发展，就是以社会生产力和生产关系矛盾运动规律为动力，深刻把握近年我国人民群众主体发展最鲜明的时代特征，从需求侧出发，建构起新时代中国特色社会主义社会发展的逻辑思路，巩固中国共产党作为最广大人民群众根本利益代表的地位和作用。

（2）改革是中国的第二次革命

纵观世界风云变幻，回望中国百年沧桑，"开放"是一个解码兴衰荣辱的关键词。40年前，中国开启了改革开放这场伟大革命的大门，从此中国的面貌焕然一新，世界的面貌也为之一变。作为世界第二大经济体、第一大工业国、第一大货物贸易国、第一大外汇储备国、世界经济增长的主要稳定器和动力源，中国书写了世界上"最成功的脱贫故事"……回首往昔，从农村到城市，从试点到推广，从经济体制改革到全面深化改革，中国人民用双手书写了国家和民族发展的壮丽史诗，推动了中国和世界的共同发展进步。历史，总是在一些特殊年份给人们以汲取智慧、继续前进的力量。今天，我们该如何看待改革开放40年这段历程？

1978年12月18日，十一届三中全会召开，会议决定中国开始实行对内改革、对外开放的政策。凝视中国，如同欣赏一幅精心创作的画卷，无论局部还是整体，总有着升腾不屈的气势。美国前国务卿基辛格曾表示，40年前谁也不会想到中国会发展成为与美国相匹敌的全球性国家。

40年来，中国改革开放取得了举世瞩目的成就。

首先，中国实现了从封闭型经济弱国到开放型全球经济大国的伟大转折。第一，我国经济增长创造了世界奇迹。一是经济保持快速增长。1978年至2017年，我国经济的年均增长速度达到9.5%，我国高速增长期持续的时间和增长速度创造了人类经济发展史上的新奇迹。二是经济总量连上"新台阶"。GDP从1978年的3678.7亿元迅速跃升到2017年的83.1万亿元，增长了226倍，成为全球第二大经济体。三是人均 GDP 不断提高。1978 年中国人均 GDP 仅 385 元，2003 年跨过万元大关，2017 年跃升至近 6 万元，成功实现从低收入国家向中上等收入国家的跨越。第二，我国成为世界贸易大国。改革开放以来，从沿海到沿江、沿边，从东部地区到中西部地区，从贸易到投资，从货物贸易到服务贸易，从"引进来"到"走出去"，逐渐形成了"全方位、多层次、宽领域"的对外开放格局，实现了从封闭半封闭到全方位开放的伟大历史转折。2018 年 4 月，世界贸易组织发布的年度全球贸易报告显示，中国商品贸易出口继续位居世界第 1 位，商品贸易进口仅次于美国，位居全球第 2 位。第三，我国是世界经济的"发动机"和"稳定器"。1978 年，中国的经济总量仅位居世界第十位；2010 年，跃居世界第二位，成为仅次于美国的世界第二大经济体。经济总量占世界的份额由 1978 年的 1.8% 提高至 2017 年的 15.3%。最近 5 年，我国对世界经济增长的贡献率更是超过 30%，居世界第 1 位。

其次，中国实现了从贫穷到温饱再到整体小康的跨越式转变。一位亲历改革开放 40 年的知名民营企业家曾在一次演讲中发出这样的感慨："40 年前让咱们做梦，不管你怎么努力做好梦，也绝对梦想不到 40 年后的中国会是今天这个样子。"40 年前，数亿中国人还在为温饱问题发愁，现如今，人民群众的收入水平显著提高，已经形成世界上人口最多的中等收入群体。1978 至 2017 年，全国城镇居民人均可支配收入由 343 元增加到 36396 元，增长超过 100 倍；我国农民人均纯收入由 134 元增加到 13432 元，增长约为 100 倍。

扶贫成就举世瞩目。改革开放前，我国城乡居民生活基本上处在温饱不足状态，1978 年农村还有 7.7 亿贫困人口。按照现行标准计算，改革开放 40 年来，中国的农村贫困人口累计减贫 7 亿多，农村贫困发生率从 1978 年的 97.5% 大幅下降到 2017 年的 3.1%，远低于世界平均水平，成为率先实现联合国千年发展目标的国家。全世界每 10 人脱贫，就有 7 个来自中国。联合国开发计划署署长海伦·克拉克曾说，中国将它的人民以前所未有的速度从贫困中脱离了出来，我们呼吁向各国分享中国的减贫经验。

最后，中国从世界舞台边缘日益走近世界舞台中央的历史性提升。中国角色变了：从学习融入者到建设贡献者。2001 年，加入世界贸易组织，成为中国全面重返世界舞台、融入全球化进程的标志性事件。从倡议并推进"丝绸之路经济带"和"21 世纪海上丝绸之路"（以下简称"一带一路"）建设到建立亚洲基础设施投资银行、金砖新开发银行，从举办 APEC 会议启动亚太自贸区进程到推动人民币正式"入篮"……中国以坚定的信心和雄厚的实力，不断为完善全球经济治理提出方案、贡献智慧、落实行动；中国担当变了：从提供物质到思想引领。改革开放之初，世界分享到的是中国发展所带来的物质层面红利。随着中国逐步走近世界舞台中央，中国不仅提供物质，更提供思想引领的方案，中国理念正在成功"全球化"。中国心态变了：从贫弱焦躁到自信平和。无论一个国家还是一个民族，在崛起进程中，心态越平和，越能展示自信，赢得尊重，同时也越有利于彼此之间的和谐相处。而这种"平和"，更体现在做好自己上。

【教学设计意图】改革开放是在社会主义基本制度的基础上，对原有体制进行的根本性变革，并逐步打开国门搞建设、不断扩大开放，将一个经济、社会、文化等比较落后的国家变成一个富强、民主、文明、和谐、美丽的社会主义现代化国家。因此，无论从解放生产力、扫除发展生产力的障碍上说，还是从政策的重新选择、体制的重新构建的深刻性和广泛性上说，抑或是从由此引起的社会生活和人们观念变化的深刻性上说，改革开放都是一场新的伟大革命。

（3）从 11 世纪中国四大发明到"新四大发明"在中国的实践应用看科技对经济的推动作用

【材料一】公元 1000 年以来，11 世纪至 15 世纪，以火药、指南针、印刷术、造纸术四大发明为主要潮头，为"走出中世纪，走向近代化"奠定了物质技术基础，也为近代化技术创新提供了必要前提。

继 17 世纪英国科学家培根之后，马克思在《资本论》"机器篇"手稿开宗明义地指出了上述三大发明的技术创新，对于近代化资本主义社会的预告作用、奠基作用、先兆作用。

火药、指南针、印刷术——这是预告资产阶级社会到来的三大发明。

而在"机器篇"手稿的近尾声之处，马克思再次指明了这三大发明的超前性、全局性、世界历史性，并称之为世界历史上"最伟大的发明"。

最伟大的发明——火药、指南针和印刷术，用于手工业时期，如同钟表（一种最奇异的自动机）也属于这个时期一样。

《资本论》第一卷，则把上述三大发明，外加钟表，从整体上并称为手工时期四个伟大发明。

手工业时期留下了指南针、火药、印刷术和自鸣钟伟大的发明。

尽管《资本论》及其手稿并没有对上述三大发明作具体考察、详细论述，但不可否认的一点是，马克思已经通过种种技术发明的迹象捕捉到新的社会历史到来的必然前提。

【材料二】2017 年 5 月，北京外国语大学做了一个民间调查，采访对象是20 个来自不同国家的留学生，问题是要他们列举最想带回国的中国技术，结果是高铁、移动支付、共享单车和网上购物这 4 项答案名列榜首。自此，中国媒体多此引用并称之为中国在现代的"四项新发明"。厦门大学副教授许共城说："有些人可能会认为，'新四大发明'背后的技术不是来自中国，这是事实，但是中国利用这些技术进行了新的发明。"

对于这 4 项技术的使用和改进，中国显然已经超过其他国家，成为这些领域的主导者。至 2019 年底，中国高速铁路营业总里程达到 3.5 万千米，并计划在 2030 年将其翻一番。根据国家互联网信息办公室发布的《数字中国建设发展报告（2017 年）》显示，数字中国建设发展取得明显成效，2017 年全年信息消费规模达 4.5 万亿元，移动支付交易规模超过 200 万亿元，居全球第一。据普华永道咨询公司 2017 年研究，中国目前有 7 亿多网民，是世界最大也是发展最快的电子商务市场。2018 年 2 月，中国交通运输部副部长刘小明表示，中国目前有 2300 万辆共享单车，至少 2 亿人注册使用。

【材料三】创新是引领发展的第一动力，是建设现代化经济体系的战略支撑，也是实现高质量发展的必由路径。2015 年，国务院总理李克强在政府工作报告提出："大众创业，万众创新"，因其既可以扩大就业、增加居民收入，又有利于促进社会纵向流动和公平正义。同时，他在论及创业创新文化时强调"让人们在创造财富的过程中，更好地实现精神追求和自身价值"。2018 年 9 月 18 日，国务院下发《关于推动创新创业高质量发展打造"双创"升级版的意见》。

据新华社报道称，中国目前在科技研发方面投入的费用位居世界第二，仅次于美国。近年来，我国"大众创业万众创新"热潮不断兴起，呈现出聚焦生产领域、技术要素深度融合、成果转化更为活跃、与产业升级结合紧密、创新创业生态更加完善等趋势，创新创业与技术创新、效率变革、产业升级和现代化经济体系建设结合得更为紧密，为促进经济增长、提高劳动生产率和全要素生产率提供了有力支撑。

【教学设计意图】通过不同历史时期科学技术发明对社会发展产生巨大变革作用的两段材料，以及在国务院鼓励支持下我国掀起创新创业浪潮，引导学生体会科学技术作为第一生产力在生产方式、生活方式以及思维方式方面对人类生活产生的颠覆性影响。科学技术是社会发展的重要动力，对社会发展的积极作用是主要的、基本的方面。同时，警醒学生科学技术像一把双刃剑，它在给人类造福的同时，也带来了消极影响。要引导学生看到科学技术的两重性，全面发挥科学技术的积极作用。

2. 课堂讨论

在 20 世纪 50—80 年代，苏联、东欧国家曾经相继对它们的经济体制进行过不同类型的改革，虽然由于种种原因，这些改革没有取得预期的成果，但毕竟在不同的程度上取得过一些成就。戈尔巴乔夫在 1985 年就任苏联共产党中央委员会总书记以后，在经济改革因种种原因遭到挫败以后，他就把苏联模式的缺陷和弊端、改革遭到失败的原因归结到了社会主义基本制度上，把它说成是阻碍社会经济发展的障碍机制，叫嚷着"必须根本改造我们的整个社会大厦，从经济基础到上层建筑"，把社会主义改革转到摧毁共产主义的方向和轨道上去，这是促使苏联解体、东欧剧变的根本原因。

苏联解体、东欧剧变的主要原因是什么？我们应从中吸取哪些教训？

【教学设计意图】通过对案例进行课堂讨论，向学生说明上层建筑对经济基础具有能动的反作用，尽管社会形态变革的原因是多方面的，但是，阶级和阶级斗争作为历史范畴，其所反映的经济利益矛盾关系才是颠覆社会制度、造成社会形态更替的根本原因。

3. 视听资料

《美国工厂》

第 92 届奥斯卡最佳纪录片《美国工厂》是由美国奈飞（Netflix）公司出品的纪录片，由史蒂文·博格纳尔、朱莉娅·赖克特执导。该片于 2019 年 8 月 21 日在美国上映。影片以 2008 年美国金融危机，通用汽车公司在俄亥俄州代顿工厂倒闭，整个社区陷入萧条为背景，讲述了中国福耀玻璃工业集团股份有限公司接手美国俄亥俄州一座废弃的通用汽车工厂，将其改为玻璃制作工厂并雇请上千位蓝领美国员工的故事。

《摩登时代》

《摩登时代》（Modern Times）是查理·卓别林（Charlie Chaplin）导演并主演的一部经典喜剧电影，于 1936 年 2 月 25 日上映。本片故事发生在美国 20 世纪 30 年代经济萧条时期，工人查理（卓别林饰）在工厂干活、发疯、进入精神病院，这一切都与当时的经济危机给人们带来的生存危机有着密切的联系。而在艰难的生活中，查理和孤女相濡以沫，场面温馨感人，焕发着人性的光辉。

【教学设计意图】通过观看视听资料，反思工业技术革命到底为人类带来了什么？引导学生辩证看待科学技术的发展，启发他们对人的本质及主体意义的思考。

4. 知识拓展

（1）经典作家的社会发展动力理论

历史唯物主义的社会发展动力理论是科学的社会动力观。马克思主义的社会发展动力理论是一个多层次、立体交叉的系统结构，即社会的发展是社会内部多种动力共同作用的结果。动力系统的基本要素有：人类需要、生产力、生产关系、上层建筑、社会意识。在这个动力系统中，人类需要是历史发展动力系统的最深层次；现实化的社会生产力是历史发展的直接驱动力；社会生产关系对动力系统具有反作用；政权力量可以直接影响生产的发展；社会意识是社会发展中的精神性动力。它们分别构成了历史发展动力系统的第一至第五层次。在这一结构顺序中，深层动力决定着表层动力，表层动力受制于深层动力又反作用于深层动力。它们相互交错形成一种合力，从而推动社会不断向前发展。

列宁的社会发展动力理论：列宁曾高度赞扬马克思的唯物史观在理解人类社会发展时的巨大价值，认为"只有把社会关系归结于生产关系，把生产关系归结于生产力的水平，才能有可靠的根据把社会形态的发展看作自然历史过程"。他正确地将马克思恩格斯的社会发展动力理论运用于苏俄的社会主义建设，提出"矛盾是社会主义发展的动力，个人利益与社会利益的正确结合是社会主义生产发展的强大动力"的观点。

毛泽东的社会发展动力理论：毛泽东在继承列宁的"社会主义条件下矛盾仍然存在"思想的基础上创立了"社会主义基本矛盾动力论"。毛泽东明确指出生产关系与生产力、上层建筑与经济基础之间的矛盾是推动社会主义社会向前发展的基本动力。从矛盾的状况看，社会主义社会基本矛盾相适合是基本的和主要的，相矛盾是非基本的和次要的。从矛盾的性质看，社会主义社会基本矛盾是非对抗性矛盾，也就是说，它是在人民根本利益一致基础上的矛盾，而不是经济利益根本对立的阶级之间的对抗和冲突；从矛盾的解决方式看，社会主义社会基本矛盾可以依靠社会主义制度自身的力量。人们正是在不断地碰到和解决各种社会矛盾的过程中推动了社会主义的进步与发展。

邓小平的社会发展动力理论：在新的历史条件下，邓小平总结我国社会主义实践的经验教训，对毛泽东的"社会基本矛盾动力论"进行了认真的反思，把马克思主义社会发展动力理论同中国改革开放、社会主义现代化建设的实践与时代特征有机结合起来。他科学地回答了马克思尚未提出、毛泽东未能完全解决好的社会主义社会发展动力问题，形成了他的社会主义发展"改革动力理论"，赋予马克思主义社会发展理论以深厚的实践基础和鲜明的时代特色。

（2）西方马克思主义学者的社会发展动力理论

马克斯·韦伯的新教伦理动力论：

韦伯假设西方世界的独特性在于基督新教孕育出来的伦理精神，这种精神引导人们的经济行动趋于理性化，最终催生出资本主义。基于这种推理，他提出了新教伦理与资本主义精神选择性亲和的逻辑命题，即认为资本主义并不是表面化的"营利""追求利得""敛财"等经济行为，还应该具有一种非理性抑制的精神，正是这种精神使人类的经济行动更加理性、可持续，从而更契合资本主义的本质。

约瑟夫·熊彼特的企业家创新动力论：

熊彼特是对20世纪具有深远影响的美籍奥地利政治经济学家。他认为，在没有创新的情况下，经济只能处于一种所谓的"循环流转"的均衡状态，经济增长只是数量的变化，这种数量关系无论如何积累，本身也不能创造出具有质的飞跃的"经济发展"。因此，创新是一个不断产生新的结构，不断破坏旧的结构的"创造性破坏过程"。"创新"是社会前进的原因，而实行"创新"的企业家是社会的推动者。

诺斯的制度创新动力论：

诺斯发展了熊彼特的创新理论，他对制度创新的基本因素、制度创新的动力及制度创新的基本过程进行了研究，并且把制度创新理论用于经济史的研究，被誉为新经济史学的代表人物。诺斯作为新制度经济学家，所研究的领域是制度及其变迁。他认为，经济增长的关键因素在于制度，一种能够提供个人刺激的有效的制度是使经济增长的决定性因素，在诸多因素中，产权的作用最为突出。在他看来，有效率的组织需要在制度上做出安排和确立所有权，以便造成一种刺激，将个人的经济努力变成私人收益率接近社会收益率的活动。

西里尔·布莱克的技术革命动力论：

美国普林斯顿大学历史学教授布莱克的《现代化的动力》是一本关于现代化问题的力作。布莱克重视现代化的起始条件和过程因素，因而他从比较近代史入手，把民族国家和政治现代化作为研究的基本单元和中心课题，通过比较求得对人类整体发展进程的一般看法。他运用比较方法的一个主要立论是："在今天这个时代，政治、经济和社会等结构的任何微小变化都影响到全人类，人无法不面对并接受由比较而得来的鲜矛论。"布莱克这项研究的一大特点是从人类整体的角度来着待人类历史和社会发展的问题，这是他和其他史学家在研究的方法和思路上极为不同的地方，在此基础上形成了他的"现代化"理论。

哈耶克的自由竞争动力论：

哈耶克是1974年诺贝尔经济学奖得主，他认为人性是自私的并且是不可完善的，由自利的人所组成的群体组织必然会承认私有产权并且拥有这种权利。只有当财产权分属于不同的利益主体时，不同的利益发生冲突才会产生利益主体之间的竞争活动，竞争才是有效的，竞争的主体必须是具有自利倾向的个体，否则竞争便无从谈起，利益既是竞争的起点（目的）又是竞争的终点（结果）。

竞争要有效展开就必然受到一定的规范，即受到竞争规则的制约，在竞争中形成一定的秩序。他认为只有从个人这个微观角度出发才能更有效地考察社会整体，尤其在私人领域，通过个人自愿自发的形式能把许多原本由政府强制性干的事情做得更好。哈耶克认为追求个人利益并不可耻，其前提是不损害他人和社会利益，也就是说法律允许下的自利行为应该积极提倡，这样社会个体的财富积累才有动力，才能保障社会财富的总量的增加。

罗斯托的多因素动力论：

罗斯托在经济增长理论中自成一派，其经济增长阶段论和非总量的部门分析法在当代西方经济学中颇有影响。在他看来，经济增长是一个复杂的经济和社会现象。影响经济增长的因素很多，正确地认识和估计这些因素对经济增长的贡献，对于理解和认识一国经济增长是至关重要的。他从发达国家与发展中国家各自的经济增长经验出发，认为他们在经济增长的过程中不可避免地会在相同的阶段中出现一些共同的趋势或特征，他由此提出一个问题：我们能否从这样的研究点出发来揭示大多数国家（包括发达国家和发展中国家）的经济增长的一般性趋势？这种共同的一般性趋势不是出现在同时期的不同国家中，而是出现在不同国家的相同阶段上。

【教学设计意图】通过引介、梳理社会发展动力相关理论学派的观点，丰富和拓展学生对社会发展动力因素的分析维度和学术视角，并进一步强调马克思主义社会发展动力理论的现实意义和历史地位。

5. 情景再现

学生分组进行社会发展动力理论专项研究，由不同小组在课堂上对不同社会发展动力理论进行分析阐述，并与马克思主义社会发展动力理论进行比较。

【教学设计意图】通过小组讲授，调动学生对社会发展动力理论进行拓展研究的兴趣，从而形成"树"状学术史观，并从中对马克思主义社会发展动力理论进行准确定位。

（三）挑战度教学设计

1. 疑难问题解答

如何理解历史发展的"五形态论"与"三形态论"的关系？

所谓历史发展的"五形态论"，一般指的是依据社会发展阶段的性质，将社会历史划分为五种社会形态：原始社会、奴隶制社会、封建制社会、资本主义社会和共产主义社会（其第一阶段是社会主义社会）。历史发展的"三形态论"，一般指的是人的依赖关系、以物的依赖性为基础的人的独立性与人的自由个性。

"五形态论"和"三形态论"的研究视角和理论侧重点是有所不同的。"五形态论"是从社会历史发展的一般物质运动和客观规律出发，以社会生产活动中人与人的关系（即生产关系特别是所有制的性质）的历史演进为主线，以整个社会经济的发展作为考察重点，从而对社会经济形态的历史样态所做的一种划分。而"三形态论"则主要是从人类主体现实的、具体的、历史的地位出发，以社会生产活动当中人与自然的关系的历史演进为基本线索，以同社会经济的发展紧密相连的人的个性的发展作为考察重点，从而对社会经济形态的历史演变所作的一种阶段划分。

无论是"五形态论"还是"三形态论"，都坚持唯物史观基本原理，都同唯心史观有着根本的区别。马克思反对从抽象的人出发考察历史，在他看来，"人们为了能够'创造历史'，必须能够生活。但是为了生活，首先就需要吃喝住穿以及其他一些东西。因此第一个历史活动就是生产满足这些需要的资料，即生产物质生活本身"。因此，考察人类历史，必须从对"生产物质生活本身"发展的过程的研究开始。由上可见，"三形态"和"五形态"是由社会生产力所最终决定的两条相互联系的社会发展序列。

【教学设计意图】引导学生认识到马克思主义社会形态理论的丰富性与多样性，从而更准确地理解社会形态发展的具体特征。

2. 典型试题解析

（1）单选题

近年来，我国在原有的基础上修改了若干法律，并出台了一批新的法律，如 2007 年通过的《中华人民共和国物权法》和《中华人民共和国企业所得税法》。法律出台的目的是适应新的经济社会发展状况，以推动社会经济的发展。这些事例说明( )。

A. 上层建筑要适应经济基础的发展状况

B. 科学技术是第一生产力

C. 人民群众是历史发展的决定力量

D. 交往有利于推动社会的发展

答案：A

【教学设计意图】本题考查学生对唯物史观基本观点的把握。

"手推磨产生的是封建主的社会，蒸汽磨产生的是工业资本家的社会。"这句话揭示了( )。

A. 生产工具是衡量生产力水平的重要尺度

B. 科学技术是第一生产力

C. 社会形体的更替有一定的顺序性

D. 物质生产的发展需要建立相应的生产关系

答案：D

【**教学设计意图**】本题考查学生对生产力与生产关系辩证统一关系的理解

马克思主义的历史唯物主义指出，改革和革命是人类社会发展的重要动力。以下属于改革和革命共同之处的有(　　)。

A. 都是社会的质变

B. 都给社会带来了巨大的变化

C. 都是对原有经济、政治、文化制度的根本性变革？僵i

D. 其根本问题都是国家政权问题

答案：B

【**教学设计意图**】本题考查学生对改革和革命的辨析能力。

(2) 多选题

在马克思主义的历史观中，社会经济结构有广义和狭义两种界定。广义的社会经济结构包括两项内容，它们分别是(　　)。

A. 所有制结构

B. 生产力结构

C. 劳动资料结构

D. 生产关系结构

答案：BD

【**教学设计意图**】本题考查学生对马克思主义历史观的社会经济结构内涵的理解。阶级的实质是(　　)。

A. 经济收入不同的社会集团

B. 社会分工不同的社会集团

C. 一个集团能够占有另一个集团的劳动

D. 不同社会集团之间剥削与被剥削的关系

答案：CD

【**教学设计意图**】本题考查学生对阶级这一历史范畴的把握

"如果资本主义的灭亡是由科学保证了的，为什么还要费那么大的气力去为它安排葬礼呢?"这种观点的错误在于(　　)。

A. 否认历史观上的决定论原则

B. 否定革命在社会质变中的作用

C. 否认科学是推动历史前进的革命力量

D. 否认历史主体的能动作用

答案：BD

【教学设计意图】本题考查学生对社会形态变化的实质、动力的理解。

邓小平同志指出："改革是中国的第二次革命。"依据历史唯物主义相关原理，以下关于改革的理解正确的是(　　)。

A. 改革是社会主义发展的重要动力

B. 改革时社会形态的自我发展和自我完善

C. 改革就是改变不适合生产力发展的经济、政治、文化制度

D. 改革体现了生产关系一定要适应生产力发展状况、上层建筑一定要适应经济基础发展状况的人类社会基本规律

答案：ABD

【教学设计意图】本题考查学生对改革在社会历史发展中的作用的理解。

在当今时代，出现了危及人类生存和持续发展的"全球问题"。科技发展与"全球问题"的关系是(　　)。

A. "全球问题"是科技发展造成的，科技越发展，"全球问题"越严重

B. 对科技的使用不当是造成"全球问题"的重要原因

C. 科技发展为解决"全球问题"创造了条件

D. 要把科技发展变革、调整社会关系、社会组织管理、更新观念结合起来，综合解决"全球问题"

答案：BCD

【教学设计意图】本题主要考查学生看待科学技术发展的唯物史观立场。

马克思指出："批判的武器当然不能代替武器的批判，物质的力量只能用物质的力量来摧毁；但理论一经掌握群众，也会变成物质的力量。"这段话说明(　　)。

A. 理论的力量不能代替物质的力量

B. 社会变革必须依靠广大人民群众的革命实践活动

C. 社会意识对社会存在具有能动的反作用

D. 理论与精神的力量可以转化为物质的力量

答案：ABCD

【教学设计意图】本题主要考查学生对社会存在与社会意识的辩证关系的理解。

（3）简答题

人类社会和人类文明发展的基本动力是什么？运用社会历史发展动力的基

本理论评析"人类文明就是在不断抑制和驾驭人类自身的兽性和狼性才逐步发展起来的"观点？

【教学设计意图】社会历史发展是社会基本矛盾运动的结果，人是一切社会关系的总和，全部社会关系又归结为生产关系，生产关系又归结为生产力，这是造成社会发展的"齿轮"，因此人是在不断抑制和驾驭自然属性的过程中发展的，人的主观能动性是区别于动物被动适应自然的根本。因此，人类社会的发展总是历史的具体的过程。本题考查学生对社会基本矛盾是社会历史发展动力的理解。

3. 课后实践作业

（1）阅读罗伯特·布伦纳的《马克思社会发展理论新解》，并撰写读后感。

《马克思社会发展理论新解》收录了罗伯特·布伦纳在《新左派评论》《过去和现在》等西方知名新左派杂志上发表的系列关于马克思"过渡理论"的探讨性文章，包括《马克思论封建主义向资本主义过渡的第一种模式》《资本主义发展的起源：对"新斯密马克思主义"的批判》、《欧洲前工业化时代的农业阶级结构与经济发展》等。该书作者立足于"社会财产关系"来解释和说明资本主义社会的兴起，探讨了封建主义向资本主义社会的过渡问题，重新开启了探讨历史唯物主义的经济学维度，在英语世界引发了令人瞩目的"布伦纳之争"，并被认为是20世纪40—50年代著名的"多布—斯威齐之争"的重要延续，具有重要的理论和实践意义。

② 整理和总结自己祖父母、父母和自己对社会历史发展的直观感受，可以从家用电器、消费方式、交往方式、交通工具、人的精神面貌等方面比较不同社会历史时期所呈现出的差异。

【教学设计意图】通过《马克思社会发展理论新解》一书，为学生引介20世纪中后期美国马克思思想研究界出现的"经济马克思主义"思潮。该思潮的理论贡献者力图以跨学科的视角、经济（史）学的叙事和他们所理解的马克思主义政治经济学批判的立场与方法，致力于探索社会发展的历史情境、特别是资本主义的兴起与当代发展；另外，通过梳理、比较三代人的不同历史经历，增强学生对社会历史发展具体过程的体会，进一步理解社会发展动力理论。

专题教学设计三　人民群众在历史发展中的作用

一、教学设计目标

① 知识目标：理解马克思主义群众历史观，掌握人民群众是社会历史的创造者、人民群众在创造历史过程中的决定作用、无产阶级政党的群众路线。

② 能力目标：运用唯物史观考察谁是社会历史创造者的原则，辨析唯心主义英雄史观与唯物主义群众史观的能力；从无产阶级政党的群众路线出发理解中国共产党相关理论政策的能力；辩证地理解和评价个人历史作用的能力。

③ 价值目标：树立马克思主义群众史观、秉承无产阶级政党人民至上的价值原则。

二、教学设计要点

（一）人民群众是历史的创造者

①两种历史观在历史创造者问题上的对立：英雄史观与群众史观（人民群众是社会历史的主体，是历史的创造者）

②唯物史观在考察谁是历史的创造者时坚持的基本原则：首先，立足于现实的人及其本质来把握历史的创造者。其次，立足于整体的社会历史过程来探究谁是历史的创造者。再次，从社会历史发展的必然性入手来考察和说明谁是历史的创造者。最后，从人与历史关系的不同层次上考察谁是历史的创造者。

③人民群众在创造历史过程中的决定作用：人民群众是社会物质财富的创造者、精神财富的创造者、社会变革的决定力量。同时，人民群众创造历史的活动受到一定社会历史条件的制约。

④无产阶级政党的群众路线：一切为了群众，一切依靠群众，从群众中来，到群众中去。

（二）个人在社会历史中的作用

①杰出人物的历史作用：对推动历史发展做出重要贡献或起重要作用的人。

②辩证地理解和评价个人的历史作用：坚持历史分析方法和阶级分析方法。

（三）群众、阶级、政党、领袖的关系

群众、阶级、政党、领袖环环相扣、相互依存，构成了一个有机整体。首先，群众是划分为阶级的；其次，阶级通常是由政党领导的；最后，政党是由领袖来主持的。

三、教学设计方案

（一）高阶性教学设计

1. 经典原文解读

（1）马克思：《1848 年至 1850 年的法兰西阶级斗争》

《1848 年至 1850 年的法兰西阶级斗争》是马克思最重要的理论著作之一。马克思第一次运用他的唯物主义观点研究整整一个历史阶段，对法国二月革命的原因、性质和进程作了精辟的分析，具体论述并进一步发展了历史唯物主义的一些重要原理。在革命理论上，这部著作提出了"革命是历史的火车头"的著名论断。它具体论述了资产阶级民主革命阶段无产阶级所肩负的任务，指出资产阶级和无产阶级之间的对立从根本上决定了资产阶级的立场，他们由于惧怕无产阶级，已不愿担负起领导一切人民力量去彻底消灭封建残余、实现资产阶级民主革命的历史使命。只有无产阶级才是革命运动和历史发展的主要力量，才能把革命继续推向前方。

【教学设计意图】1848—1849 年革命失败后，马克思流亡伦敦，他认为在这个革命低潮时期，最重要的任务就是总结革命年代的丰富经验，用来指导无产阶级政党未来的斗争。通过对经典原文的深入阐释，强调社会历史发展的创造者在于人民群众，无产阶级革命是人民运动的集中体现。

（2）马克思、恩格斯：《共产党宣言》

《宣言》是马克思主义诞生的重要标志，马克思主义的历史观贯穿全文。其核心的基本原理：每一个历史时代主要的生产方式与交换方式及必然由此产生的社会结构，是该时代政治的和精神的历史所赖以确立的基础，并且只有从这一基础出发，历史才能得到说明。

【教学设计意图】通过对《宣言》的文本分析，培养学生历史地、具体地、动态地考察社会历史发展的连续性，以及人民群众在社会历史发展中所起到的关键作用。

2. 学术观点拓展

全新的历史观——马克思主义唯物史观

世界历史观是关于世界历史的总体看法和根本观点，是人们理解和解释世界历史的根本立场。有什么样的世界历史观，就会有什么样的世界历史理论。因此，准确客观地理解世界历史的发展趋势、时代任务、客观规律，需要首先确立正确的世界历史观。马克思批判了以德国古典哲学为代表的解释世界的世界历史观，创立了旨在"改变世界"的世界历史观。在马克思看来，世界历史是通过生产力和生产关系的和解，使人类通往自由和解放的过程。马克思确立了"现实趋向于思想"的改变世界历史的方法论，超越了黑格尔的"事后思索"，为世界历史提供了实证科学基础，继承了黑格尔辩证法的革命性，提供了人类创造世界历史的哲学动力。

吉林大学吴宏政教授认为，马克思将审视世界历史的立场从黑格尔那里颠倒过来之后，他对世界历史目的的理解也随之发生了根本转变。世界历史是人类创造的，因此世界历史的目的也应由人类自己设定。这表明，世界历史的目的不在人之外，而就在人类本身。我们今天推动构建人类命运共同体是马克思世界历史观在当代开拓的"改变世界"的新道路，在继续坚持扬弃资本逻辑主导的立场基础上，确立了构建人类命运共同体的"求同存异"的历史辩证法基础。

中国社会科学院大学教授王伟光指出，中国共产党在唯物史观指导下的百年历程及其辉煌成就，给世界人民以启示：唯物史观是人类最先进、最科学的世界观和方法论，一旦为人民群众掌握和应用，就能最大限度地发挥人民群众的主动性，推动社会向着客观规律规定的方向发展，使社会面貌日新月异，逐步臻于理想境界。在运用唯物史观指导中国实践进程中，在实践与理论双向互动中，中国共产党又不断地推进马克思主义唯物史观的中国化，创造了 21 世纪当代中国马克思主义唯物史观，为全世界被压迫民族和国家争取独立、解放和社会现代化发展提供了中国理论、中国方案和中国模板。

天津师范大学教授董新春认为，历史主体性问题是人类认识史上的千年难题。马克思主义扬弃了以自由主义为代表的个人主体论，创立了群众史观，首次确定了人民群众的历史主体地位。中国马克思主义者继承了马克思主义人民至上的政治立场，并在客观与主观、宏观与微观、理论与实践的三重关系中不断丰富和发展"人民"内涵，从而在理论上与自由主义、西方马克思主义及苏联马克思主义划清界限，在实践上带领中国人民实现了"站起来"、"富起来"到"强起来"的历史性飞跃。

【教学设计意图】从主体层面来看，马克思主义唯物史观也是群众史观，即始终强调从人民群众出发考察社会历史的创造主体。通过学术研究与讨论，深化学生对马克思主义唯物史观、群众史观的理解。

（二）创新性教学设计

1. 案例分析

（1）《人民的名义》"人物脸谱"

李达康，剧中被设定为汉东省委常委、京州市委书记，历任汉东省委原书记赵立春政治秘书、金山县县长、吕州市委副书记兼市长，林城市委书记等职务，是一个正义无私的人民好官。

角色特点：耿直、纯真、一心为了工作的非典型市委书记。

侯亮平，剧中被设定为人民检察官，先后担任中华人民共和国最高人民检察院反贪污贿赂总局侦查处处长和汉东省人民检察院反贪污贿赂局代局长、局长。

角色特点：睿智正直，有着明确的政治思想，帅气阳光。

祁同伟，剧中被设定为汉东省的公安厅厅长，毕业于汉东大学政法系，汉东大学优秀毕业校友，同时也是高育良的学生之一、侯亮平和陈海的学长。

人物命运：自认为胜天半子，他的情妇是高小琴，他们和赵瑞龙、陈清泉等人相互勾结，并在高小琴的山水集团有暗股份，是山水集团的实际控制人，并利用职务之便谋取利益，在汉东反腐调查的围追堵截中走投无路，最终掏枪自杀。

【教学设计意图】《人民的名义》作为热播剧在2017年火爆全国，之所以掀起收视狂潮和民众舆论，就是在于本剧突出了中国共产党党员干部脱离群众，忘记人民群众是历史主体地位的危险性。启发学生从群众史观出发，坚守无产阶级政党群众路线的重要性。

（2）《感动中国》"人物脸谱"

2013年度感动中国人物胡佩兰颁奖词："技不在高，而在德；术不在巧，而在仁。医者，看的是病，救的是心，开的是药，给的是情。扈江离与辟芷兮，纫秋兰以为佩。你是仁医，是济世良药。"

人物故事：98岁高龄的她行医70年，退休后，仍坐诊27年，坚持每周出诊6天，风雨无阻。"便宜药治大病"是她的口头禅，胡佩兰一生最大的心愿就是让穷人都看得起病，她开药便宜有效，很少超百元。她捐坐诊收入和退休金建50多个"希望书屋"。

2015年度感动中国人物张宝艳、秦艳友夫妇颁奖词："寻寻觅觅，凄凄惨惨戚戚。宝贝回家，路有多长？茫茫暗夜，你们用父母之爱，把灯火点亮。三千个日夜奔忙，一千个家庭团聚。你们连缀起星星点点的爱，织起一张网。网住希望，网住善良。"

人物故事：因儿子一次意外走失，让这对夫妇开始关注寻亲信息，并尝试为丢失孩子的父母提供帮助。2007 年，张宝艳自费创办第一家公益寻人网站"宝贝回家寻子网"。2009 年，张宝艳提出"关于建立打击拐卖儿童 DNA 数据库的建议"得到公安部采纳，免费为寻子家长和找家的孩子采血比对，目前，该数据库已盲比成功 6000 多个家庭。截止到 2019 年 7 月，网站注册志愿者已达到 30 余万人，宝贝回家已经促成了 5000 多个家庭团圆，其中包括 3000 多个走失被拐儿童家庭。

2020 年度感动中国人物张桂梅颁奖词："烂漫的山花中，我们发现你。自然击你以风雪，你报之以歌唱。命运置你于危崖，你馈人间以芬芳。不惧碾作尘，无意苦争春，以怒放的生命，向世界表达倔强。你是崖畔的桂，雪中的梅。"

人物故事：2000 年，在云南"儿童之家"工作的张桂梅看到了很多农村贫困家庭的不幸，她希望创办一所免费女子高中，彻底解决山区贫困问题。2008 年，云南省丽江市华坪女子高级中学（以下简称华坪女高）成立，这是全国唯——所免费女子高中，专门供贫困家庭的女孩读书。截至 2020 年，已有 1645 名大山里的女孩从这里走进大学完成学业，在各行各业做贡献。华坪女高佳绩频出之时，张桂梅的身体却每况愈下，患上了 10 余种疾病。张桂梅说："当听到学生大学毕业后能为社会做贡献时，我觉得值了。她们过得比我好，比我幸福，就足够了，这是对我最大的安慰。"

【教学设计意图】通过案例中默默坚守、奉献的这些普通人的不凡事迹，体现人民群众对历史发展的决定作用全面地体现在社会各个方面，他们不仅是社会物质财富的创造者、社会精神财富的创造者，还是社会变革的决定力量。引发学生深入体会"人民，只有人民，才是创造世界历史的动力"。所以，无产阶级政党必须把为人民谋利益作为自己全部实践活动的出发点和归宿，必须坚持群众路线，紧紧贴近并依靠人民群众这个党的力量之源和胜利之本，充分调动人民群众的积极性，尊重群众的首创精神。

2. 课堂讨论

马克思说："人们自己创造自己的历史，但是他们并不是随心所欲地创造，并不是在他们自己选定的条件下创造，而是在直接碰到的、既定的、从过去承继下来的条件下创造。"

　　恩格斯说："我们自己创造着我们的历史，但是第一，我们是在十分确定的前提和条件下创造的。其中经济的前提和条件归根到底是决定性的。但是政治等等的前提和条件，甚至那些萦回于人们头脑中的传统，也起着一定的作用，虽然不是决定性的作用。"

　　怎样理解人民群众不能随心所欲地创造历史？

　　【教学设计意图】人民群众不能随心所欲地创造历史，是指人民群众创造历史的作用是受社会历史条件制约的，这些条件主要有经济条件、政治条件和精神文化条件。经济条件对于人民群众的创造活动有着首要的、决定性的影响，它主要指一定历史阶段的生产力水平和生产关系状况；政治条件主要是指社会的政治制度，尤其是国家制度；精神文化条件主要是指一定社会的思想文化传统和意识形态等。

　　3. 视听资料

　　《力量之源》

　　《力量之源》是纪录片《延安岁月》第3集，由中央电视台中文国际频道出品。是资料中有对延安时期中国共产党发动人民群众用"投豆子""举手"等方式实施民主选举的珍贵音像资料，以及新民主主义制度具体安排，反映了当时党的群众路线是获得无产阶级革命根本力量的法宝。

　　【教学设计意图】通过纪录片的生动形式，向学生展示中国共产党坚持群众路线，是对人民群众作为社会历史创造者的根本坚持。

　　4. 知识拓展

　　（1）唯心主义历史观代表观点

　　主观唯心主义历史观（唯意志论）：把人们意识、道德精神、英雄意志等作为社会历史的支配力量，主张少数帝王将相、英雄豪杰的意志可以决定历史进程，人类历史是由这些"大人物"随心所欲地创造的观点。这一派观点认为，社会历史是由意识、精神创造的，而这种精神是伟大人物、英雄人物的精神，因而历史是由英雄创造的。由此可知，主观唯心主义英雄史观只看到了精神的作用，看不到物质的作用，只看到了个人的作用，看不到群众的作用，只看到了英雄的作用，看不到劳动大众的作用。

　　代表观点1：近代中国知名的思想家梁启超："大人物心理之动进稍易其软，而全部历史可以改观。""历史者，英雄之舞台也，舍英雄几无历史。"

　　代表观点2：中国近代新文化运动领袖之一胡适："英雄人物吐一口痰在地上，也许可以毁灭一村一族；他起个念头，也许可以引起几十年的血战。他也许一言可以兴邦，一言可以丧邦。"

代表观点3：德国哲学家尼采：历史的意义在于"超人"的诞生，"超人"具有"决定一切的力量"，"可以使千万年的历史生色"；人民群众是一堆任人使用的"无定形的材料"，是一块需要雕刻家加工的"石头"。

代表观点4：英国19世纪著名史学家托马斯·卡莱尔："全世界的历史所进行的一切，实际上都是降生到这个世界上来的伟大人物的思想的外在的物质的结果，是他们的思想的实现和体现。这些伟大人物的历史真正构成了全世界历史的灵魂。"世界史"实际上是一部在地球上建立功业的伟大人物的历史"。

客观唯心主义历史观（宿命论）：认为社会历史是由冥冥中某种很神秘的精神力量所决定的，历史不过是在实践和执行一种人们不知的"隐秘的计划"。这种神秘的力量和"隐秘的计划"是"天命""上帝""绝对精神"等。

代表观点1：柏拉图在他的《理想国》中宣扬，奴隶主贵族是"神"用"金子"做的，是最高贵的，"具有统治的能力而适于统治人"；武士是"神"用"银子"做成的，他们是"统治者的辅助者"，而农夫和手艺人是"神"用"铜"和"铁"做成的，只能受统治；至于奴隶，在柏拉图看来，不过是"会说话的工具"。

代表观点2：德国哲学家黑格尔认为，历史不是个人随意创造的，而是决定于某种"客观精神"。宇宙精神是历史必然性的基础，历史人物不过是"宇宙精神"的受托人。拿破仑是"马背上的时代精神"，他"骑着马，驰骋全世界，主宰全世界"。世界历史是伟大人物和王朝的历史，而不是一般人民的历史。

【教学设计意图】通过引介、梳理唯心主义历史观的典型观点，让学生能够批判地看待唯心史观，从而树立正确的唯物主义历史观。

（2）非马克思唯物主义历史观

弗朗西斯·福山——历史终结论

冷战结束以后，如何评价资本主义制度和社会主义制度及其命运，成为东西方理论界普遍关注的现实问题。在这一背景下，福山抛出了所谓的"历史终结论"。在他看来，苏联解体、东欧剧变，冷战的结束，标志着共产主义的终结，历史的发展只有一条路，即西方的市场经济和民主政治。在他看来，人类社会的发展史，就是一部"以自由民主制度为方向的人类普遍史"。自由民主制度是"人类意识形态发展的终点"和"人类最后一种统治形式"。

塞缪尔·亨廷顿——文明冲突论

1993 年，亨廷顿提出"文明冲突论"，3 年后写就了著名的《文明的冲突与世界秩序的重建》。在他看来，权力还会一如既往地在全球政治中扮演中心角色，但在权力之外，还有其他的东西存在。18 世纪，欧洲的君主政体对抗着首先在美国后来在法国出现的共和政体。19 世纪，不少民族与人民开始尝试定义自身的民族主义，以及创立体现他们民族性的国家。20 世纪，意识形态占据主要地位，法西斯主义、自由民主主义等，自由民主主义至少在理论上已经被接受。未来全球政治关系的焦点会是文化身份差异、文化对抗性和文化关联性。国家间会加强合作，尤其是当他们分享共同的文化时，这在欧洲会表现的最突出。政治很大程度上会被文化相似性与对抗性所引导。因此，今后国际间的冲突将主要在各大文明之间展开，这种异质文明的集团之间的社会暴力冲突（他称之为"断层线战争"）不但持久而且难以调和。

历史虚无主义

历史虚无主义把历史视为一种无主体的偶然结果，否定历史唯物主义与历史决定论，否定一切的历史观点和思想倾向。可具体划分为：类型一，错误价值观念先行。当然，历史虚无主义所宣称的价值观念是经过筛选的，即要符合西方所谓自由、民主、人权等价值；类型二，打着学术研究的旗号，以"考证""还原"虚无历史。历史虚无主义者披着"如实还原、秉笔直书"的学术外衣，辩称其研究的目的在于尽可能地还原史实；类型三，是以所谓"重新认识"为名，丑化、诋毁伟大领袖和英雄人物。历史虚无主义者的所谓"重新认识"，除了胡乱编造、无底线地造谣中伤，大部分也是有伎俩的。比如，对革命领袖、英雄人物只抓一点或某些局部事实，以偏概全，或者无限放大其缺点。

【教学设计意图】通过批判地看待各种错误的历史观，指出这些历史观的唯心主义缺陷，使学生深刻体会马克思主义历史观是正确认识历史的方法论，在历史研究中秉持实事求是的根本原则上，体现客观分析的研究方法。马克思主义历史观指出历史观是人们对社会历史的根本观点和看法，马克思主义唯物史观为人们观察社会历史提供了根本科学方法论。

5. 情景再现

开展"平凡心，不凡者"活动，每个学生搜集一个社会中的平凡者的真实案例，要求这些平凡者在平凡的岗位上踏实工作，发生过令他们难忘的工作经历或故事。

【教学设计意图】通过在课上课下开展实践活动，帮助学生深刻体会人民群众对社会历史发展的重要作用。

（三）挑战度教学设计

1. 疑难问题解答

社会发展是社会基本矛盾运动的结果，可历史事件又是人们意志的"合力"造成的，两者不矛盾吗？这与"国家兴亡，匹夫有责"是怎样的关系？

人类社会的发展是生产力与生产关系、经济基础与上层建筑之间这一社会基本矛盾推动的结果。其中，生产力是人类社会发展的根本动力。在生产力中，人是最活跃的因素，人不仅可以通过自己的实践提高自己的能力和素质、改进劳动资料、改造自然界，使之适合自己的需要，而且还可以通过一系列历史活动，改革上层建筑中不适合经济基础、生产关系中不适合生产力发展的方面，推动生产力和经济社会的全面发展。

社会是由人组成的。历史中的每个人都会或多或少的对历史发展产生影响。恩格斯曾经说过，在历史过程中，许多相互冲突的单个意志构成无数力的平行四边形，形成一个推动历史前进的总合力，在这个合力中，每个意志都有所贡献，都不等于零。从这段话可以得出两点结论：第一，社会发展是一个合目的性与合规律性相统一的过程。每个人都可以在历史上起一定的作用，社会历史就是在许多单个意志的相互冲突中产生的；第二，每一个人积极的或消极的历史活动都会成为历史事件具体内涵的组成部分，成为整个人类意志中的合力因素和影响历史前进的力量。所以，不能否认任何一个普通社会成员在社会发展中的作用。

"国家兴亡，匹夫有责"的理念充分体现了个人奋斗作为人类意志合力组成部分在历史事件中的作用。宰相必起于州部，猛将必发于卒伍，杰出人物都来自人民群众，他们所提出的理论和实践要么建立在无数代前人和当代人民群众历史活动的基础之上，要么离不开千百万人民群众的参与。只有立足于广大人民群众的利益和要求，代表人类社会历史发展的趋势或方向的实践，才能成为推动人类社会发展进程的重大历史事件。

【教学设计意图】通过经典作家恩格斯的原话，进一步引导学生认识唯物史观并不否定个人在社会历史中的作用，强调社会历史发展是无数个人合力作用的结果，是在遵循社会基本矛盾推动人类社会发展的客观规律前提下，发挥人的主观能动性，所形成的历史合力。鼓励新时代的大学生，科学认识群众史观，树立"国家兴亡，匹夫有责"的胸襟抱负，现在为振兴中华而学习，将来为复兴中华做出自己毕生的贡献。

2. 典型试题解析

（1）单选题

关于历史人物的作用有着不同的观点，比如有一种说法是"李杜文章在，光焰万丈长"。还有一种说法是"天不生仲尼，万古如长夜"。这两种说法（　　）。

A. 前者肯定了历史人物的作用，后者是英雄史观

B. 都是主观唯心主义

C. 前者是历史唯物主义，后者是历史唯心主义

D. 都是主张人民群众是历史创造者的唯物史观

答案：A

【教学设计意图】本题考查学生对两种历史观的辨析能力。

正确评价历史人物的方法是（　　）。

A. 古为今用方针

B. 历史分析方法

C. 彻底批判的革命精神

D. 全盘否定的分析方法

答案：B

【教学设计意图】本题考查学生对评价历史人物时的科学的历史分析方法和阶级分析方法。

（2）多选题

历史唯心主义的主要缺陷是（　　）。

A. 承认杰出人物在历史发展中的重大作用

B. 承认意识的能动作用

C. 没有考察人们历史活动的思想动机

D. 没有客观地说明人民群众是创造历史的动力

答案：CD

【教学设计意图】本题考查学生对唯心主义历史观的认知程度。

"一言可以兴邦，一言可以丧邦"，英雄人物的个别举动可以改变历史发展的方向。这种观点是（　　）。

A. 否认历史偶然性的机械决定论

B. 否认历史必然性的唯意志论

C. 唯心主义非决定论在历史观上的表现

D. 重视必然性作用的历史唯物主义

答案：BC

【教学设计意图】本题主要考查学生运用唯物史观批判唯心史观的能力。

党的群众路线的理论基础有（　　）。

A. 人民群众是历史发展的决定力量的原理

B. 人民群众和杰出人物共同创造历史的原理

C. 实践、认识、再实践、再认识循环往复以至无穷的人类认识的规律原理

D. 从个别到一般，再从一般到个别的认识过程原理

答案：ACD

【教学设计意图】本题考查学生对无产阶级政党群众路线内容的认识。

（3）简答题

我们应如何看待历史虚无主义？

从根本上看，历史虚无主义抱有明确的政治意图，反对党的领导和中国特色社会主义制度，本质上是一种反动的政治思潮。尽管历史虚无主义打着学术的、尤其是历史学的旗号，但在研究方法上是根本错误和极其混乱的，它不是任何一种学术思潮，而是伪科学。当前，我们必须旗帜鲜明地坚持唯物史观的理论指导，同历史虚无主义进行坚决彻底的斗争，深刻揭露其错误和荒谬。

【教学设计意图】通过解释历史虚无主义的问题，进一步坚定马克思主义唯物史观，避免学生在日常生活中看待各种言论学说时陷入历史虚无主义的陷阱。

3. 课后实践作业

① 阅读马克思的《德意志意识形态》

② 阅读弗朗西斯·福山的《历史的终结》，在该书中福山提出，有两大力量在共同推动着人类历史的前进，一个是现代自然科学的逻辑，一个是黑格尔—科耶夫所谓的"寻求承认的斗争"：前者驱使人类通过合理的经济过程满足无限扩张的欲望，后者则驱使人类寻求平等的承认。随着时间的推移，这两股力量最终导致各种专制暴政倒台，推动不同文化的社会建立起奉行开放市场的自由民主国家。紧随而来的问题是，在"历史的终结处"，政治经济的自由平等，是否能够产生一个稳定的社会，让生活在其内的人得到"完全的满足"，抑或，"最后的人"被剥夺了征服欲的出口，不可避免地导致他们冒险一试，让历史重返混乱与流血状态？无论中国或西方，政治思潮与体制均源远流长，表现或良莠不等，如何从中比较归纳出精华，不但是所有政治

学者的责任，也是包括中国在内世界各国政治家的使命。

③阅读·亨廷顿的《文明的冲突》，在本书中亨廷顿提出，属于不同文明的国家和集团之间的关系不仅不会是紧密的，反而常常会是对抗性的。但是，某些文明之间的关系比其他文明更具有产生冲突的倾向。在微观层面上，最强烈的断层线是在伊斯兰国家与东正教、印度、非洲和西方基督教邻国之间。在宏观层面上，最主要的分裂是西方和非西方之间；在以穆斯林和亚洲社会为一方，以西方为另一方之间，存在着最为严重的冲突。

【**教学设计意图**】通过文本阅读，对比马克思主义新历史观与其他历史观的区别，增强学生对马克思主义唯物史观的理解。

第四章

资本主义的本质及规律

专题教学设计一　商品经济与价值规律

一、教学设计目标

知识目标：了解有关资本主义生产关系的产生、劳动二重性形成商品二因素、价值

规律、货币的形成及本质等基本知识、基本概念和基本理论。

能力目标：能够运用劳动价值论、价值规律等理论分析各种经济现象和问题。

价值目标：运用唯物史观的基本原理，深入了解资本主义生产方式产生的历史必然性，进一步增强对马克思主义"两个必然"原理的深刻理解。

二、教学设计要点

（一）资本主义生产关系的产生

1. 资本主义产生途径资本主义生产关系于 14 世纪末 15 世纪初在地中海沿岸的一些城市出现，其产生途径有两个：一是从小商品经济分化而来。在简单商品经济条件下，由于商品生产者的主客观条件不同，一些生产条件好、掌握新技术的手工业者日益富裕起来，他们不断扩大生产规模，原来的手工作坊逐渐变成了资本主义性质的手工工场，他们也逐渐变成了工业资本家。与此同时，一些生产条件较差、经营不善的手工业者日趋贫困，直至破产，进而变成雇佣劳动者；

二是从商人和高利贷者转化而来。封建社会末期，随着商人所积累的财富不断增加，一些大商人成为包买商。他们不仅包销小商品生产者的全部商品，

还供给他们原料和设备，从而切断了小商品生产者与销售市场和原料市场的联系。这样，小商品生产者逐渐失去了经济上的独立性而沦为雇佣工人，包买商则成为工业资本家。

2. 资本的原始积累

资本主义制度的确立需要具备两个基本条件：一是大量有人身自由但失去生产资料的劳动者；二是少数人手中积累了大量的货币财富。小商品生产者的分化和商人高利贷者的转化只是在创造这两个条件，而资本的原始积累则在加速这个过程的完成。

资本的原始积累发生在资本主义生产方式确立之前的初始资本的形成过程中。在西欧，资本原始积累开始于15世纪后30年，经过16世纪达到高潮，一直延续到19世纪初才结束。资本原始积累的方法主要有两个：一是用暴力剥夺农民的土地，如"羊吃人"的圈地运动；二是利用国家政权的力量敛财。一方面，他们用武力侵占殖民地，屠杀当地居民，贩卖奴隶和毒品，掠夺大量的金银财物，从而积累了巨额的货币资本。另一方面，新兴资产阶级还通过发行公债、增加捐税等方法，加强对本国人民的掠夺。总之，资本原始积累的事实表明，资本主义的发家史就是一部罪恶的掠夺史，正如马克思所说："资本来到世间，从头到脚，每一个毛孔都滴着血和肮脏的东西。"

（二）商品的二因素和生产商品的劳动二重性

1. 商品经济产生的历史条件商品经济是以交换为目的而进行生产的经济形式。商品经济的产生必须具备两个条件：一是社会分工的出现；二是生产资料和劳动产品属于不同的所有者。

2. 商品二因素商品二因素是使用价值和价值。商品的这种能够满足人们需要的属性就是商品的使用价值。在商品经济中，商品生产者是为了获得商品的价值才关心商品的使用价值的。使用价值体现的是商品的自然属性。商品的价值是指凝结在商品中的无差别的一般人类劳动，是指人类脑力和体力的消耗，不同商品的价值可以进行量的比较。价值是商品的社会属性，体现的是商品生产者之间相互交换劳动的关系。一种物品没有使用价值，自然也没有价值；一种物品有使用价值，但若不是劳动产品，也没有价值，如阳光、空气等。

3. 生产商品的劳动二重性决定商品的二因素劳动二重性即具体劳动和抽象劳动。在一定的具体形式下进行的劳动叫作具体劳动，具体劳动创造商品的使用价值，体现劳动的自然属性。另外，各种劳动都是体力和脑力的耗费，这叫抽象劳动，体现的是劳动的社会属性，反映的是商品生产者相互交换劳动的社会关系。具体劳动和抽象劳动是同一劳动过程的两个方面，不是两次劳动或两种劳动。

（三）私有制基础上商品经济的基本矛盾

私人劳动和社会劳动的矛盾构成了私有制商品经济的基本矛盾，这一矛盾贯穿于商品经济发展过程的始终，决定着商品经济的各种内在矛盾及其发展趋势。在资本主义制度下，这种矛盾进一步发展成资本主义的基本矛盾，即生产资料的资本主义私人占有和生产社会化之间的矛盾。

私人劳动和社会劳动的矛盾决定着商品经济的本质及其发展过程。商品经济是以交换为目的的经济形式，交换体现了商品经济的本质。商品经济的交换本质正是由私人劳动和社会劳动的矛盾决定的。私人劳动要转换为社会劳动，就必须用自己的产品去同别人的产品交换，交换是解决私人劳动和社会劳动矛盾的唯一途径。

私人劳动和社会劳动的矛盾是商品经济其他一切矛盾的基础。商品的使用价值不能直接进行量的比较，只有将其还原为抽象劳动才能进行量的比较。具体劳动能否还原为抽象劳动，根本上取决于私人劳动和社会劳动能否实现统一。

私人劳动和社会劳动的矛盾还决定着商品生产者的命运。商品的售卖过程是私人劳动转化为社会劳动的过程，这个过程进行得是否顺利，直接决定着商品生产者的经济利益乃至命运。

（四）价值量和价值规律

商品的价值量取决于社会必要劳动时间。社会必要劳动时间是在现有社会正常的生产条件下，在社会平均的劳动熟练程度和劳动强度下生产某种使用价值所需要的劳动时间。

商品价值量与劳动生产率的提高成反比。劳动生产率通常有以下两种表示方法：一是单位时间内生产的产品数量；二是单位产品所耗费的劳动时间。

价值规律：社会必要劳动时间决定商品价值量；商品交换必须按照等价交换的原则进行。

价值规律的表现形式：商品价格受供求关系影响，围绕价值上下波动。

价值规律的作用：自发调节生产资料和劳动力在社会生产各部门之间的分配；自发刺激社会生产力的发展；自发调节社会收入分配。

价值规律自发调节经济活动的消极后果：可能导致垄断的发生，阻碍技术的进步；可能引起商品生产者的两极分化；可能出现生产部门比例失调的情况，造成社会劳动和资源的浪费。

（五）马克思主义劳动价值论的实践意义和理论意义

实践意义：扬弃了英国古典政治经济学的观点，为剩余价值论的创立奠定了基础；揭示了商品经济的一般规律，为社会主义市场经济理论的发展提供了理论指导。

理论意义：深化对马克思主义劳动价值论的认识，对生产性劳动做出新的界定，生产性劳动应当包括大多数非物质生产领域的服务性劳动；深化对科技人员、管理人员在社会生产和价值创造中所起作用的认识；深化对科技、知识、信息等新的生产要素在价值创造中作用的认识；深化对价值创造和价值分配关系的认识。

三、教学设计方案

（一）高阶性教学设计

1. 经典原文解读

（1）关于资本主义形成的论述

资产阶级在它不到一百年的阶级统治中所创造的生产力，比过去一切时代创造的全部生产力还要多、还要大。自然力的征服，机器的采用，化学在工业和农业中的应用，轮船的行驶，铁路的通行，电报的使用，整个大陆的开垦，河川的通航，仿佛用法术从地下呼唤出来的大量人口——过去哪一个世纪料想到在社会劳动里蕴藏有这样的生产力呢？

——马克思和恩格斯：《共产党宣言》，《马克思恩格斯选集》第1卷，人民出版社，1995年版，第277页

资本主义社会的经济结构是从封建社会的经济结构中产生的。后者的解体使前者的要素得到解放。

——马克思：《资本论》第1卷，《马克思恩格斯全集》第44卷，人民出版社，1998年版，第822页

【教学设计意图】引导学生了解资本主义的形成过程及特征，如它是从封建社会的经济结构中产生的，其生产力比过去一切世代创造的全部生产力还要多、还要大。

（2）恩格斯：《反杜林论》，第三编 社会主义，二、理论，《马克思恩格斯选集》第3卷，人民出版社，1995年版，第343－677页

恩格斯在这部著作的政治经济学编中对杜林全面攻击马克思主义政治经济学的基本原理的观点进行了透彻批判，系统地论述了马克思主义政治经济学的基本原理。关于马克思主义的劳动价值论，杜林把商品的价值和价格混为一谈，认为二者没有什么区别，只是表现形式不同，一个用货币来表现，一个不用货

币来表现。马克思主义政治经济学认为，商品的价值量大小，取决于生产商品时所耗费的社会必要劳动时间，而价格是商品价值的货币表现，是以价值为基础的。

【教学设计意图】带领学生开拓政治经济学视野，感受马克思的政治经济学与杜林等人的不同。

2. 学术观点拓展

（1）西方学者对马克思主义劳动价值论的讨论

自从马克思主义劳动价值论创建以来，受到了资产阶级经济学家不断的责难和攻击，特别是新的科技革命浪潮袭来时，总有些人宣称马克思主义劳动价值论过时了。因此，一百多年来，西方学者对马克思主义劳动价值论基本上都持诋毁和否定的态度。

第一阶段：中心问题是《资本论》第三卷的价格理论是否与第一卷的价值理论存在逻辑上的矛盾。当时，奥地利资产阶级经济学家庞巴维克认为《资本论》第三卷同第一卷自相矛盾，前者否定了后者，硬说马克思主义体系会因而陷入崩溃。因此，他主张以边际效用价值论取代马克思主义劳动价值论。这一理论认为，价值并非商品内在的客观属性，它不过是表示人的欲望同物品满足这种欲望的能力的关系，即人对物品效用的感觉和评价。效用就是价值的源泉。这一理论至今仍然在西方经济学中有着重要影响。

第二阶段：20 世纪中叶，当西方经济出现严重滞涨时，马克思主义劳动价值论的争论再度掀起高潮。争论的重点是马克思的价值理论能否解释商品之间相对价格的决定。具体来说就是，由于劳动价值论包括价值体系和价格体系，所以，价值体系究竟怎样调节价格体系？价值体系内部各范畴与子系统之间在逻辑上能否保持一致?，比如，复杂的熟练的劳动究竟如何确切地还原为简单的非熟练的劳动并正确地加以计量，等等。

第三阶段：20 世纪七八十年代，西方经济学中开始盛行起商品价值理论，主张按照新剑桥学派代表人物斯拉法的思想修正马克思的价值理论，即把价值源泉从劳动一个因素推广到商品生产中所有的商品投入要素。也就是说，商品价值由多要素决定。

综上所述，对于西方学者对马克思主义劳动价值论的研究和争论，我们不应当采取一概否定的态度，而应当吸收借鉴其中科学的理论成果，这将有助于我们在新的历史条件下发展马克思主义劳动价值论。比如，斯拉法的商品生产的要素决定论就为我们研究社会主义市场经济条件下的价值决定问题提供了例证。

【教学设计意图】拓展学生对马克思主义劳动价值论的理解，尤其是西方经济学者对它的批评，对于学生全面理解马克思主义劳动价值论大有裨益。同时也让学生体会马克思主义政治经济学与西方经济学的不一致之处。

（2）资本特殊与资本一般

在《资本论》中，马克思是把资本作为资本主义特有的经济范畴来研究的，因而揭示了资本的本质是资本对雇佣劳动的剥削。而从辩证的观点看，任何事物都是特殊性与一般性的统一，资本也不例外。事实上，马克思在研究资本主义生产方式的同时，也考察了"生产一般"和"资本一般"的问题。他指出，"生产一般"是指"生产的一切时代有某些共同标志，共同规定。生产一般是一个抽象，但是只要它真正把共同点提出来，定下来，免得我们重复，它就是一个合理的抽象"。正因为如此，马克思在《资本论》中也论述了商品生产、商品流通、社会分工、信用和证券等与社会生产相关的一般性原理。同样，马克思也对"资本一般"做了研究。他说："资本一般，这是每一种资本作为资本所共有的规定，或者说是使任何一定量的价值成为资本的那种规定。"这种"资本一般"，简单概括起来就是资本在其循环运动中实现价值增值的价值。

根据马克思的论述，这种"资本所共有的规定"，即"资本一般"或资本共性，可以概括为以下几方面：第一，资本的功能在于增值，资本是一种能自行增值的价值。利用资本从事商品生产、商品经营和信用活动的目的是获得利润或利息，这是资本与货币的本质区别。第二，资本的生命在于运动，它是一种处于不断运动中的价值。"作为资本的货币，其流通本身就是目的，因为只是在这个不断更新的运动中才有价值的增值。因此，资本的运动是没有限度的"。第三，资本的生产过程是以劳动力市场的建立为前提的。投资者通过购买生产资料和劳动力，使二者结合起来生产出新的商品，实现价值增值。只要具备上述基本条件货币就可以转化为资本。

【教学设计意图】让学生更深刻、更全面地了解马克思关于资本的表述，更深刻、更全面地理解资本的本性和功能。

（二）创新性教学设计

1. 案例分析

（1）各具特色的市场经济

市场经济是世界上大多数国家所采用的经济体制，但在不同制度背景下具有不同的特征。

"野生植物"——美国的自由市场经济模式。私人资本主义、私人企业一直被视为美国市场经济的一个特征，私人企业构成了美国经济的基本版图。美国政府对经济的干预力度较小是其的又一个特征，虽然从历史上看，政府干预呈提高趋势。同时，美国的市场经济垄断程度很高，垄断与竞争并存是其经济体制的特点。

"人工培育的植物"——德国的社会市场经济模式。社会市场经济从 20 世纪 50 年代以来被德国经济学家和政治家当作社会保障网与自由竞争相辅相成的经济体制，被称为一条"中间道路"。二战后，德国经济处于瘫痪状态。由于社会市场经济的实行，联邦德国的经济开始快速恢复，到 20 世纪 60—70 年代已取得令人瞩目的成就。但社会市场经济也存在体制管理僵化、限制竞争等不利于经济发展的问题。

"政府主导型"——日本的市场经济模式。与欧美发达国家相比，日本政府干预的力度和作用的范围都大得多，并且与法国的经济模式有许多相似之处，即都是靠中央计划和市场机制共同协调经济。二战后，日本经济濒临崩溃，但经过 30 多年的努力，日本就成功跻身世界强国之林。日本政府有选择地进行干预，在保障经济运行效率的同时，比较好地协调了国民经济各部门之间的比例关系，是世界上单位产出成本最低的国家之一，这在很大程度上弥补了其资源稀缺的先天不足。

"从摇篮到坟墓"——瑞典的福利市场经济模式。该经济模式是以福利为国家制度特征的市场经济国家所采用的模式，主要存在于社会民主党或社会党执政的北欧国家，如挪威、瑞典等，尤其以瑞典最为典型。它们以改良的社会民主主义理论为指导，以充分就业和社会公平为目标，在工人运动的推动下，通过社会民主党和工会共同奉行的一种市场经济发展模式，基本上实现了"从摇篮到坟墓"的全面社会福利，使整个社会的生活质量有了极大提高。但瑞典模式也经历了一个由兴起到鼎盛再到衰落的过程，自 20 世纪 70 年代以后，瑞典的工业发展大大落后于它在五六十年代的水平，并落后于经济合作与发展组织（Organization for Economic Co-operation and Development，OECD，简称经合组织）的平均水平，过度福利是这一模式衰落的根本原因。

【案例分析】市场经济的基本体制与不同的社会制度相结合会呈现出不同的特点。首先，所有制结构不同，市场经济模式不同。其次，收入分配方式不同，其市场经济模式也不同。美、日、德等国的收入分配是以效率为基本准则的，对公平的关注相对较少，而挪威、瑞典等国的收入分配更加关注公平，通过社会保障制度进行广泛的再分配，力图兼顾公平与效率。最后，政府作用的范围和方式不同，其市场经济模式亦不同。虽然美国政府的作用越来越大，但它所坚持的仍然是自由主义，政府是社会经济发展的"守夜人"。德、日等国的政府作用力度比较大，除了法律规范，政府还要制定各种政策和措施保障经济顺利运行。北欧政府的作用力度和干预范围更大，以至于一定程度上付出了效率的代价。

【教学设计意图】通过这一案例，让学生感受不同市场经济模式的不同特点。引导学生思考中国特色社会主义市场经济模式与以上这些模式的共同点与不同点，以及以上这些国家的市场经济模式哪些对中国更有借鉴意义。

（2）互联网企业的成功符合马克思主义劳动价值论

今天，部分互联网企业的巨大成功使一些人对马克思主义劳动价值论产生了动摇。例如，有人声称，在《资本论》原有的前提假设下，交换劳动不属于"活劳动"，不能创造价值。然而现代商品经济的空前繁荣和商人团体的迅速崛起，尤其是当今"互联网＋"的巨大成功，都使得上述结论略显"空中楼阁"之态。积压在仓库中、堆放在货架上的商品要让渡其使用价值进而实现其价值的过程，迫切需要高质量的交换劳动才能够实现。此时的交换劳动，不仅仅是完成了简单的时空对接，还必须完成品种、数量及价格的双向契合。在尤其注重个性化的今天，显而易见这并不容易实现，需要劳动者投入大量的时间、劳动和智慧。这其中既有具体劳动也有抽象劳动，与生产性劳动在本质上并没有什么不同。且同样是商品实现其价值的必要环节，在物质大发展的今天甚至比生产劳动更为重要。互联网对传统贸易的促进有力地证明了这一点。使用电子商务交易手段的买卖匹配实现了井喷式的增长，足见纯粹流通环节蕴含的潜力之大，而且这种潜力已经成为当前经济社会发展程度下最需要、最重要的价值。他们进而认为，交换劳动的价值创造是劳动价值论的重要补充。如果交换劳动可以创造价值，那么在交换活动上耗费的时间（从社会必要的角度来看）越多，商品的价值就越高，从而商品的价格也越高。然而，我们看到的却是，使用了电子商务交易手段的商品的价格通常会下降。

【案例分析】电子商务与非电子商务一样，其经营者所以能够获得利益，都是由于加速了产业资本的循环，从而使得在同一时间内，产业资本能够产生更多的剩余价值，进而从产业资本那里瓜分了多出来的剩余价值。这一点在《资本论》中分析商业资本时已经得到了充分的说明。只不过由于电子商务相比非电子商务减少了流通中所需要的资本，加速了资本周转，所以在降低商品价格的同时比非电子商务获得了更多的利益。网络信息之所以能够带来收益，其原因也在于此。

【教学设计意图】通过让学生联系实际，分析当今社会互联网企业的成功来洞悉劳动价值论在今天的意义，从而破除有些人认为"劳动价值论过时了"的思想。

（3）"蒜你狠""豆你玩""姜你军"是怎么产生的？

2010 年前后"蒜你狠""姜你军""豆你玩"等词汇成为网络上流行的时髦用语。这些网络热词的出现，反映了市场上大蒜、生姜、绿豆等农副产品价格出现大幅上涨的现实问题。每一轮农产品在接力般的涨价之后，幽默的网友们就纷纷在各大网络论坛上大晒每日账本和省钱秘笈，还创造出一系列的网络热词，比如"豆你玩"是根据相声"泰斗"马三立先生的著名相声段子《逗你玩》改编而来，还有"蒜你狠""姜你军"等，形象地反映了网友们对物价上涨的无奈和调侃。

那么，是什么导致了农副产品物价上涨？经济学者们认为，资本炒作是市场价格暴涨的主因。例如，资本以高价囤积大豆，造成大豆企业无法收购足够的大豆储备；而粮食加工企业又无法以较低的价格收购大豆，从而导致没有大豆油供应市场。因此，资本囤积大豆的结果可能是推动大豆价格上涨，并进一步推动大豆油价格的上涨，从而造成"豆你玩"现象。因此，必须充分发挥政府部门、中介组织、龙头企业、信托网建设等多方面的作用，有效利用大数据，建立专门的数据平台，建立起生产、流通、消费各个环节的信息监测、预警和发布机制。

【教学设计意图】市场资源的自发调节存在着盲目性，会导致社会资源的浪费。在农副产品猛涨现象的背后，其实存在着社会游资的炒作和投机行为，通过囤积居奇的方式来人为地制造供不应求的假象。因此，作为"看得见的手"的政府必须进行合理的市场调控，才能更有效地保证市场的稳定和繁荣。本案例有助于学生对市场经济与政府调节之间的合理关系进行辩证的认识。

2. 课堂讨论

随着经济和社会的发展，一个以知识创新为特征的新经济正在深刻地改变着人们的生产和生活方式。以信息技术和知识为核心的现代科学技术和现代经营管理成了除资本、劳动力和土地之外的另两项重要的生产要素，而且在生产过程中发挥着越来越重要的作用。显而易见，现代社会劳动的形式已经发生了深刻的变化，劳动支出由体力为主变成了脑力为主。脑力劳动又可分为理论研究型、知识应用型、技术创新型和经营管理型等。在 21 世纪里，现代劳动的知识含量空前增大，劳动的创造性日益提高，脑力劳动的主导作用日益增强。

讨论1：如何认识马克思主义劳动价值论在当今时代的进一步拓展和深化？

讨论2：如何认识科学技术在价值创造中的作用？

【教学设计意图】加深学生对新时代马克思主义劳动价值论的理解，尤其是对"生产性劳动"亦应包括服务性劳动的拓展性理解，以及理解由科学技术带来的复杂性劳动在单位时间内能创造更大价值。

3. 视听资料

（1）《从哪里来》

《从哪里来》是央视纪录片《货币》第2集，《货币》是中央电视台制作的一部10集大型纪录片，每集45分钟。这部纪录片是以一种开放、通俗、生动的方式来解读货币的。由货币的起源，货币的发展，货币的崛起，货币的灾难到货币的未来，对货币和政治、经济、文化及社会运行秩序之间的关系进行了一次较为全面深入的梳理。。

【教学设计意图】本集从历史的角度梳理了货币的产生，有助于学生进一步掌握价值形式的4个发展阶段。

（2）《海洋时代》（2006）

纪录片《海洋时代》是央视系列纪录片《大国崛起》第1集。影片讲述了葡萄牙、西班牙等老牌资本主义国家和海上强国的崛起和在资本主义早期通过海洋贸易和海外殖民敛财的过程。深刻揭示了资本主义生产关系产生的时代背景、社会背景，以及资本原始积累的过程。

【教学设计意图】纪录片历史素材丰富，生动有趣，不仅可以拓展学生视野，更可以让学生了解资本主义生产关系诞生的历史背景及资本原始积累的过程。

4. 知识拓展

大卫·李嘉图的英国古典政治经济学

大卫·李嘉图（1772—1823）是英国产业革命高潮时期的资产阶级经济学家，继承和发展了亚当·斯密经济理论中的精华，使古典政治经济学达到了最高峰。

大卫·李嘉图以功利主义为出发点，建立起了以劳动价值论为基础，以分配论为中心的理论体系。他继承了斯密理论中的科学因素，坚持"商品价值由生产中所耗费的劳动决定"的原理，并批评了斯密价值论中的错误。他提出决定价值的劳动是社会必要劳动，决定商品价值的不仅有活劳动，还有投入生产资料中的劳动。他认为全部价值由劳动产生，并在3个阶级间分配，工资由工人的必要生活资料的价值决定，利润是工资以上的余额，地租是工资和利润以上的余额。由此说明了工资和利润、利润和地租的对立，从揭示了无产阶级和资产阶级、资产阶级和地主阶级之间的对立。他的理论达到了资产阶级界限内的高峰，对后来的经济思想有重大影响。

【教学设计意图】英国古典政治经济学是马克思政治经济学的思想和理论来源，引导学生了解李嘉图等人的古典政治经济学思想，对于深入理解马克思主义劳动价值论等政治经济学思想具有重要意义。

5. 情景再现

货币的形成

货币的形成大致经历了四个阶段：一是简单的价值形式，即一种商品的价值偶然地、个别地表现在另一种商品上；二是扩大的价值形式，即一种商品的价值表现在与它相交换的一系列商品的价值上；三是一般的价值形式，即若干种商品固定地与一种充当一般等价物的商品进行交换；四是货币，即从商品世界中分离出来的一种固定充当一般等价物的特殊商品，比如金银。

试用情景剧或对话、小品等形式表演或讲述上述内容。

【教学设计意图】以情景对话方式帮助学生理解和掌握货币形成的历史及货币的本质。

（三）挑战度教学设计

1. 疑难问题解答

信息社会里，为什么不应该用"知识价值论"或"技术价值论"取代"劳动价值论"？

应该坚持马克思关于"人的抽象劳动是价值的唯一源泉"这一劳动价值论的基本观点。同时，要充分肯定科技、知识、信息等非生产要素在提高生产效率、促进生产力发展、增加使用价值和价值形成中的重要作用。科学技术本身不能创造价值，但在生产中的应用可以改进劳动形式、劳动技巧和劳动方法，使劳动对象的范围更广，性能更好，从而有利于劳动生产率的提高。科学技术还可以为劳动主体所掌握，从而提高劳动效率，创造出更多更好的使用价值和价值。所以，应充分认识科学技术在提高劳动生产率方面的作用，把大力发展科技摆到重要位置，但科技只能作为要素物化到劳动主体和劳动对象中，并不能否定"劳动价值论"。

【教学设计意图】"劳动价值论"作为一百多年前提出的理论，总有人在新时代质疑其合理性。要引导学生结合新时代特点，如科技的快速发展，来深刻理解劳动价值论。让学生认识到它并没有过时，而是我们需要拓展对其内涵的理解。

2. 典型试题解析

（1）单选题

商品经济是通过商品货币关系实行等价交换的经济形式，它的基本规律是（　　）。

A. 价值规律　　B. 剩余价值规律　　C. 竞争规律　　D. 货币流通规律

答案：A

【教学设计意图】考查学生对商品经济、价值规律等基本概念的理解。

商品生产者要获得更多收益，就必须使生产商品的个别劳动时间（　　）。

A. 大于社会必要劳动时间

B. 等于社会必要劳动时间

C. 小于社会必要劳动时间

D. 等于倍加的社会必要劳动时间

答案：C

【教学设计意图】考查学生对商品价值定义的理解。

简单商品经济的基本矛盾是（　　）。

A. 私人劳动与社会劳动的矛盾

B. 具体劳动与抽象劳动的矛盾

C. 体力劳动与脑力劳动的矛盾

D. 简单劳动与复杂劳动的矛盾

答案：A

【教学设计意图】考查学生对简单商品经济基本矛盾的理解。

能够满足人们某种需要的商品属性是（　　）。

A. 使用价值　　B. 价值　　　　C. 交换价值　　D. 剩余价值

答案：A

【教学设计意图】考查学生对使用价值和价值概念的区分。

体现在商品中的劳动二重性是（　　）。

A. 简单劳动与复杂劳动　　　　　B. 具体劳动与抽象劳动

C. 私人劳动与社会劳动　　　　　D. 体力劳动与脑力劳动

答案：B

【教学设计意图】考查学生对劳动二重性概念的理解。

（2）多选题

价值规律的内容和要求是（　　）。

A. 商品交换以商品的价值量为基础

B. 商品交换必须遵循等价原则

C. 价格与价值经常不一致，价格往往要背离价值

D. 价格围绕价值上下波动

E. 商品的价值量由生产商品的社会必要劳动时间决定

答案：ABE

【教学设计意图】考查学生对价值规律基本内涵的掌握。

单位商品的价值量与生产这种商品的(　　)。

A. 劳动生产率成正比

B. 劳动生产率成反比

C. 社会必要劳动时间成正比

D. 社会必要劳动时间成反比

D. 使用价值量成正比

答案：BC

【教学设计意图】考察学生对商品价值量基本定义的理解。

(3) 辨析题

价值规律要求商品交换按照由社会必要劳动时间决定的价值量进行等价交换，因此，商品的价格和价值总是保持一致。

答案解析：错误。在现实的商品交换中，价格与价值不一定保持一致。这是因为，价格虽然以价值为基础，但它还受到供求关系等因素影响，因此，价格围绕价值上下波动，才是价值规律的表现形式。

【教学设计意图】考察学生对价值规律及其表现形式的理解。

3. 课后实践作业

阅读《资本论》(第一卷·第一篇商品与货币)，撰写学习心得。

制作一个反映《资本论》(第一卷·第一篇商品与货币)基本内容的微视频。

【教学设计意图】通过阅读文章与制作视频，使学生更加深入掌握商品经济与劳动价值论的主要观点与内容。

专题教学设计二　资本主义经济制度的本质特征

一、教学设计目标

知识目标：理解和把握剩余价值的概念、生产剩余价值的两种方式，以及生产剩余价值的前提是劳动力成为商品和货币转化为资本等。

能力目标：运用马克思主义的立场、观点、方法分析与理解剩余价值的产生过程，能够计算剩余价值率、利润率等。

价值目标：感受马克思剩余价值论的基本内涵，了解剩余价值来自工人的抽象劳动创造的价值，坚定工人阶级受剥削的信念和自己的马克思主义信仰。

二、教学设计要点

（一）劳动力成为商品与货币转化为资本

1. 劳动力成为商品的基本条件第一，劳动者是自由人，可以把自己的劳动力当作商品自由支配；第二，劳动者没有生产资料，只能将劳动力出卖给资本家。劳动力成为商品，标志着简单商品生产发展到资本主义商品生产的新阶段。在这一阶段，资本家与工人的关系，形式上是自由、平等的买卖关系，实质上是资本主义的雇佣劳动关系。马克思说："罗马奴隶是由锁链，雇佣工人则是由看不见的线系在自己的所有者手里。"

2. 劳动力商品的使用价值和价值

劳动力商品的价值由生产、发展、维持和延续劳动力所需要的生活资料的价值来决定，包含着历史和道德的因素。它包括三部分：一是维持劳动者本人生存所需要的生活资料的价值；二是维持劳动者家属生存所需要的生活资料的价值；三是劳动者接受教育和训练的费用。劳动力商品的使用价值能创造出比劳动力自身价值更大的价值，即剩余价值。

（二）资本主义所有制和所有权

经济意义上的所有制是指事实上生产资料归谁所有、归谁支配，并凭借这种所有和支配实现生产和获得剩余产品（超额利润或利润）。法律意义上的所有制是由占有生产资料的法律原则决定的。所有制关系上升到法律形态属于所有权范畴。二者既有联系，也有区别。所有制是所有权的基础，所有制决定所有权，所有权是所有制的法律形态。

（三）生产剩余价值是资本主义生产方式的绝对规律

1. 剩余价值的生产过程

剩余价值是在资本主义生产过程中生产出来的。资本主义生产过程具有二重性，一方面是物资资料的生产过程；另一方面是剩余价值的生产过程，即价值增值过程，亦即超过一个定点的价值形成过程。剩余价值是由雇佣工人的剩余劳动创造的。资本总是通过各种物品表现出来，但资本的本质不是物，而是能带来剩余价值的价值。

资本在生产过程中采取生产资料和劳动力两种形态，根据这两部分资本在剩余价值生产中所起作用的不同，可以把资本区分为不变资本和可变资本。不变资本是以生产资料形态存在的资本，其价值可以被工人一次或多次转移到产品中，但本身不能增值。可变资本是劳动力资本，由于可以带来剩余价值，所以其价值可以增值，是个可变量。

把资本区分为不变资本和可变资本进一步揭示了剩余价值的来源，即剩余价值是由可变资本所带来的。因此，要确定资本家对工人的剥削程度，可比较剩余价值与可变资本，即 $m' = m/v = $ 剩余劳动/必要劳动 = 剩余劳动时间/必要劳动时间。

2. 剩余价值生产的两种基本方式

绝对剩余价值的生产：在必要劳动时间不变的前提下，由于延长劳动时间而生产的剩余价值。在资本主义制度下，工人的劳动时间包括必要劳动时间和剩余劳动时间两个部分。在必要劳动时间既定的条件下，劳动日越长，剩余劳动时间就越长，资本家从工人身上榨取的剩余价值就越多。

相对剩余价值的生产：在工作日长度不变的条件下，通过缩短必要劳动时间，相对延长剩余劳动时间而生产的剩余价值。缩短必要劳动时间是通过提高全社会劳动生产率实现的。由于社会劳动生产率提高，劳动力的价值降低了，从而缩短了必要劳动时间，相对延长了剩余劳动时间。

在资本主义发展的初期，资本家主要依靠绝对剩余价值的生产来提高剥削程度。随着生产技术条件的不断提高和工人阶级反抗资本家延长劳动日的斗争量的增强，相对剩余价值生产的作用就日益突出了。

3. 资本积累的规律

剩余价值的资本化就是资本积累。马克思关于资本积累的学说是剩余价值理论的重要组成部分：它一方面揭露了资本主义制度下贫富两极分化和失业现象的真正原因，另一方面也深刻阐明了资本主义制度必然走向灭亡的历史命运。

资本家瓜分到剩余价值之后，如果将其完全用于个人消费，则生产就在原有规模上重复进行，这叫资本主义简单再生产。资本主义简单再生产不仅生产商品剩余价值，而且还生产和再生产资本主义生产关系本身：一方面是资本家，另一方面是雇佣工人。因此，资本主义简单再生产是物质资料再生产和资本主义生产关系再生产的统一。但是，资本主义再生产的特点是扩大再生产。资本家获得剩余价值后，并不是完全将其用于个人消费，而是将一部分转化为资本，用于购买追加的生产资料和劳动力，使生产在扩大的规模上重复进行，这就是资本主义的扩大再生产。据此，资本积累是资本主义扩大再生产的唯一源泉。所以，资本积累的本质就是资本家不断地利用无偿占有的工人的剩余价值来扩大自己资本积累的规模，进一步扩大和加强对工人的剥削和统治。

资本家投入到生产过程中的资本，从自然形式上看，总是由一定数量的生产资料和劳动力构成的。在生产资料和劳动力之间存在着一定比例，这个比例叫作资本的技术构成，取决于生产技术的发展水平。生产技术水平越高，每个劳动力所推动的生产资料的数量就越多；反之，就越少。从价值形式上看，资本可分为不变资本和可变资本，这两部分资本价值之间的比例，叫作资本的价值构成。资本的技术构成和价值构成之间存在着密切联系。一般来说，资本的技术构成决定资本的价值构成，这种由资本的技术构成决定并反映技术构成变化的资本的价值构成，叫作资本的有机构成。

在资本主义生产过程中，资本有机构成的提高是一般趋势，这是由资本的本性决定的。为了追求更多的剩余价值，每个资本家必然会改进技术，提高劳动生产率，这样就可以用更少的劳动力推动更多的生产资料，进而使资本的有机构成不断提高。

随着资本积累的增长，一方面，资本主义生产越来越具有社会性，生产过程成为许多人协同进行的社会化大生产；另一方面，资本越来越集中于少数资本家手中，生产什么，生产多少，完全服从于资本家个人追求剩余价值的需要。这样，在生产的社会化和生产资料的资本主义私人占有之间的矛盾日益加剧，这就是资本主义必然灭亡的根本原因。

4. 资本的循环周转与再生产

产业资本在循环过程中要经历三个不同阶段，与此相联系的是产业资本依次执行三种不同职能。第一阶段是购买阶段，即生产资料与劳动力的购买阶段，产业资本执行的是货币资本的职能；第二阶段是生产阶段，即生产资料与劳动力按比例结合在一起从事生产的阶段，产业资本执行的是生产资本的职能；第三阶段是售卖阶段，即商品资本向货币资本的转化阶段，产业资本执行的是商品资本的职能。

产业资本的运动必须具备两个前提：一是产业资本的三种职能形式必须在空间上同时并存，也就是说，产业资本必须按照一定比例同时并存于货币资本、生产资本和商品资本三种形式中；二是产业资本的三种职能形式必须在时间上继起，即产业资本循环的三种职能形式必须在时间上保持连续性。

资本是在运动中增殖的，资本必须不断地循环，才能不断带来利润。如果每次资本周转带来的利润一定，则资本周转越快，在一定时间内带来的总利润就越多。影响资本周转的因素有许多，关键因素有两个，一是资本周转的时间，二是生产资本的构成。

社会生产是连续不断进行的，这种连续不断的重复生产就是再生产。社会再生产的核心问题是社会总产品的实现问题，即社会总产品的价值补偿和实物补偿问题。所谓社会总产品就是社会在一定时期（通常为一年）所生产的全部物质资料的总和。社会总产品在价值形态上又称社会总价值，它包括在产品中生产资料的转移价值（c）和凝结在产品中的由工人必要劳动时间创造的价值（v），以及凝结在产品中的由工人在剩余劳动时间里创造的价值（m）。在物质形态上，社会总产品可根据其最终用途区分为用于生产性消费的生产资料和用于生活消费的消费资料。相应地，社会生产可以分为两大部类，第一部类（I）由生产资料的生产部门构成，其产品进入生产领域；第二部类（II）由生产消费资料的生产部门构成，其产品进入生活消费领域。社会生产的顺利进行，要求生产中所耗费的资本能够得到价值补偿（该卖的能卖掉）及实物补偿（该买的能买到）。

社会总产品要在价值上和实物上得到补偿，客观上要求两大部类内部各个产业部门之间及两大部类之间保持一定的比例关系。而在资本主义生产条件下，这种比例关系很难达成，问题积累到一定程度就会爆发资本主义经济危机。

5. 马克思剩余价值理论的意义

马克思通过分析剩余价值的生产、积累、流通及分配，揭示了剩余价值产生的根源、剩余价值的运动规律及其作用。剩余价值理论是马克思主义经济理论的基石，是无产阶级反对资产阶级、揭示资本主义制度剥削本质的锐利武器。

马克思在分析剩余价值的生产、积累、流通及分配过程，揭示资本主义经济规律的同时，也揭示了商品经济和社会化生产的一般规律，如资本循环周转规律、社会再生产规律、资本积累规律等。撇开制度因素，剩余价值理论对社会主义市场经济发展也具有一定指导意义。

（四）资本主义的基本矛盾与经济危机

1. 资本主义经济危机爆发的根本原因

资本主义私人占有的生产资料与社会化生产力之间的矛盾是资本主义的基本矛盾，是生产力与生产关系的矛盾在资本主义社会的具体体现。

2. 经济危机的周期性特点

经济危机的周期性特点是由资本主义基本矛盾运动的阶段性决定的。当资本主义基本矛盾尖锐化时，社会生产结构会严重失调，进而引发经济危机。随着经济危机的爆发，企业纷纷倒闭，生产大幅度下降，从而使供求矛盾得到缓解，逐步渡过经济危机。但经济危机只能暂时缓解而不能根除资本主义基本矛盾。随着资本主义经济的恢复和高涨，资本主义基本矛盾又重新激化，必然又一次导致经济危机的爆发。因此，只要存在资本主义制度，经济危机就不可避免。

3. 生产相对过剩是经济危机的本质特征

当发生经济危机时，大量商品积压，大批生产企业减产或停工，整个社会经济生活一片混乱。但这种过剩是相对过剩，即相对于劳动人民有支付能力的需求来说显得过剩，而不是相比劳动人民实际需要的绝对过剩。

三、教学设计方案

（一）高阶性教学设计

1. 经典原文解读

（1）关于剩余价值理论的论述

剩余价值学说是马克思经济理论的基石。

——列宁：《马克思主义的三个来源和三个组成部分》，《列宁选集》第2卷，第312页

（2）马克思：《资本论》生产剩余价值或赚钱，是这个生产方式的绝对规律。

——马克思：《资本论》第1卷，《马克思恩格斯全集》第44卷，第714页

作为劳动过程和价值形成过程的统一，生产过程是商品生产过程；作为劳动过程和价值增值过程的统一，生产过程是资本主义生产过程，是商品生产的资本主义形式。

——马克思：《资本论》第1卷，《马克思恩格斯全集》，第44卷，第229－230页

【教学设计意图】这些论述体现了剩余价值学说在马克思主义理论体系中的地位，对于学生全面理解和定位剩余价值理论具有重要意义。

（3）关于资本积累理论的论述

社会的财富即执行职能的资本越大，它的增长的规模和能力越大，从而无产阶级的绝对数量和他们的劳动生产力越大，产业后备军也就越大……产业后备军的相对量和财富的力量一同增长。但是同现役劳动军相比，这种后备军越大，常备的过剩人口也就越多，他们的贫困同他们所受的劳动折磨成反比。最后，工人阶级中贫苦阶层和产业后备军越大，官方认为需要救济的贫民也就越多。这就是资本主义积累的绝对的、一般的规律。

——马克思：《〈资本论〉第1卷（节选）》，《马克思恩格斯选集》第2卷，第258页

在一极是财富的积累，同时在另一极，即在把自己的产品作为资本来生产的阶级方面，是贫困、劳动折磨、受奴役、无知、粗野和道德堕落的积累。

——马克思：《〈资本论〉第1卷（节选）》，《马克思恩格斯选集》第2卷，第259页

【教学设计意图】这些论述体现了资本积累的一般规律以及资本积累的副作用，便于学生对资本积累的规律和作用有一个全面的、辩证的了解，从而真正理解马克思主义理论体系的阶级属性。

2. 学术观点拓展

（1）马克思的资本循环理论对现代企业经营的启示

第一，要协调好购、产、销的关系。现代企业在生产经营活动中要以市场为导向，按照购、产、销的思路组织生产，协调好购、产、销的关系，遵循空间并存性和时间继起性的原则，让资本并存于三个阶段，不停地由一种形式向下一种形式转换，从而为企业带来利润。第二，要合理优化配置资源。在劳动力和生产资料的配置上应该符合技术构成，优化配置资源。同时要做到科技进步与科学管理在生产过程中合二为一，建立良好的激励机制。人是流动资产，在生产中要积极调动生产者的劳动积极性，充分调动资源最大的潜能，从而形成良性循环。

第三，要重视流通环节，加强成本核算。在资本循环中，购买原材料和销售商品处于流通领域。现代企业要加速资本循环，就要缩短流通时间，减少流通费用。此外，资本循环的理论告诉我们，一个循环的终点是另一个循环的起点，也就是说，没有消费就没有生产。现代企业以盈利为目的，而只有商品适销、对路才能盈利。所以，现代企业要把握市场脉搏，选好投资方向，使产品

适应市场需要，这样才能使商品资本顺利转化为货币。因此，现代企业要重视流通环节，加强成本核算，降低成本，以获得尽可能多的利润。

由以上分析可以看出，马克思的资本循环理论以产业资本为例，得出了资本要增值，必须不断运动的特征，同时必须满足资本在空间上并存与时间上继起等条件的结论。

【教学设计意图】马克思的资本循环理论作为其剩余价值理论的一部分，对于社会主义市场经济也具有一定的启示意义。教学中应结合现代企业运营管理向学生展示这部分内容，说明剩余价值理论在今天仍然具有其现实意义。

（2）凯恩斯和马克思关于经济危机理论的异同

凯恩斯关于经济危机成因的理论分析。凯恩斯以有效需求不足为逻辑起点，侧重从经济行为主体的心理角度分析经济危机的成因。他认为，一个经济社会的总收入与总就业量决定于有效需求，而有效需求决定于"消费倾向""对资本未来收益的预期"及对货币的"灵活偏好"这三个基本心理因素。在通常情况下，三个基本心理因素的综合作用形成的有效需求不足。因为社会总需求是由消费需求与投资需求之和组成的，心理上的消费倾向使消费增长赶不上收入增长，因而引起消费需求不足；心理上的灵活偏好及对资本未来收益的预期使预期的利润率有偏低趋势，从而与利息率不相适应，这就导致了投资需求的不足。在这三个产生有效需求不足的心理因素中，凯恩斯特别强调资本边际效率的作用。他认为在经济繁荣后期一般人对资本未来收益作乐观预期，同时成本和利率也随着上升，这时投资必然导致资本边际效率下降，从而投资吸引力减弱，人们对货币流动偏好加强，结果使投资大幅度下降，经济危机爆发。

马克思对经济危机成因的全面系统剖析。马克思的经济危机理论是马克思立足于唯物史观，运用矛盾分析法，从生产（供给）、交换（市场）、消费（需求）到社会经济制度，对经济危机的成因进行的系统全面的分析。在交换上，马克思认为在社会生产力低下条件下的直接产品交换，不具有供给和需求严重脱节的可能性，但随着产品交换发展到以货币为媒介的商品交换，商品内在的使用价值和价值之间的矛盾外化为商品和货币之间的矛盾；货币的流通手段职能使商品的买和卖发生了分离与对立；货币的支付手段职能形成了蕴含货币危机的债务链条。当然，经济危机的根本原因仍然是资本主义私有制。

【教学设计意图】通过比较不同专家对经济危机成因的分析，引导学生对资本主义经济危机的成因和本质有全面和深入的理解。

（二）创新性教学设计

1. 案例分析

（1）网上销售——加速资本周转的新方式

双十一网购狂欢节（一下简称"双十一"）源于淘宝商城（又称天猫）2009 年 11 月 11 日举办的促销活动，当时参与的商家数量和促销力度均有限，但营业额远超预想，于是 11 月 11 日成为天猫举办大规模促销活动的固定日期。以 2019 年双十一成交额重要节点数据为例，14 秒，破 10 亿；1 小时 3 分 59 秒，超 1000 亿。

【案例分析】商业资本是在流通领域中独立发挥作用的资本，是专门从事商品买卖活动以获取商业利润的资本。降低商业流通费用，是增加商业利润的重要途径。20 世纪 90 年代后期，电子商务的兴起大大降低了商业流通费用，节省了商业预付资本，加速了商业资本的周转。电子商务作为新的物流方式，突破了传统商业的时间、地点等因素的限制，节约了许多传统商业所必须投入的成本，如店面、店员等，又可实现零库存经营。另外，由于网络的受众面广，销售渠道宽，企业可以节省广告费等，从而可以加速商业资本的周转。在一定时期内，个别企业加速资本周转，虽然不能降低商品的整体价格，却可以提高企业的利润率。如果多数商业企业都能通过这种方式降低成本，那么就会使商品的销售价格下降，电子商务的价值也就得到了彰显。

【教学设计意图】通过这个案例，可以帮助学生将资本周转结合实践予以理解。（2）重复建设之痛

改革开放以来，我国工业领域有过 3 次较大的重复建设浪潮。第一次在 20 世纪 80 年代，各地竞相上马以彩电、冰箱等为代表的家电制造业。10 年间，全国涌现上百家彩电生产企业，结果导致 2000 年时出现了全行业亏损。第二次在 20 世纪 90 年代，汽车、钢铁成为投资热点。"九五计划"期间，全国 31 个省市自治区中有 29 个把汽车产业作为支柱产业。1999 年，全国汽车生产企业就有 22 家，年生产能力达 240 万辆以上，实际上 1/3 的产能闲置。第三次从 2000 年开始，以电子信息、新材料、生物医药工程为代表的"高新"项目成为各地竞相竞争的焦点和招商引资的重点，结果导致高科技领域的低水平重复建设和低层次恶性竞争加剧。重复建设造成了巨大浪费：一是浪费大量的自然资源和能源；二是浪费大量资金；三是浪费大量的机械设备和原材料。重复建设还会带来财政收入流失，金融风险增加，不少企业产品滞销、面临破产等问题。

【案例分析】重复建设是指在某种产业投资已经饱和的情况下，盲目投资，造成生产能力过剩，生产比例失调的行为。重复建设会妨碍社会再生产的顺利

进行。从改革开放以来的重复建设浪潮来看，重复建设危害甚重：占用大量的土地、能源、资金，带来巨大浪费；造成企业和项目小型化、分散化，降低企业竞争力；引发恶性竞争并导致产品滞销，企业利润下滑；国家财政收入流失；形成不良资产，增加金融风险，加大经济动荡的可能性。马克思社会资本再生产的理论告诉我们，社会再生产的核心问题是社会总产品的实现问题，即社会总产品在价值上得到补偿，在实物上得到替换。重复建设意味着部分产品生产过剩，不能通过市场交换实现价值补偿和实物替换，影响社会总产品的实现。马克思把社会生产划分为两大部类，并认为两大部类之间以及部门内部之间应保持平衡，按比例协调发展。重复建设意味着部分产品供过于求，从而影响社会再生产的顺利实现。

当前，建设节约型社会已成为我国经济社会发展的共识，重复建设和资源浪费的局面必须予以扭转。为此，企业应判断市场需求，国家应加大调控和查处力度，采取措施，坚决杜绝重复建设，保障社会再生产的顺利进行。

【教学设计意图】结合现实案例，引导学生对"社会再生产"的概念有感性的、现实的、具体的认识。

2. 课堂讨论

有人说，当今社会，资本主义国家经历了第三次科技革命，因此，科学与技术成为了价值的源泉，马克思的剩余价值理论已经不再适用于现代资本主义了。你如何认识这种观点？

讨论 1：科学和技术能创造价值吗？

讨论 2：剩余价值的来源究竟是什么？

【教学设计意图】结合实际，让学生深入理解剩余价值理论的内涵及剩余价值的来源，让学生体会到剩余价值理论在如今时代仍然没有过时。

3. 视听资料

（1）《不朽的〈资本论〉》（2018）

该片是纪录片《马克思是对的》的第 3 集。该集从全球金融危机爆发后马克思《资本论》的走红出发，阐明了马克思批判资本主义经济危机的科学理论的时代价值。

【教学设计意图】该片结合现实问题，以现场访谈对话的形式，展示了马克思的资本主义批判理论，有助于学生更好地理解《资本论》的科学内涵与时代价值。

（2）《"五一"劳动节的由来》（2019）

该纪录片讲述了"五一国际劳动节"（International Workers' Day 或 May

Day）的来历。"五一国际劳动节"是世界上 80 多个国家的全国性节日，定在每年的五月一日，它是全世界劳动人民共同拥有的节日。劳动节起源于 1886 年美国芝加哥的工人大罢工，为纪念这次伟大的工人运动，恩格斯组织召开的第二国际成立大会上宣布将每年的五月一日定为国际劳动节。

【教学设计意图】让学生了解"五一国际劳动节"的由来，了解历史上的工人运动以及恩格斯等马克思主义者的贡献。

（3）《英国资本主义的起源》（2009）

纪录片《英国资本主义的起源》是央视系列纪录片《世界历史》第 33 集。影片讲述了英国作为老牌资本主义国家，其资本主义生产关系的形成过程。例如，资本家通过"羊吃人"的圈地运动占有农民土地，包买商将生产者与市场分离开来。等等，最终形成了无产者和资本家两大阶级，为资本主义生产关系的诞生奠定了基础。

【教学设计意图】纪录片以历史的方式，生动再现了英国资本主义生产关系产生的背景和途径，揭示了资本的罪恶，有助于深化学生对马克思主义产生的历史必然性的理解。

（4）《资本主义经济大危机》（2008）

该纪录片是央视系列纪录片《世界历史》第 83 集。该片讲述了 1929—1933年资本主义历史上规模最大、时间最长、破坏最严重的经济危机的状况，如股市暴跌、银行破产、工人失业等。这次大危机的特点是金融危机、产业危机、贸易危机、社会危机和国际危机同时爆发，世界资本主义体系陷入全面混乱。

【教学设计意图】全面展现资本主义经济危机的特点，特别向学生强调它是由资本主义基本矛盾所引起的，且在今天有新的表现特征。

4. 知识拓展

马克思对"三位一体"公式的批判

所谓"三位一体"公式，是法国资产阶级庸俗经济学家萨伊（1767—1832）首先提出来的。他认为资本创造利润，土地产生地租，劳动求得工资。如果把平均利润分割为利息和企业主收入，则企业主收入表现为资本家的工资，利息表现为资本所固有的独特的产物，这样，"三位一体"公式可以归结为"资本—利息，土地—地租，劳动—工资"。在这个公式中，利润作为资本主义生产方式特征的剩余价值形式就被排除在外，资本主义生产关系实质上就被歪曲和掩盖起来了。

仔细考察一下"三位一体"公式就会发现，利润、地租、工资的源泉是劳动者所创造的剩余价值，却被歪曲表现为资本、土地和劳动的价格。首先，资本虽然表现为生产资料，但生产资料本身不是资本，只是在一定的社会条件下，生产资料才具有资本的形式。其次，土地不能创造价值，更不能创造剩余价值，地租是农民创造的剩余价值的一部分转化而来的。最后，作为"人用来实现人和自然之间的物质变换的一般人类生产活动"的劳动，在一切社会都共同存在。而与资本相对立的劳动，即雇佣劳动，才是资本主义社会所特有的。

总之，工资、利润和地租都不过是劳动者所进行的必要劳动和剩余劳动的结果，是劳动者所创造的价值的分配形式，但资产阶级经济学家却倒因为果，掩盖了事情的本质。

【教学设计意图】通过引介马克思对"三位一体"公式的批判，增强学生对资产阶级经济学的意识形态性的理解，进一步掌握剩余价值的转化形态。

5. 情景再现

劳动力的买和卖

劳动力的买和卖是在流通领域或商品交换领域的界限以内进行的，这个领域确实是天赋人权的真正乐园。那里占统治地位的只是自由、平等、所有权和边沁……一离开这个简单流通领域或商品交换领域……就会看到，我们的剧中人的面貌已经起了某些变化。原来的货币所有者成了资本家，昂首前行；劳动力所有者成了他的工人，尾随于后。一个笑容满面，雄心勃勃；一个战战兢兢，畏缩不前，像在市场上出卖了自己的皮一样，只有一个前途——让人家来鞣。

请根据以上内容，以话剧、诗歌、小品等形式展现劳动力买卖的场景。

【教学设计意图】以情景剧的形式可以让学生具体、深刻地感受劳动力买卖的场景和实质，有助于学生理解资本家和工人之间的剥削关系。

（三）挑战度教学设计

1. 疑难问题解答

（1）如何理解社会总资本运动与单个资本运动之间的联系与区别？

联系：它们的运动都是生产过程和流通过程的统一，都是购买、生产和销售三个阶段的统一，在运动中都要采取货币资本、生产资本和商品资本这三种职能形式，也都有货币资本循环、生产资本循环和商品资本循环这三种循环形式，运动目的都是为了实现价值增值。

但社会总资本运动不是所有单个资本运动的简单加和，二者具有重大差别。差别如下：

第一，在单个资本运动中，与之有关的只是生产消费，即生产资料和劳动力在生产过程中的消耗，至于雇佣工人和资本家的个人消费，则属于资本运动过程之外的事情。在社会总资本运动中，不仅生产消费需要满足，而且工人和资本家的个人生活消费需求的满足，都成为了进行再生产、保持运动连续性的必要条件，成为社会总资本运动不可缺少的组成部分。因此，社会总资本运动不仅包括生产消费，而且包括个人生活消费。

第二，在单个资本运动中，只考察资本流通，而不考察一般商品流通。资本流通是资本家为生产和实现剩余价值所进行的资本价值的流通。工人和资本家用所得收入购买消费品，属于一般商品流通，它与剩余价值的生产和实现并无直接关系，因此被排除在运动过程之外。在社会总资本运动中，一般商品流通是供给工人和资本家个人生活消费品的那些单个资本再生产的必要条件，从而成为社会总资本运动的有机组成部分。所以，社会总资本运动不仅包括资本流通，而且包括一般商品流通。

第三，在单个资本运动中，在简单再生产时，剩余价值全部用于资本家的个人消费，退出了资本运动；在扩大再生产时，只有作为追加资本的那部分剩余价值才加入资本运动。在社会总资本运动中，在简单再生产时，剩余价值全部用于资本家个人消费，加入一般商品流通；在扩大再生产时，剩余价值分为两部分，一部分作为追加资本用于生产消费，进入资本流通，另一部分作为资本家的收入用于个人消费，加入一般商品流通。但是，无论是简单再生产还是扩大再生产，用于资本家个人消费的、加入一般商品流通的那部分剩余价值是要向那些生产消费品的资本家购买的，因而它也是社会总资本运动的组成部分。所以，社会总资本运动不仅包含着预付资本价值的流通，而且包含着全部剩余价值的流通。

第四，在研究单个资本运动时，只考察资本再生产中的价值补偿，而将物质补偿抽象化。而在研究社会总资本运动时，物质补偿问题，即资本家生产的商品在价值上得到补偿后，如何与从哪里购买到再生产所需要的生产资料，资本家的收入和工人工资如何与从哪里购买到消费品，就是需要研究的重要问题。所以，社会总资本运动不仅包括资本再生产中的价值补偿问题，而且包括物质补偿问题。

【教学设计意图】学生很容易将社会总资本运动理解为单个资本运动的简单加和，以上内容是为了澄清这二者之间的联系与区别。

（2）马克思的平均利润和生产价格理论及其现实意义是什么？

马克思指出，"利润率的这种平均化显然是结果，而不可能是起点"。实际上，利润率的平均化是通过不同生产部门之间的资本竞争实现的，竞争的主要方式是资本在不同生产部门之间的自由转移。这样，利润率较高的部门会由于资本大量流入、生产规模扩大和产品供给增加，导致商品价格降低和利润率下降；而利润率较低的部门则会由于资本大量流出、生产规模缩小和产品供给减少，导致商品价格提高和利润率上升。

利润率的平均化需要一定条件：一是资本能够更容易、更自由地从一个生产部门、一个地点转移到另一个生产部门、另一个地点，这就要求社会内部有充分的自由竞争和完善的信用制度保证；二是劳动力能够更迅速地进行转移，这就要求废除和取消阻碍劳动力转移的法律。企业要获得平均利润，必须按生产成本加平均利润所构成的价格出售商品，这就是生产价格。也就是说，利润转化为平均利润、价值转化为生产价格是同一个过程。利润平均化过程实际上是全社会的剩余价值在各部门之间重新分配的过程，说明了剩余价值与平均利润的内在联系。在资本主义社会，不同部门的资本家通过竞争共同瓜分整个工人阶级创造的剩余价值，即工人不仅受所在企业资本家的剥削，而且受整个资本家阶级的剥削。

马克思关于平均利润和生产价格形成过程的理论对我国社会主义市场经济具有重要启示，主要包括：要有充分的、公平的市场竞争环境；作为市场经济主体的企业，要有自主经营权；资本等生产要素要能够在各部门之间合理流动；要建立主要由市场形成价格的机制；等等。

【教学设计意图】引导学生加深对利润、平均利润、价值、价格等概念的理解，以及马克思的剩余价值理论对我国社会主义市场经济理论的启示意义。

2. 典型试题解析

（1）单选题

产业资本循环的第二阶段是(　　　)。

A. 购买阶段　　　　B. 生产阶段　　　　C. 销售阶段　　　　D. 流通阶段

答案：B

【教学设计意图】考查学生对产业资本循环几个阶段的理解。

根据资本转移方式，可以把生产资本划分为(　　　)。

A. 不变资本和可变资本　　　　　　B. 固定资本和流动资本

C. 产业资本和商业资本　　　　　　D. 生产资本和商品资本

答案：B

【教学设计意图】考查学生对固定资本和流动资本的理解。

研究社会再生产的核心问题是社会总产品的(　　　)。

A. 生产问题　　　B. 分配问题　　　C. 实现问题　　　D. 消费问题

答案：C

【教学设计意图】考查学生对"社会再生产"概念的理解。

利润率反映的是(　　)。

A. 预付总资本的增殖程度　　　　B. 不变资本的增殖程度

C. 可变资本的增殖程度　　　　　D. 资本家对工人的剥削程度

答案：A

【教学设计意图】考查学生对"利润率"概念的理解。

资本主义再生产的特点是(　　)。

A. 物质资料再生产　　　　　　　B. 简单再生产

C. 生产关系再生产　　　　　　　D. 扩大再生产

答案：D

【教学设计意图】考查学生对"资本主义再生产"概念的理解。

（2）多选题

商品经济产生和存在的基本条件是(　　)。

A. 社会生产力的发展和社会分工的存在

B. 存在不同的经济利益主体

C. 生产过剩

D. 科学技术的发展

E. 市场机制的作用

答案：AB

【教学设计意图】考查学生对"商品经济"的理解。

纺织厂的资本家购买的用于生产的棉花属于(　　)。

A. 不变资本　　　B. 固定资本　　　C. 可变资本　　　D. 流动资本

E. 生产资本

答案：AD

【教学设计意图】考查学生对不变资本、可变资本、固定资本、流动资本等概念的理解。

（3）辨析题

资本就是生产资料，如厂房、机器、设备等。

答案辨析：错误。不变资本表现为生产资料，可变资本表现为劳动力。此外，资本的本质并不是物，而是体现在物上的生产关系，即资本家剥削雇佣工人的关系。

【教学设计意图】加深学生对"资本"这一概念的理解，尤其是"资本"的本质。

3. 课后实践作业

深入调研一家企业（包括互联网企业或平台），研究企业与市场之间的互动机制，撰写一篇研究报告。

【教学设计意图】通过实践使学生深入理解马克思的劳动价值论、剩余价值论等政治经济学的重要理论及其在当今时代的作用机制。

专题教学设计三　资本主义政治制度和意识形态

一、教学设计目标

知识目标：从总体上了解资本主义国家政治制度、意识形态及其本质，了解其与封建专制相比的积极意义及历史局限性。

能力目标：运用马克思主义的立场、观点和方法分析资本主义政治制度的问题。

价值目标：通过了解资本主义政治制度和意识形态，坚定自己对中国特色社会主义道路的信念。

二、教学设计要点

（一）资本主义政治制度及其本质

1. 资本主义国家的职能及实质

资本主义国家的职能是以服务于资本主义制度和资产阶级利益为根本内容的，是资产阶级进行政治统治的工具。资本主义国家的职能包括对内和对外两方面，对内实行政治统治和社会管理，对外进行国际交往和维护国家安全及利益。

从历史唯物主义的观点看，资本主义国家作为资产阶级利益的体现，在经济上要求自由竞争、等价交换，在政治上要求形式上的自由民主、正义平等，这些特征与奴隶制、封建制国家相比，显然是人类政治生活上的一大进步，但这种进步并没有改变资本主义国家是资产阶级对人民进行阶级统治和阶级压迫工具的性质。

2. 资本主义政治制度的内容

资本主义政治制度包括资本主义的民主和法制、政权组织形式、选举制度、政党制度等。

资本主义民主制度是与资本主义生产方式相适应而发展起来的。随着资本主义生产方式的发展，资产阶级在反对封建专制的斗争中逐渐提出了符合自身利益和要求的"主权在民""天赋人权""分权制衡""社会契约论""自由、平等、博爱"等政治思想，并在这些思想的指导下建立起了资本主义民主制的国家。在不危及资本主义国家安全和资产阶级根本利益的前提下，给予民众一定的选举、言论、出版、集会、结社、游行示威等权利和自由。

资本主义法制也是随着资本主义经济的发展而产生的，它是与资本主义民主结合在一起的。宪法是资本主义国家法律制度的核心。资本主义国家的宪法是在几个基本原则基础上建立起来的，如所有制原则、主权在民原则、分权与制衡原则、人权原则等。

资本主义国家的选举是资产阶级制定某种原则和程序，通过竞选产生议会和国家元首的一种政治机制。从形式上看，竞选是公民参与国家事务的重要形式；从实际作用上看，选举制是协调统治阶级内部利益关系和矛盾的重要措施。

3. 资本主义政治制度的本质

资本主义政治制度的形成和发展在人类历史进程中曾经起过重要作用。这种进步作用表现在：资本主义政治制度作为上层建筑，曾推动了社会生产力的大幅发展，促进了社会进步；资本主义政治制度使人民享有了比封建专制下更多的社会政治自由，促进了人类进步；资本主义政治制度在其历史发展进程中积累了相当丰富的政治统治和社会管理经验，对于社会进步同样具有重要意义。

但是，由于资本主义政治制度本质上是资产阶级进行政治统治和社会管理的手段和工具，是为资产阶级专政服务的，因此它不可避免地具有其历史局限性：资本主义民主是金钱操纵下的民主；法律名义上的平等掩盖着事实上的不平等；资本主义政党制是一种维护资产阶级统治的政治制度。

（二）资本主义的意识形态及本质

资本主义意识形态是在资本主义国家中占统治地位的、反映资产阶级利益和要求的各种思想理论和观念的总和，包括大多数人文社会科学理论、学说或意识形式。其特点可以概括为：资本主义意识形态是资本主义社会条件下的观念上层建筑，是为资本主义经济基础服务的；其本质是资产阶级意识的集中体现，也是人类文化发展的特定形式和环节之一，是人类文明进步的体现。

三、教学设计方案

（一）高阶性教学设计

1. 经典原文解读

（1）关于资本主义政治制度的论述

资产阶级民主同中世纪制度比较起来，在历史上是一大进步，但它始终是而且在资本主义制度下不能不是狭隘的、残缺不全的、虚伪的、骗人的民主，对富人是天堂，对被剥削者、对穷人是陷阱和骗局。

——列宁：《无产阶级革命和叛徒考茨基》，《列宁选集》第 3 卷，人民出版社，1995 年版，第 601 页

所有一切压迫阶级，为了维护自己的统治，都需要两种社会职能：一种是刽子手的职能，另一种是牧师的职能。刽子手的任务是镇压被压迫者的反抗和暴乱。牧师的使命是安慰被压迫者，给他们描绘一幅在保存阶级统治的条件下减少痛苦和牺牲的前景，从而使他们顺从这种统治。

——列宁：《第二国际的破产》，《列宁选集》第 2 卷，人民出版社，1995 年版，第 478 页

【教学设计意图】让学生感受比起封建专制资产阶级民主的历史进步性，同时认识到其作为资产阶级政治统治工具的本质。引领学生了解资本主义意识形态的特征和功能是通过论证资本主义制度的合理性、资本主义民主的普遍性等来实现其"牧师职能"的。总的来说，应引导学生辩证地理解和看待资本主义政治制度。

（2）恩格斯：《家庭，私有制和国家的起源》（九），《马克思恩格斯选集》第 4 卷，第 158 – 179 页

恩格斯在该书中运用辩证唯物主义和历史唯物主义的基本原理，对原始社会的发生、发展和解体的历史过程作了科学阐述，深刻地揭示了原始公社制的发展规律、以私有制为基础的阶级社会的产生过程、家庭形式的发展及其特点、一夫一妻制家庭的起源、国家的起源及其阶级实质等，并指出国家随着共产主义的胜利而消亡的历史必然性。恩格斯指出了资本主义国家的阶级实质，它们仍然是阶级压迫的工具，在那里没有劳动人民的民主自由，并批驳了国家是保卫全体公民利益的超阶级力量的资产阶级观点。最后，他指出，随着社会生产力的高度发展，共产主义社会必将到来，那时阶级不可避免地要消失，从而国家也不可避免地要消失。

【教学设计意图】引领学生阅读这部分原著，是为了让学生了解马克思主义的国家理论和资本主义国家的本质，了解私有制和人类社会的发展规律，坚定自己的马克思主义信仰。

2. 学术观点拓展

（1）"天赋人权"和"分权制衡"理论

"天赋人权"理论主张人天生享有生存、自由、平等追求幸福和财产等权力的资产阶级学说，是17—18世纪自然法学派所提出的。认为个人在"自然状态"所享有的某些权利是不可剥夺和不可出让的，当这种权利受到统治者破坏时人民有权推翻其统治，恢复自己的"天赋人权"，这一学说为资产阶级推翻君主专制提供了思想和武器。

"分权制衡"理论是17—18世纪以来资产阶级思想家提出的，关于国家的主要权力相互独立由不同部门分别执掌和相互牵制的学说。源于古希腊亚里士多德的分权思想，但作为一种学说，最早由英国的洛克提出，认为分权是保障自由平等和私有财产、防止专制压迫的最好办法。18世纪，法国孟德斯鸠继承和发展了洛克的思想，明确阐述了分权与制衡理论，提出立法、行政、司法三权分立相互牵制的思想，为近代资产阶级国家的形成和政治法律制度的建立提供了理论依据。

（2）国家是社会经济关系的体现

国家是人类社会发展到一定阶段的产物，是伴随着家庭和私有制的出现而产生的。作为政治上层建筑，国家是社会经济利益的体现，是为经济基础服务的。

马克思主义的国家学说认为，国家具有鲜明的阶级性，因为国家本身就是阶级统治的工具。现代西方国家理论虽然不以阶级性作为国家的实质，但也视国家为强势利益集团夺取国民财富的工具。在阶级利益和社会集团利益的冲突中，国家并非完全中立。在资本主义社会，国家总是把统治集团甚至是统治者个人的利益放在第一位，不惜牺牲广大社会民众的利益。

总体而言，在资本主义社会，统治阶级与被统治阶级的关系是既对立又统一的矛盾的两个方面。第一，统治阶级与被统治阶级相互对立，统治者占有的利益越多，被统治阶级的利益就越少，反抗也就越大。第二，统治阶级与被统治阶级相互统一。这是因为，国家的政治统治职能不可能脱离被统治阶级孤立存在。无论是政治统治，还是谋取最大统治集团或统治者的利益，都要以社会经济发展为基础，都要以统治集团内部利益的协调为前提。离开社会经济发展，政治统治就不可能持续，而离开社会成员特别是统治集团内部的利益协调，那将是永远的战争，政治统治也无从谈起。从被统治阶级的利益方面看，生活、劳动环境稳定、有序，经济上能够养家糊口，是他们最低的生存要求。此外，随着社会发展，他们还有教育、卫生、国防等方面的需要。这些生活条件和生活需要只能靠国家来提供。因此，在一定的历史条件下，或一定的利益限度内，统治者与被统治者也存在相互依存性。

在资本主义社会，统治者与被统治者既对立又统一的关系产生了国家相应的两个基本职能，即政治统治职能和社会管理职能。

国家的社会管理职能是政治统治职能的实现形式，但由于政治统治职能与社会管理职能存在矛盾的一面，以及统治者自身的能力原因，国家的社会管理职能未必都能如愿。通常情形是，政治统治职能取代社会管理职能，进而导致政治权力的倾覆。

实际上，许多西方学者也把以私有制为基础的国家视为统治者利益最大化的工具。通过所谓财产权利和所有权结构的所谓"界定"，统治者将推行一套使他们的"租金"最大化的制度。这从另一个方面印证了马克思"国家不外是资产者为了在国内外相互保障自己的财产和利益所必然要采取的一种组织形式"的科学论断。

（二）创新性教学设计

1. 案例分析

（1）英国民众伦敦街头抗议民主失效，英美媒体集体失声

2014 年 10 月 17 日以来，英国数百名反政府示威者聚集在伦敦议会广场，举行"占领民主"（Occupy Democracy）运动，抗议英国政府的腐败和失效的选举制度。运动仅仅开展不到 3 天，就遭到伦敦警方的强势介入，约 40 人遭拘捕。与中国香港几乎同时发生的"占中"事件形成鲜明对比的是，之前对香港的所谓"民主运动"大唱赞歌的英美主流媒体，对于发生在西方国家的这场波涛汹涌的街头抗议活动多保持沉默，不予报道。

"占领民主"运动是 2011 年席卷欧美的"占领华尔街"运动的延续，其官方网站上阐述了组织者和参与者的诉求，即表达对英国政府腐败和代议制民主的不满。"占领民主"运动的组织方称："所谓民主并不是每 4 年或（现在）每 5 年的选举，而是民众的声音能够被倾听。一个将利益置于民众之上的政府无民主可言。"组织方表示，他们想要的民主是代表 99% 民众利益的民主，而不是代表少数企业、银行和富人精英的民主。一名示威者对媒体称，"我们的威斯敏斯特（英国议会）出了问题，我们选举出的政治家并不代表我们"。

【案例分析】当代西方国家为其民主制度披上了许多美丽的外衣，如"全民

民主""普遍民主""永恒民主"等，还把其民主制度作为一种"普世价值"不断向外推销，我们究竟应该如何看待西方民主制度？

固然，资本主义民主制度有其历史进步性，但这种民主是建立在资本主义私有制基础上的，是以不损害资产积极利益为前提的，是以保证资产阶级对人民群众的阶级统治为目的而建立起来的制度，是服务于资本主义制度的民主，是少数人的民主。资本主义民主是西方独特的政治、经济、历史、文化的产物，不是放之四海而皆准的唯一政治模式。要深刻认识其虚伪性，认清其作为资产阶级统治工具的阶级本质，以免被其民主的外表所误导和迷惑。

【教学设计意图】通过案例分析揭示资本主义民主的本质，引导学生讨论民主的核心和本质究竟是什么，坚定学生对中国特色社会主义道路和中国特色民主的信心。

（2）三大因素导致欧洲民粹政党崛起

2008年金融危机以来，尤其是2014—2015年的难民危机以来，欧洲民粹政党纷纷崛起，引起各界关注。其中比较知名的有奥地利自由党、国民阵线、德国的选择党、北方联盟、五星运动、荷兰自由党、英国独立党等。分析人士认为，民粹党在欧洲崛起并非偶然，而是结构性政治危机和外部诱因双重作用的结果。

首先，欧洲内部的民主政治代表性危机。表现为普通民众对政治精英阶层越发不满，认为主流政党的政策不能代表自己的意愿，这反映在不断下降的党派注册人数和选举投票率上。与此同时，欧洲各主流党派并未及时采取有效措施来应对这一危机。民粹政党则借机声称替全球化利益受损者尤其是受教育程度较低的底层群体发声，这让它们赢得了不少支持。

其次，欧洲金融危机是导致民粹主义势力大增的外部诱因之一。2008年金融危机爆发所带来的影响和欧洲联盟（European Union，EU，以下简称欧盟）随后采取的大范围财政紧缩政策，进一步加深了普通大众对精英决策层的不满，间接给予了民粹主义者更大的政治空间。

最后，移民、难民危机也对民粹政党助益颇多。自2014年中东、北非的穆斯林难民大举涌进欧洲以来，欧盟没有迅速拿出系统的解决方案和行动，坐失良机，任由难民问题发展成难民危机；再加上近些年来法国、德国、比利时等频繁发生的恐怖袭击和移民犯罪事件在欧洲公众中引发了不安全感，民粹主义因此获得了更强的号召力。

【案例分析】政党是特定阶级利益的集中代表，是代表一定阶级、阶层或集团的根本利益，为达到政治目的，特别是为了获得政权和保持政权而建立的一种政治组织。资本主义国家的政党是阶级和阶级斗争发展到一定历史阶段的产物，在国家政治生活中发挥着重要作用，如代表资产阶级执掌政权、对政府施加政治影响、控制议会、制定和推行符合资产阶级利益的方针、政策；操纵选举；控制群众团体和舆论宣传；等等。

2. 课堂讨论

据美国有线电视新闻网（CNN）2021 年 12 月 13 日报道，美国每 100 名老年人中就有一人死于新冠。根据美国疾病控制和预防中心（CDC）发布的数据，该国超过 3/4 死于新冠的人年龄在 65 岁或以上。

讨论 1：我们应如何理解美国政治制度的利弊？

讨论 2：资本主义国家的职能是什么？应如何看待？

【教学设计意图】让学生结合实际，全面理解和看待资本主义政治制度的利弊。

3. 视听资料

（1）《起底"美式民主"》（2021）

由中国国际电视台（CGTN）制作的两集大型专题片《起底"美式民主"》2021 年 12 月 9 日播出上线。美国以"民主典范"自居，却无视本国劣迹斑斑、岌岌可危的民主现状和以战争为手段、强制对外输出"美式民主"造成惨重的国际人道主义灾难，召开所谓"民主峰会"，歪曲民主要义，乱设民主标准，甚至把民主当成服务一己之私的政治工具，在世界上搞各种小圈子，制造分裂和对抗。"美式民主"究竟是为民主，还是为霸权？专题片用事实说话，近距离审视"美式民主"在美国国内的乱象和倒退以及在国际上的失信与式微。

【教学设计意图】让学生通过观摩视频和撰写观后感等，感受当代美国政治制度特别是"美式民主"的虚伪，进一步坚定中国特色社会主义民主的立场和信心。

（2）《英国议会改革》（2009）

该纪录片是系列纪录片《世界历史》第 50 集，本集讲述了英国是怎样通过议会改革，如调整衰败选区的票数给新兴工业区、调整上议院和下议院的票数比例、限制上议院权利和扩张下议院权利等，从而扩大新兴资产阶级的民主权利、推进英国的民主化进程的，是一部通过调整上层建筑从而推进社会生产力发展的历史记录。

【教学设计意图】英国议会是英国政治制度和选举制度的代表，观赏该片，可以让学生全面领略英国政治制度和选举制度的特征及其本质。

4. 知识拓展

社会契约论

西方政治思想史中用契约关系解释社会和国家起源的政治理论，它把社会和国家看作人们之间订立契约的结果。一般认为契约分两种，社会据以成立的契约称为社会契约，政治机构或政治权威据以成立的契约称为政治契约。契约论思想最早可以追溯到古希腊智者派。其后，哲学家伊壁鸠鲁对其作了更为明确的论述。它盛行于17—18世纪，主要代表人物有荷兰的斯宾诺莎、英国的霍布斯、洛克和法国的卢梭等。这一时期的契约论一般以自然法学说为基础，认为人类最初生活在没有国家和法律的自然状态中，受自然法支配，享有自然权利。但由于种种不便，人们就联合起来，订立契约，成立国家，以便更好地实现自然权利。不同的政治思想家对契约的形式和性质的理解有所不同，霍布斯认为，人们为了自我保护订立契约时，把自己的权利交给了统治者，统治者因而不受契约的约束，拥有专制的权利。洛克认为，统治者也是契约的参与者，契约的目的是保护人的生命、自由和财产，所以政府权力应受到限制。卢梭认为，人们在订立契约时，把自己的全部权利都转让给了共同体，即国家，所以，人民是主权者，政府只是主权者意志的执行者，这些不同的政治结论，反映了资产阶级在不同历史时期的政治需要，在反封建的斗争中起到了政治作用。

【教学设计意图】社会契约论作为资本主义意识形态，是资本主义政治制度的基础或精神实质。上述内容有助于深化学生对资本主义意识形态以及资本主义政治制度的理解。

5. 情景再现

美国大选

美国大选可谓是历史上最精彩的"政治真人秀"。选举年的3月，美国最重要的两大政党——民主党和共和党，其各州代表人物先分别在全国范围内游说以选出两党的全国代表，最后在选举年的11月进行巅峰对决，按"选举人票"制度选出美国总统。这一过程可谓"八仙过海，各显其能"，候选人可以组建自己的选举团队全国游说，或者建立网站，发表各种政论，甚至大打亲情牌、感情牌等，以获得选民青睐，当然也上演了各种丑闻和闹剧。

请根据以上描述，选出两个小组同学，分别代表民主党和共和党的竞选团队，以话剧、诗歌、小品等形式展现以上内容。

【教学设计意图】以情景剧的形式帮助学生理解和体会西方资本主义的选举制度，特别是在"美式民主"掩盖下的人性和制度，进而坚定学生对我国走中国特色社会主义道路的信心和决心。

（三）挑战度教学设计

1. 疑难问题解答

（1）如何理解"美式民主"的弊端？

民主是全人类的共同价值，是各国人民的权利，而不是哪个国家的专利。实现民主的方式有多种，不可能千篇一律。用单一标尺衡量世界丰富多彩的政治制度，用单调的眼光审视人类五彩缤纷的政治文明，本身就是不民主的。每个国家的政治制度应由这个国家的人民自主决定。

历史上，美国民主的发展有其历史进步性，政党制、代议制、一人一票、三权分立等是对欧洲封建专制的否定和革新。但是，随着时间的推移，美国的民主制度逐渐异化和蜕变。当下的美国，对内应切实保障民众的民主权利、完善自身民主制度，对外应承担更多的国际责任，提供更多的公共产品。

当前，国际社会正面临新冠肺炎疫情、经济增长放缓、气候变化危机等全球性紧迫挑战。各国应该超越制度分歧，摒弃"零和博弈"思维，践行真正的多边主义，弘扬和平、发展、公平、正义、民主、自由的全人类共同价值，相互尊重、求同存异、合作共赢，共同构建人类命运共同体。

【教学设计意图】由于美国在国际上的地位，"美式民主"享有很大的话语权。"美式民主"听起来很"民主"，一人一票，似乎给了人民很大的权利，但人民的自由放任和政府不作为更多地使"美式民主"沦为"美式民粹"，且候选人更多的是资本家集团的代表。要通过这部分内容引领学生全面了解"美式民主"的实质。

（2）如何理解资本主义意识形态的本质和内容？

马克思的社会结构分析法中，意识形态属于上层建筑的一部分。一般而言，意识形态的性质总是经济基础性质的反映，并为经济基础服务。资本主义经济基础的实质是资本主义私有制和雇佣劳动。因此，资本主义意识形态的核心是维护资本主义私有制的个人主义和利己主义。

历史上，在反对教会统治和封建专制的斗争中，资本主义意识形态曾发挥了巨大的进步作用，如文艺复兴运动、新教运动和启蒙运动等，资本主义意识形态所提供的的锐利思想武器，在把人从"神"和"王"的禁锢中解放出来，让人正视自己的存在和价值，同时，也为资本主义自由放任的生产方式以及与之相适应的资本主义国家制度提供了强大的精神支撑和智力支持。

资本主义意识形态确立了人本主义的价值观，强调个人需要、个人发展、个人幸福，并试图通过对个人与国家权力的规范与界定，将民主、自由等政治主张纳入国家制度建设中。资本主义以为借助"看不见的手"和承担"守夜人"职能的政府就能实现自由、民主的理想，于是"资本来到世间"，而且成了真的"统治者"。

不可否认的是，在发展生产力方面，资本主义的确取得了巨大成就，资本主义在创造出巨大财富的同时也在制造着贫困，在推崇平等、自由、幸福价值观的同时，也造成了人类新的、空前的不平等；在借助市场经济实现效率的同时，却引入了剥削和压迫。

19世纪中后期，资本主义意识形态的虚假性和辩护性已暴露无遗，收到了来自多方面的政治、经济学说的质疑，甚至批判。揭露资本主义社会本质及其发展趋势的科学理论——马克思主义就是在这样的时代背景下诞生的。

继马克思主义之后，批判西方资本主义制度的各种社会思潮可谓此起彼伏，绵延不断。另外，随着资本主义生产社会化的进一步发展，资本主义的意识形态也处于不断调整与变动中。

【教学设计意图】要引领学生辩证地理解资本主义意识形态，一方面是它比起封建专制的进步性，另一方面是它的虚伪性。要透过资本主义社会各种五花八门的现象看到资本主义意识形态的本质特征。

2. 典型试题解析

（1）单选题

资本主义国家法律制度的核心是（　　）。

A. 宪法　　　　　B. 民法　　　　　C. 刑法　　　　　D. 私有制

答案：A

【教学设计意图】考查学生对资本主义法律制度核心的理解。

资本主义国家政权采取的是（　　）。

A. 分权制衡的形式　　　　　　　B. 集中统一治理的形式

C. 中央集权的形式　　　　　　　D. 分别治理的形式

答案：A

【教学设计意图】考查学生对资本主义国家政权治理形式的理解。

公民参与国家事务的重要形式是（　　）。

A. 合作制度　　　B. 竞选制度　　　C. 竞聘制度　　　D. 申诉制度

答案：B

【教学设计意图】考查学生对竞选制度概念的理解。

代表特定阶级利益，为取得和保持政权而建立的政治组织是（　　）。

A. 工会　　　　　B. 议会　　　　　C. 国会　　　　　D. 政党

答案：D

【教学设计意图】考查学生对政党概念的理解。

资本主义国家的本质是（　　）。

A. 资产阶级进行阶级统治的工具　　　B. 资产阶级进行国际交往的工具

C. 资产阶级进行社会管理的工具　　　D. 资产阶级维护国家安全的工具

答案：A

【教学设计意图】考查学生对资本主义国家本质的理解。

（2）多选题

资本主义政治制度包括资本主义的（　　）。

A. 民主与法制　　　B. 政权组织形式　　C. 选举制度　　　D. 政党制度

答案：ABCD

【教学设计意图】考查学生对资本主义政治制度的理解。

资本主义目前的政党制度包括（　　）。

A. 两党制　　　　B. 多党制　　　　C. 三党制　　　　D. 一党制

答案：AB

【教学设计意图】考查学生对资本主义政党制度的理解。

（3）辨析题

资本主义国家的职能包括对内和对外两个方面，对内实行政治统治和社会管理，对外进行国际交往和维护国家安全和利益。

【答案解析】正确。资本主义国家的对内职能主要是政治统治职能，即资产阶级作为统治阶级，运用手中掌握的政府机构和军队、警察、法庭、监狱等国家机器，对被统治阶级进行压迫、控制。此外，国家还具有社会公共管理职能，即国家要运用各种权力和资源对邮政、铁路、水利、文教、卫生保健、社会福利等事业进行管理，以保证社会生活的正常进行。

资本主义国家的对外职能是指资本主义国家对外进行国际交往和维护国家安全和利益的职能。由于国家间时常会发生各种矛盾和冲突，因此，资本主义国家在国际社会活动中，要经常调整与其他国家间的交往关系。资本主义国家要承担起保卫本国领土和主权完整、抵御外来侵略的任务，甚至为维护自己的既得利益、获取新的政治和经济利益，不惜发动对他国或地区的战争。显然，资本主义国家的对外职能是其对内职能的延伸，是服务于其政治统治的。

【教学设计意图】考查学生对资本主义国家职能的理解。

3. 课后实践作业

观看由中央广播电视总台制作的两集大型专题片《起底“美式民主”》，撰写观后感。

【教学设计意图】通过观看视频，使学生对美国选举制度和西方政治制度有更深刻的体会和了解，坚定学生对中国特色社会主义民主的信心。

第五章

资本主义的发展及其趋势

专题教学设计一　从自由竞争资本主义到垄断资本主义

一、教学设计目标

①知识目标：了解和掌握资本主义从自由竞争阶段发展到垄断资本主义的进程、垄断资本主义的特征和发展趋势等。

②能力目标：科学认识国家垄断资本主义和全球化的历史必然性及其本质，学会用全球化的眼光来分析和理解问题。

③价值目标：深刻理解资本主义的发展趋势和本质特征，坚定资本主义必然被社会主义所代替的理想信念。

二、教学设计要点

（一）资本主义从自由竞争到垄断

19世纪70年代以前，资本主义处于自由竞争阶段；从19世纪70年代开始，自由竞争资本主义逐步向垄断资本主义过渡；19世纪末20世纪初，垄断资本主义得以形成。这一时期垄断资本主义主要以私人垄断资本为基础，所以又称私人垄断资本主义。

列宁曾指出垄断资本主义即帝国主义的五个基本特征：垄断组织在经济生活中起决定作用；在金融资本基础上形成了金融寡头的统治；资本输出有了特别重要的意义；瓜分世界的资本家国际垄断同盟已经形成；最大的资本主义列强已经把世界的领土分割完毕。

1. 生产和资本的集中与垄断的形成

生产集中是指生产资料、劳动力和商品生产日益集中于少数大企业的过程，其结果是大企业所占比重不断增加；资本集中是指大资本吞并小资本，或由许多小资本合并而成大资本的过程，其结果是越来越多的资本为少数大资本家所支配。生产集中和资本集中是资本家追求剩余价值的结果，这种集中发展到一定程度，就自然而然走向垄断。所谓垄断，是指少数资本主义大企业，为了获得高额利润，通过相互协议或联合，对一个或几个部门商品的生产、销售和价格进行操纵和控制。

2. 垄断产生的原因

第一，当生产集中发展到一定程度，少数企业就会联合起来，操纵和控制本部门的生产和销售，实行垄断，以获得高额利润；第二，企业规模巨大，形成对竞争的限制，也会产生垄断；第三，激烈的竞争给竞争各方带来的损失越来越严重，为了避免两败俱伤，企业之间也会达成妥协，联合起来实行垄断。

3. 垄断组织的形式

常见的垄断组织有卡特尔、辛迪加、托拉斯和康采恩等。尽管垄断组织形式多样，且不断发展变化，但本质上都一样，即通过联合达到独占和瓜分商品生产和销售市场、操纵垄断价格、获取高额垄断利润的目的。

4. 垄断并没有消除竞争

第一，垄断没有消除产生竞争的经济条件。垄断产生以后，不但没有消除资本主义私有制，而且又促进了商品经济的进一步发展；第二，垄断必须通过竞争来维持。由于存在获取高额垄断利润的内在动力和面临更加强大对手的外在压力，垄断组织必须不断增强自己的竞争实力，巩固自己的垄断地位；社会生产复杂多样，任何垄断组织都不可能囊括所有的生产部门。在垄断组织之外，还存在着为数众多的中小企业，这些非垄断组织之间也存在着竞争。即便是垄断程度极高的部门，也不可能只有一个垄断组织。各垄断组织为了巩固自己的垄断地位，获取更多的垄断利润，它们之间也必然会展开激烈竞争。

5. 垄断条件下竞争的特点

自由竞争主要是获得更多利润或超额利润，不断扩大资本积累的竞争，而垄断竞争则是获取高额的垄断利润，并不断巩固和扩大自己的垄断地位和统治权力的竞争；在竞争手段上，自由竞争主要运用经济手段，如通过改进技术、提高劳动生产率、降低产品成本等以战胜对手，而垄断竞争除了采取各种形式的经济手段，还采取各种非经济手段，使竞争变得更加复杂、更加激烈；在竞争范围上，自由竞争主要是在经济领域，而且主要在国内市场上进行，而垄断时期，国际市场上的竞争越来越激烈，不仅集中在经济领域，而且还扩大到经济以外的领域。总之，垄断条件下的竞争不仅规模大、时间长、手段残酷、程度更加激烈，而且具有更大的破坏性。

6. 金融资本与金融寡头

金融资本是由工业垄断资本和银行垄断资本融合而形成的一种新型垄断资本。在金融资本的基础上，形成了金融寡头。金融寡头是指操纵和控制国民经济命脉，并在实际上控制国家政权的少数垄断资本家或垄断资本家集团。金融寡头在经济领域中的统治主要是通过"参与制"实现的。所谓"参与制"，即金融寡头通过掌握一定数量的股票来层层控制企业的制度。金融寡头在政治领域的统治主要通过与政府的"个人联合"来实现。这种联合有多种途径，如金融寡头直接出马或把自己的代理人送进政府和议会，通过掌握政权，利用政治力量为其垄断统治服务；或者收买政府高官或国会议员，让他们为金融寡头的利益服务；或者聘请曾在政府任职的高官到公司担任高级职务；等等。金融寡头还通过建立政策咨询机构等方式来对政府政策施加影响，并通过掌握新闻出版、广播电视、科学教育、文化体育等上层建筑的各个领域以左右国家的内政外交和社会生活。

7. 垄断利润和垄断价格

垄断资本的实质在于获得垄断利润。垄断利润是垄断资本家凭借其在社会生产和流通领域中的垄断地位而获得的超过平均利润的高额利润。垄断利润的形成关键在于垄断组织在经济生活中起了决定性作用，从而阻碍了资本在各部门之间的自由转移，限制了利润平均化的趋势。

归根结底，垄断资本所获得的高额利润来自无产阶级和其他劳动人民所创造的剩余价值。垄断利润的来源大致有以下几方面：第一，对本国无产阶级和其他劳动人民剥削的加强获得的利润；第二，由于垄断资本可以通过垄断高价和垄断低价来控制市场，使它能够获得一些其他企业特别是非垄断企业的利润；第三，通过加强对其他国家劳动人民的剥削和掠夺获取的海外利润；第四，通过资本主义国家政权进行有利于垄断资本的再分配，从而将劳动人民创造的国民收入的一部分变成垄断资本的收入。

垄断利润是通过垄断组织制定的垄断价格来实现的。垄断价格是垄断组织在销售或购买商品时，凭借其垄断地位获得的、旨在保证获取最大限度利润的市场价格。垄断价格包括垄断高价和垄断低价两种形式。垄断高价是指垄断组织出售商品时规定的高于生产价格的价格；垄断低价是指垄断组织在购买非垄断企业所生产的原材料等生产资料时规定的低于生产价格的价格。但垄断价格并不能改变整个社会所生产的价值总量，它只是对商品价值和剩余价值作了有利于垄断资本的再分配而已，所以，垄断价格并没有否定价值规律，而是价值规律在垄断资本主义阶段作用的具体体现。

垄断价格 = 成本价格 + 平均利润 + 垄断利润

(二) 国家垄断资本主义的发展

1. 国家垄断资本主义的产生

国家垄断资本主义是国家政权和私人垄断资本融合在一起的垄断资本主义，是资本主义生产关系在自身范围内的部分质变，标志着资本主义发展进入新阶段。一战期间，资本主义交战国政府推行国民经济军事化，国家垄断资本主义得以产生。二战后，国家干预深入到资本主义的生产、流通、分配和消费的各个环节，国家垄断资本主义最终得以形成。

2. 国家垄断资本主义产生和发展的原因

国家垄断资本主义的产生和发展不是偶然的，而是科技进步和生产社会化程度进一步提高的产物，是资本主义基本矛盾进一步尖锐化的必然结果。首先，生产力的发展要求生产资料在更大范围内被支配；其次，经济波动和经济危机的深化要求国家垄断资本主义产生；最后，缓和阶级矛盾，协调利益关系，也要求国家垄断资本主义产生。

3. 国家垄断资本主义的形式

第一种是国家所有并直接经营的企业；第二种是国家和私人资本的合营企业；第三种是国家通过多种形式参与私人垄断资本的再生产过程；第四种是宏观调节和微观规制。

4. 国家垄断资本主义的作用

首先，国家垄断资本主义的出现在一定程度上有利于社会生产力的发展，如可以兴办私人资本无力兴办的企业，从而部分克服了社会化大生产与私人垄断资本之间的矛盾；其次，国家对经济的干预在一定程度上适应了社会化大生产的要求，有利于缓解资本主义生产的无政府状态；再次，通过国家的收入再分配，使劳动人民生活水平有所改善；最后，在政府干预下，各主要资本主义国家的农业、工业、商业、通讯及交通运输业的现代化水平迅速提高，加快了国民经济的现代化进程。

5. 对国家垄断资本主义的评价

国家垄断资本主义的出现并没有根本上改变垄断资本主义的性质，其实质仍然是资产阶级国家力量同垄断组织力量结合在一起的垄断资本主义。它在一定程度上促进生产力发展的同时，也加强了对劳动人民的剥削和掠夺。它的出现是资本主义经济制度内部的经济关系调整，并没有从根本上消除资本主义的基本矛盾。

（三） 垄断资本在世界范围的扩展

1. 垄断资本向世界拓展的原因

第一，过剩资本谋求高额利润；第二，非要害技术转移到国外谋求垄断优势、攫取高额垄断利润；第三，争夺商品销售市场；第四，确保原材料和能源的可靠来源。

2. 垄断资本向世界拓展的基本形式借贷资本输出；生产资本输出；商品资本输出。

3. 垄断资本向世界范围扩展的社会经济后果对资本输出国的影响：为资本输出国带来了巨额利润；加速了资本积累；一些资本输出国出现产业"空洞化"；等等。

对资本输入国的影响：利用外资和技术，建立了一批现代工业；优化了产业结构；出口扩大，促进了对外贸易的发展；增加了就业机会，提高了收入水平；可能冲击本国民族工业；对国际资本依赖性增强，容易受到国际经济波动的影响；等等。

4. 国际垄断同盟国际垄断同盟是各资本主义国家的垄断组织，通过订立协议建立起国际垄断资本的联盟，目的是在世界范围内形成垄断，在经济上瓜分世界。其形式包括国际卡特尔、跨国公司、国家垄断资本主义的国际联盟等。

5. 国际经济协调机制：包括一系列国际经济组织如国际货币基金组织、世界银行和世贸组织以及地区性的经济组织和集团如欧盟、东盟、非盟等。

（四） 经济全球化及后果

1. 经济全球化的含义是指国际经济发展中的这样一种趋势，即世界各国、各地区的经济活动越来越超出本国和本地区的范围而相互紧密地联系在一起。

2. 经济全球化的动因科技进步和生产力的发展；跨国公司的出现；各国经济体制的变革；等等。

3. 经济全球化的表现生产全球化；贸易全球化；金融全球化；企业经营全球化。

4. 经济全球化的后果发达国家受益较大，对于发展中国家是双刃剑，机遇与挑战并存。

积极作用：发达国家在制定贸易和竞争规则方面具有更大的发言权，是主要受益者。发展中国家可以引进先进技术和管理经验、吸引外资扩大就业、以对外贸易带动本国经济发展等。

消极作用：发达国家与发展中国家差距扩大。发展中国家获益较少，甚至有被边缘化的风险。发展中国家原有的体制、政府领导能力、设施、政策体系、价值观念和文化都面临着全球化的冲击。各国经济发展的不平衡加剧。

三、教学设计方案

（一）高阶性教学设计

1. 经典原文解读

（1）关于自由竞争资本主义的论述

竞争使资本主义生产方式的内在规律作为外在的强制规律支配着每一个资本家。竞争迫使资本家不断扩大自己的资本来维持自己的资本，而他扩大资本只能靠累进的积累。

——马克思：《资本论》第 1 卷，《马克思恩格斯全集》第 44 卷，人民出版社 1998 年版，第 683 页

自由竞争是资本主义生产过程的最适当的形式。自由竞争越发展，资本运动的形式就表现得越纯粹。例如，李嘉图以自由竞争的绝对统治为前提，实际上就是不由自主地承认了资本的历史性和自由竞争的局限性，而自由竞争恰恰只不过是各资本的自由运动，也就是说，是资本在下述条件下的运动，这些条件不属于已解体的先前任何阶段，而是资本本身的条件。资本的统治是自由竞争的前提，就像罗马的皇帝专制体制是自由的罗马"私法"的前提一样。

——马克思、恩格斯：《政治经济学批判》，《马克思恩格斯全集》第 46 卷（下），人民出版社 1980 年版，第 160 页

【教学设计意图】自由竞争资本主义作为资本主义早期阶段，也是垄断资本主义出现之前的阶段。带领学生阅读这部分内容，可以让学生对自由竞争资本主义的性质和状态有更多的了解，也为后面了解垄断资本主义奠定基础。

（2）关于垄断资本主义的论述

马克思对资本主义所做的理论和历史的分析，证明了自由竞争产生生产集中，而生产集中发展到一定阶段就导致垄断。现在，垄断已经成了事实。

——列宁：《帝国主义是资本主义的最高阶段》，《列宁选集》第 2 卷，人民出版社 1995 年版，第 588 页

如果必须给帝国主义下一个尽量简短的定义，那就应当说，帝国主义是资本主义的垄断阶段。这样的定义能包括最主要之点，因为一方面，金融资本就是和工业家垄断同盟的资本融合起来的少数垄断性的最大银行的银行资本；另一方面，瓜分世界，就是由无阻碍地向未被任何一个资本主义大国占据的地区推行的殖民政策，过渡到垄断地占有已经瓜分完了的世界领土的殖民政策。

——列宁:《帝国主义是资本主义的最高阶段》,《列宁选集》第 2 卷,人民出版社 1995 年版,第 650 页

我们已经看到,帝国主义就其经济实质来说,是垄断资本主义。这就决定了帝国主义的历史地位,因为在自由竞争的基础上,而且正是从自由竞争中生长起来的垄断,是从资本主义社会经济结构向更高级的结构的过渡。

——列宁:《帝国主义是资本主义的最高阶段》,《列宁选集》第 2 卷,人民出版社 1995 年版,第 683 页

【教学设计意图】生产和资本的集中是垄断的前提。引领学生阅读这部分内容,可以让学生明白资本主义是怎样从自由竞争走到垄断的。

（3）关于垄断资本主义并没有消除竞争的论述

在实际生活中,我们不仅可以找到竞争、垄断和它们的对抗,而且可以找到它们的合题,这个合题并不是公式,而是运动。垄断产生着竞争,竞争产生着垄断。垄断资本家彼此竞争着,竞争者逐渐变成垄断资本家。如果垄断资本家用局部的联合来限制彼此间的竞争,工人间的竞争就要加剧;对某个国家的垄断资本家来说,无产者群众越增加,各国垄断资本家之间的竞争就越疯狂。合题就是:垄断只有不断投入竞争的斗争才能维持自己。

——马克思:《哲学的贫困（节选）》,《马克思恩格斯选集》第 1 卷,人民出版社 1995 年版,第 176 页

【教学设计意图】通过本段话的阅读,引导学生了解垄断与竞争之间的关系,即垄断产生着竞争,竞争产生着垄断,垄断只有通过竞争才能维持自己的地位。

（4）关于国家垄断资本主义的论述

帝国主义战争大大加速和加剧了垄断资本主义变为国家垄断资本主义的过程。

——列宁:《国家与革命》,《列宁选集》第 3 卷,人民出版社 1995 年版,第 171 页

在金融资本时代,私人垄断组织和国家垄断组织是交织在一起的,实际上这两种垄断组织都不过是最大的垄断者之间为瓜分世界而进行的帝国主义斗争中的一些环节而已。

——列宁:《帝国主义是资本主义的最高阶段》,《列宁选集》第 2 卷,人民出版社 1995 年版,第 636 页

最新资本主义时代向我们表明,资本家同盟之间在从经济上瓜分世界的基础上形成了一定的比例关系,而与此同时,与此相联系,各个政治同盟、各个

国家之间在从领土上瓜分世界、争夺殖民地、"争夺经济领土"的基础上也形成了一定的关系。

——列宁：《帝国主义是资本主义的最高阶段》，《列宁选集》第2卷，人民出版社1995年版，第639页

【教学设计意图】这段内容可以帮助学生了解国家垄断资本主义的来源，以及它与私人垄断组织之间的联系。

（5）关于经济全球化的论述

不断扩大产品销路的需要，驱使资产阶级奔走于全球各地。它必须到处落户，到处开发，到处建立联系。资产阶级，由于开拓了世界市场，使一切国家的生产和消费都成为世界性的了。

——马克思和恩格斯：《共产党宣言》，《马克思恩格斯选集》第1卷，人民出版社，1995年版，第276页

资产阶级社会的真实任务是建立世界市场（至少是一个轮廓）和以这种市场为基础的生产。

——马克思：《致恩格斯》，《马克思恩格斯全集》第29卷，人民出版社1972年版，第348页

经济全球化是一把双刃剑。现在，经济全球化是西方发达国家主导的。他们经济科技实力雄厚，掌握着国际经贸组织以及国际经济规则的主导权，在全球化中获益最大，而广大发展中国家总体上处于不利的地位。

——《江泽民论有中国特色社会主义》，中央文献出版社2002年版，第519页

【教学设计意图】这段资料可以帮助学生理解经济全球化的历史渊源及其给发达国家和发展中国家所带来的积极和消极影响。

2. 学术观点拓展

（1）关于"经济全球化"的几种观点

经济全球化是世界经济发展的一个重要趋势，它伴随着现代经济的出现而出现，伴随着现代经济的发展而发展。在世界经济史中，生产要素的跨国流动最初是劳动力，然后是商品，继而是资本，今天则发展成为综合性的要素流动。其中科技要素的流动具有非常重要的作用，因此，全球化的概念曾经被认为是生产要素在全球范围的广泛流动、实现最佳配置的过程。

国际货币基金组织（International Monetary Fund, IMF）对经济全球化所下的权威定义是：跨国商品、服务贸易及国际资本流动规模和形式的增加以及技术广泛迅速传播使世界各国的经济相互依赖性增强。

马克思主义经济学观点则认为经济全球化是生产社会化扩大的结果，是资本主义经济体系对世界的支配和控制过程。国内有的学者认为，由于中国经济不断发展，宁愿将其看作一个动态过程，强调相互依存与竞争，也不愿将其认定为一种结果、制度或体系，以便为中国未来的国际经济活动预留足够的空间。

由此，经济全球化的内涵至少可以归为以下几点：经济全球化是各国在经济上相互依存不断加深，但全球经济竞争也在不断深化的过程；突出表现为商品和资本、技术等要素的国际多边流动日益加强；其主要因素是信息革命以及贸易和金融的自由化，即技术创新与制度变革的深化过程。

有学者认为，经济全球化可作广义和狭义的区分：广义经济全球化是指各国经济、政治、文化、教育、科技等在全球范围内的融合；狭义经济全球化是指资本、技术等生产要素在全球范围内的流动和配置。还有学者认为，经济全球化是知识经济化、信息网络化、国际分工一体化、金融国际化、国际市场一体化等，同时还反映了国际政治、军事的发展变化。

对于经济全球化实质的认识，国内存在以下三种观点：第一，经济全球化无论对发达国家还是发展中国家都有好处，它是全球范围内的市场经济，国境的经济壁垒已经消失，生产要素和经济活动可以自由穿越国境。

第二，经济全球化被视为发展中国家的陷阱，对发展中国家弊大于利，对发达国家利大于弊。有学者认为，经济全球化的实质是资本主义的全球化，也就是马克思所说的"各国人民日益被卷入世界市场网，从而资本主义制度日益具有国际性质"。它的运作规程基本上是由欧美等发达国家主导制定的。还有学者认为，经济全球化的实质是形成资本的国际大循环，西方是经济一体化的最大受益者。因此，西方国家和第三世界国家的冲突不可避免，它们必然要围绕资源、市场和财富的分配与再分配展开激烈的争夺。有学者指出，经济全球化的实质是"美国化""美元化"，经济全球化的规则、制度、标准等完全是按照美国等西方大国的旨意制定的，美国还通过其控制的国际货币基金组织、世界银行、世界贸易组织等国际性经济组织，强行推行全球一体化、贸易自由化和金融自由化，实际上就是强行推行符合美国利益的"美国化"。

第三，经济全球化对发展中国家有利也有弊。对经济全球化实质的理解可作一般性和特殊性的区分。一般性是指以新技术为动力，以不断开拓的世界市场为依托的经济、金融、技术的全球性金融的扩展和深化，这有利于经济更好地开放、更好地发展。而特殊性是指以技术、资本为手段，以占领生产基地和市场为依托，实现大国资本生产方式的全球性扩张。其社会所固有的基本矛盾并未化解，而且还在激化，所以它们必然会通过国际经济的"全球化"或"一体化"把这种矛盾转嫁到发展中国家，但总体来说还是利大于弊的。大多数学者都赞成第三种观点。

【教学设计意图】引领学生全面了解有关经济全球化的观点，特别是对于经济全球化实质的认识。

（2）金融资本和金融寡头对垄断资本主义经济的全面统治

在资本主义社会里，银行作为经营货币的特殊企业，也在不断地进行着资本的集中。银行资本的集中是以生产集中为基础，并与之同时进行。与生产集中一样，银行业的高度集中也必然导致垄断。银行高度集中并形成垄断以后，银行的性质和作用便随之发生了根本变化。在自由竞争时期，银行的主要作用是在支付中充当中介人。银行代资本家收支货款，通过吸收存款把社会上分散的闲置货币集中起来，再通过放贷将其借给资本家使用，从中赚取利息的差额。当时，银行比较分散，规模也比较小，它们与企业的关系一般是不固定的。银行形成垄断后，使大企业和大银行的经济联系逐渐固定下来。大银行在向企业提供了巨额贷款之后，为了保证贷款的安全和盈利，它们开始关心企业的经营活动，并对企业进行监督和干预。由于企业的一切金融活动都是通过银行进行的，银行也有充分条件来确切地了解企业的业务状况。在企业严重依赖银行资本的情况下，银行可以通过各种信用手段来影响企业经营的规模和方向，甚至最终决定企业的命运。这样，银行的性质也就改变了，从简单的中介人变成了万能的垄断者，它们支配着所有资本家和小业主的几乎全部货币资本，以及本国和许多国家的大部分生产资料和原料产地。

银行垄断的形成和银行作用的变化使银行资本与工业资本的关系日益密切，不断融合。这主要表现在两个方面：一是资本和业务上的相互渗透。银行购买工商企业的股票或直接开办新企业，工商企业则购买银行的股票或直接开办新银行；二是人事上的结合。双方互派人员担任对方的各种领导职务。银行资本和工业资本的融合产生了一种从未有过的新型资本——金融资本。

金融资本的形成是资本主义发展到垄断阶段的重要标志，垄断资本主义最主要的特点就在于它是金融资本的统治。在金融资本的基础上，产生了金融寡头。金融寡头在经济领域的统治主要是通过"参与制"来实现的。"参与制"是指垄断资本家通过收买和持有一定数量股票的办法来实现对企业的控制。在实现了经济领域的统治之后，金融寡头不可避免地把触角伸向社会生活的各个领域特别是政治领域中，主要通过人事参与、"个人联合"等方式来实现其从经济到政治的全面统治。

【教学设计意图】引领学生全面了解垄断资本主义的重要特征——金融资本

和金融寡头的出现，而且要向学生强调这一趋势或现象是自然而然出现的，是资本主义发展的必然，也是今天资本主义的主要问题所在。

（二）创新性教学设计

1. 案例分析

（1）洛克菲勒财团

洛克菲勒财团（Rockefeller Financial Group）是美国十大财团之一，是以洛克菲勒家族的石油垄断为基础，通过不断控制金融机构，把势力范围伸向国民经济各部门的美国最大的垄断集团。洛克菲勒家族是美国最富的家族，J. D. 洛克菲勒是这个家族的创始人，也是人类有史以来首位资产超过十亿美元的富翁。他开创的"石油王朝"在美国垄断地位达85年之久，这个家族至今在美国都有着举足轻重的地位。

创始人洛克菲勒以石油起家，1863年在克利夫兰开办炼油厂，1870年以该厂为基础，扩大组成标准石油公司，很快垄断了美国石油工业，并以其获得的巨额利润投资于金融业和制造业，经济实力发展迅猛。1974年资产总额增达3305亿美元，超过了摩根财团（Morgan Financial Group），跃居美国十大财团首位。美国的大石油公司有16家，其中有8家属于洛克菲勒财团。

洛克菲勒财团是以银行资本控制工业资本的典型，它拥有一个庞大的金融网，以大通曼哈顿银行为核心，下有纽约化学银行、美国大都会人寿保险公司、公平人寿保险公司等百余家金融机构。通过这些金融机构，直接或间接控制了许多工矿企业，在冶金、化学、橡胶、汽车、食品、航空运输、电信事业等各个经济部门及军火工业中占有重要地位。在它控制下的军火公司有：麦克唐纳·道格拉斯公司、马丁·马里埃塔公司、斯佩里·兰德公司和威斯汀豪斯电气（又译西屋电气）公司等。洛克菲勒财团还单独或与其他财团共同控制着美国联合航空公司、泛美航空公司、美国航空公司、环球航空公司、美国东方航空公司5家美国最大的航空公司。

1973年能源危机以后，石油输出国组织国家同美国垄断资本展开了针锋相对的斗争，给洛克菲勒财团带来了沉重打击。该财团采取各种措施挽回这种不利局面。首先参与美国国内石油的开发，争取国内沿海地区近海油田的租赁权，1976年获得阿拉斯加和大西洋沿岸中部的石油租赁地130万英亩。又与英荷壳牌石油公司共同开发英国北海油田。它还渗入能源工业的其他有关部门。此外，还大力向石油化学工业发展。

洛克菲勒财团不仅在经济领域里占据统治地位，在政府中也安插了一大批代理人，左右着美国政府的内政外交政策。它还通过洛克菲勒基金会、洛克菲勒兄弟基金会等组织，向教育、科学、卫生以及艺术和社会生活等方面渗透，以扩大其影响。

但洛克菲勒财团20世纪80年代以来，经济实力日益衰退，地位也随之而下降，已为摩根财团所超过。主要是因为美国财团互相渗透，洛克菲勒财团所属大企业，如标准石油公司和大通曼哈顿银行等，都已受到别的财团的渗透而成为共同控制的企业。

结合上述案例，谈谈金融寡头在经济上和政治上是如何强化自己的统治地位的？

【案例分析】上述案例介绍的是美国著名的金融寡头——洛克菲勒财团。所谓金融寡头就是掌握了金融资本，操纵国民经济命脉，并在实际上控制国家政权的少数垄断资本家或垄断资本家集团。金融寡头先利用手中的资本控制一些大型母公司，通过母公司控制子公司，子公司控制更多的子公司。金融寡头在政治上的统治，主要是通过"个人联合"的方式实现的，即派代理人担任政府要职，或把政府高官拉拢过来，让他们在整治活动中为金融寡头的利益服务，或通过建立政策咨询机构等方式来对政府政策施加影响，并通过掌握舆论工具和新闻媒介来对社会生活施加影响，从而实现其对社会经济生活的统治。

【教学设计意图】以洛克菲勒财团这个具体案例来加深学生对金融资本和金融寡头以及垄断资本主义特征的理解。

（2）法国三次国有化浪潮

法国的国有企业持续时间很长，经历了三次国有化浪潮。第一次国有化浪潮是1945年1月到1948年6月。法国政府先后将雷诺汽车公司、煤炭工业、铁路运输业、电力工业、法国航空公司、法兰西银行等四大银行、34家保险公司等收归国有，还建立了全国煤炭局、国家铁路局、国家宇航公司和法兰西电力公司等经营管理机构。第二次国有化浪潮出现于20世纪70年代中期到1980年。1978年，法国政府将受经济危机影响最重的、岌岌可危的钢铁部门的1/3企业收归国有，并以购买股票的方式对生产军用飞机的达索飞机制造公司部分地实行了国有化。截至1980年，法国政府已拥有84家国企集团、49家混合经济公司，并在800家子公司中持有股份。国有企业固定资产已占全国固定资产总额的20%，产值占国民生产总值的12%，营业额占总营业额的22%，国家掌握的存款额占全国存款总额的59%。第三次国有化浪潮与第二次国有化浪潮紧密衔接。1981年密特朗执政伊始，就通过了一项国有化法案，进一步扩大了国有化规模，又对5个大工业集团、2家金融公司及存款10亿法郎以上的36家私人银行实行了国有化。这些工业集团和金融机构都是本部门位居前列的大垄断企业，在国内以及国际上都有较大影响。截至 1990 年，国家直接控制和国家控股 50% 以上的国有企业有 2268 家，其中由国家直接控制的国有企业为 108 家。国有企业产值占国内生产总值的 18%，投资额占全国投资额的 27.5%，出口额占国家总出口额的 25%。

法国国有企业分为垄断型企业和竞争型企业两大类。垄断型国有企业是指国家是企业的唯一股东或国家掌握企业 51% 以上的股份，在所处部门中居明显优势与垄断地位的企业。竞争型国企是指所处部门存在大量私人企业，国内和国际市场上有众多竞争对手。政府对这两类企业实行不同的管理方法。对于前者，政府采取直接管理和间接管理相结合的办法，控制程度较高，管理严格，企业的自主经营相对较少；对于后者，政府给予它们充分的自主权，实行自负盈亏，国家仅对其实行间接管理。

尽管国有企业在国民经济中占有如此大的比重，但从总体上说，私人企业在法国经济中仍占主导地位。此外，法国政府和大私人工商企业之间是密切合作的关系。法国的大私人企业通常有一个理事专门负责同政府各部门保持密切关系，以了解政府的有关政策。

结合以上案例，谈谈对国家垄断资本主义的形式、作用及实质的认识。

【案例分析】二战以后，国家垄断资本主义迅速发展，形式多样。从 20 世纪 60 年代至今，美国不断根据经济形势增加或减少财政支出，并频繁地调整利率。这种主要运用财政、货币等经济手段对社会总供给和总需求进行调节的方式叫宏观调控。除了宏观调控，国家垄断资本主义的主要形式还有：国家所有并直接经营的企业，国家与私人共有、合营的企业，国家通过订货、补贴等多种形式参与私人垄断资本的再生产过程及微观管制的企业。二战后，法国经历了三次国有化浪潮，造就了大批国有企业及国家与私人共有、合营企业，这些都是国家垄断资本主义的表现形式。国家垄断资本主义对资本主义国家经济的发展产生了积极作用，但国家垄断资本主义的出现并没有从根本上改变垄断资本主义的性质。以法国为例，法国国家垄断资本主义与私人垄断资本主义的融合非常突出，国有企业在国民经济中占有相当大的比重，法国政府通过较大比重的国有企业直接参与社会总资本的运行。但是，在法国经济中占主导地位的始终是私人企业，国家通过国有企业的运行在宏观层面上为社会生产的正常进行创造了有利条件，这不仅不会削弱私人企业，而且还有利于私人企业的发展。总之，无论以何种方式融合，国家垄断资本主义的实质仍然是为私人垄断资本攫取高额利润服务的。

【教学设计意图】通过案例分析，引领学生对国家垄断资本主义的形式、作用及实质有深入认识。

（3）美国历史上的宏观经济调控

西方国家发展经济历来依仗"看不见的手"，即市场，但在经历了1929年的经济危机，特别是二战后人们才发现，在现代市场经济体制中，政府干预这只"看不见的手"也是不可或缺的。

经历多次衰退之后，美国经济走进20世纪60年代。约翰.肯尼迪当选总统，希望重振经济。在那个年代，被称为"新经济学"的凯恩斯主义主宰了华盛顿。肯尼迪及后来约翰逊总统的顾问们主张扩张性政策，国会批准了刺激经济的举措，内容包括1963年和1964年的大幅度削减个人所得税和公司税。60年代早期，GDP每年增长4%，失业率下降，物价保持稳定。到1965年，美国经济已达到其潜在的产出水平。

但政府低估了越南战争所需要的开支，国防开支从1965年到1968年增长了55%。甚至当严重通货膨胀的经济景气已经变得很明显时，约翰逊总统仍然在推迟采取旨在降低经济增长速度的痛苦的财政措施。直到1968年，增税和减少民用支出的措施才得以出台，但这对缓解经济过热引起的通货膨胀的压力来讲已经为时太晚。联邦储备系统还以货币供应的快速增长和降低利率来容忍经济扩张，结果，在1966—1970年的大部分时间里，经济都在大大高于其潜在产出能力的水平上运行。在低失业和高负荷运转的压力之下，通货膨胀率逐步升高，开始了从1966年持续到1981年的所谓"通货膨胀时代"。

在20世纪70年代末，西方国家受到一种新的"宏观经济症"的冲击，它就是供给冲击。对原材料和燃料供给的严重冲击导致批发价格猛烈上涨，同时通货膨胀率迅猛上升，实际产出下降，美国进入了"滞胀"时期。1979年，美国经济从1973年的供给冲击中恢复过来。但中东地区的动荡，特别是伊斯兰共和国（以下简称伊朗）爆发革命引起了石油价格的再度猛涨，从1978年初每桶14美元跃升至1979年每桶34美元，从而导致了另一场石油价格冲击。同期通货膨胀率也急剧上升，从1978年到1980年平均每年上升12%。

美国联邦储备系统（以下简称美联储）随即采取了货币紧缩的措施。1979年和1980年，利率大幅上升，股市下跌，很难获得贷款。美联储的紧缩性货币政策减慢了消费者和企业支出的增长，通货膨胀率急剧下降，从1979—1981年的平均12.5%下降到1983—1988年的平均4%，20世纪80年代初果断的货币政策为1982—1997年的长期经济扩张奠定了基础。除了1990—1991年这一段温和的衰退，这个时期被证明是美国历史上最成功的宏观经济稳定时期。

2000年世界经济的一个景气周期结束，从2001年起，西方主要国家经济增长速度明显放缓，失业率居高不下，消费和投资市场持续低迷，世界经济进入调整期。为了促进经济复苏，美国实行了扩张性货币政策。从 2001 年 5 月到 2003 年 6 月，美联储连续 13 次降息，将联邦基金利率从 6% 下调到 1%，为 1958 年以来的最低利率。

从 2004 年 6 月到 2006 年 5 月，出于对经济过热的担忧，在接近 2 年的时间里，美联储连续 17 次以 0.25% 的幅度加息，到 2006 年 5 月 29 日，联邦基金利率被提高到 5.25%。

自 2007 年 8 月发端于美国的次级抵押贷款危机逐渐升级为席卷全球的金融危机以来，美联储连续 10 次降息。截止到 2008 年 12 月 16 日，联邦基金利率从最初的 5.25% 降至 0—0.25%，为历史最低点。最后一次降息幅度为 0.75%，大于许多分析人士预期的 0.5%。美国还以政府收购金融机构的不良资产、注入资金等方式以增加流动性试图救活金融业。

【案例分析】虽然美国等西方国家笃信市场规则，但政府调控这只"看得见的手"正在国家治理中发挥着越来越大的作用。以 2008 年金融危机为例，政府首先发行 7000 亿美元钞票刺激市场，之后为即将倒闭的银行、保险公司、汽车公司等注资持股等。特朗普上台后，实行了企业减税等政策。今天，以宏观经济调控等为特征的国家垄断资本主义正在发挥越来越重要的作用。

【教学设计意图】以美国宏观经济调控为例，引领学生了解国家垄断资本主义的特征和操作方式等。

2. 课堂讨论

经济全球化

经济全球化大致可以分为 4 个阶段。全球化最早可溯源到 15—18 世纪的大航海时代，以哥伦布发现新大陆、麦哲伦环球航行为标志。此时的国际贸易以英国东印度公司、荷兰东印度公司等为代表，助推了股市以及信贷、货币兑换等金融产品的诞生，在安特卫普和阿姆斯特丹形成了早期的股票交易所，现代资本主义正是形成于这一时期。

全球化 1.0（18 世纪末—1914）：英国开始成为世界的主导力量，其工业化程度让其有能力制造出世界各地所需的产品。全球化由此诞生，接下来大约一个世纪，贸易额平均每年增长 3%。

全球化 2.0 和全球化 3.0：二战结束后，美国在第二次工业革命中占据主导地位，汽车、航空、现代制造业快速发展，国际贸易再次兴起。第三次工业革命带来了互联网等新技术，21 世纪初，全球出口额在 GDP 占比增至 25%。

全球化 4.0：全球化拓展了新领域，但也带来了新问题，如网络世界（包括网络犯罪)、气候变化及病毒威胁等。数字全球化的崛起,即数字贸易和实体贸易旗鼓相当,甚至远超后者。金融全球化的程度越来越高,这会提高发生金融危机的可能性。

讨论1:经济全球化的本质是什么?

讨论2:在经济全球化背景下,中国会不会成为资本主义的附庸?

讨论3:如何理解中美对抗与经济全球化的关系?

【教学设计意图】引领学生全方位理解经济全球化的本质、利弊等,尤其是中国在全球化背景下的利弊得失。

3. 视听资料

(1)《中国坚定推进开放进程 推动经济全球化健康发展》(2019)

本视频由央视网《新闻联播》栏目 2019 年 5 月 10 日发布。习近平总书记在海南博鳌亚洲论坛 2018 年会开幕式上强调:"综合研判世界发展大势,经济全球化是不可逆转的时代潮流。正是基于这样的判断,我在中共十九大报告中强调,中国坚持对外开放的基本国策,坚持打开国门搞建设。我要明确告诉大家,中国开放的大门不会关闭,只会越开越大!"面对复杂的国际形势,中国推出最新版的《外商投资准入特别管理措施(负面清单)(2022 年版)》、《中华人民共和国外商投资法》(以下简称《外商投资法》)等,以从法律上更好地保护外商的权益。

【教学设计意图】引领学生进一步了解中国在经济全球化浪潮中正在并将要扮演更积极的角色、中国对经济全球化的基本态度等等。

(2)《资本主义向垄断过渡》(2009)

本纪录片是央视系列纪录片《世界历史》第 62 集。本集描述了垄断资本主义诞生的背景和基本特征、垄断组织的基本形式等,为了解垄断资本主义提供了很好的内容。

【教学设计意图】引领学生通过具体史实了解垄断资本主义的特征、形式、产生的时代背景和历史必然性等。

(3)《华尔街》(2010)

纪录片《华尔街》由中国中央电视台和招商证券联合拍摄。该片以美国金融危机为契机,前往纽约、华盛顿哥伦比亚特区、洛杉矶、底特律、费城、芝加哥、达拉斯、斯托克顿市、阿姆斯特丹、鹿特丹、伦敦等国际重要金融城市,分别拍摄代表性的金融家、学者、企业家、政治家等,梳理了以美国华尔街为代表的现代金融资本主义的来龙去脉与发展状况。

【教学设计意图】通过纪录片,引导学生对金融与资本主义内在关系有更深入的理解，在此基础上把握金融垄断资本主义的基本特征。

4．知识拓展

罗斯福新政

1929—1933 的经济大危机极大地冲击了美国的经济和社会。1933 年，富兰克林·罗斯福（Franklin D. Roosevelt）就任美国总统后，立即以"新政"救治经济危机，并呼吁美国人民支持他的"大胆实验"。

"新政"的主要内容有：整顿金融，恢复银行信用，贬值美元，刺激出口；恢复工业，强化国家对工业生产的调节和控制，防止盲目竞争引起生产过剩；调整农业，压缩农业产量，稳定农产品价格，维护农业生产；兴办公共工程，减少失业（以工代赈），扩大消费需求；进行社会救济稳定社会秩序；回收大企业、银行；订立《全国工业复兴法》（National Industrial Recovery Act），该法是整个新政的核心与基础。它规定了各企业的生产规模、价格水平、市场分配、工资标准、工作日时数等，规定工人具有集体谈判的权利，规定资本家必须接受的最高工作时数和应付工资额，设最低工资和最高工资；等等。

"新政"是美国资本主义制度的一次自我调节，开创了资产阶级政府大规模干预经济生活的先河，进一步提高了美国国家资本主义的垄断程度，是资本主义发展史上的一个"里程碑"，使美国度过了危机。

【教学设计意图】"罗斯福新政"可以说是政府干预经济或国家垄断资本主义的早期表现，引领学生了解"罗斯福新政"的具体内容，对于学生形象生动地了解政府如何干预经济及国家垄断资本主义的表现、特征和本质大有助益。

5．情景再现

中美贸易战是最近几年的世界大事，体现了全球化的贸易壁垒、逆全球化的趋势和倾向等。中美围绕贸易之间的争端更是唇枪舌剑。让学生自己组成两个小组，每个小组五名成员，分别代表中美两方，就贸易话题进行辩论，如全球化给发达国家和发展中国家带来的利弊、是否应该取消关税等。

【教学设计意图】让学生通过辩论等形式亲身体验和感受全球化的利弊，特别是给发展中国家，如中国带来的机遇和挑战。

（三）挑战度教学设计

1．疑难问题解答

（1）如何理解近些年来国际社会出现的反全球化运动？

近些年来，国际社会有一个令人瞩目的现象，就是反对经济全球化的群众性示威浪潮一浪高过一浪。自 1999 年西雅图会议遭到来自世界各地的数万抗议者围困、堵截而发生大规模骚乱以来，几乎所有的全球性或区域性的重大国际会议都是反全球化示威的目标，而且几乎每一次都会演变为严重的暴力冲突。

2008年1月19日反全球化示威者在瑞士与警方发生激烈冲突，超过200人被捕。这场示威的目标是23日在瑞士度假胜地达沃斯举行的世界经济论坛年会。面对部分人蒙面、投掷瓶子和烟雾弹的示威活动，警方动用了催泪瓦斯、水柱与橡皮子弹压制。这场示威活动标举"反对世界经济论坛、资本主义体系与压迫"，原本申请获得核准，市政府后来因担心发生暴力而撤回核准，但很多示威者仍走上街头。这次论坛主题为"合作创新的力量"，有27位国家元首或政府首脑、113位部长级官员、超过1370位执行长级企业领袖参加。

2010年11月韩国首尔举行G20峰会，11月7日当地有4万人在市政厅附近的首尔广场示威，反对全球化及美韩自由贸易协定等，逾8000名防暴警察在场戒备。数百名示威者游行到市中心，与防暴警察冲突……

究竟是什么原因导致了反全球化运动？这种运动将给世界带来什么后果？对于反全球化运动还有许多值得思索的地方。来自全球各地的工会、环保主义者、性别平等主义者以及无政府主义者与极端主义者等，因为反全球化走到一起。全球化的中心与动力源自西方发达国家，反全球化的中心与动力也源自西方发达国家。反全球化运动产生的原因大致如下：

第一，资本主导的全球化使国家之间、人与人之间、地区与地区之间的不平等、不公正进一步加剧；第二，发达国家普遍把"旧经济"部门转移到发展中国家，污染了发展中国家，造成大多数人类生存环境恶化；第三，资本全球化使发达国家出现了贫困化与边缘化。垄断跨国资本为了增加竞争力，于是向发展中国家转移投资，西方原有"福利国家"制度在全球化冲击下开始崩溃，大批外来移民进入西方社会，于是当地居民把自己失业与收入下降等原因归结为全球化，这也使西方发达国家成为反全球化中心；在发展中国家，富人阶层进入全球体系，但穷人、弱势群体仍然在艰难度日，金融危机、经济危机、疫情等问题又使大量人群收入下降。

总的来说，全球化和逆全球化都是历史发展的必然。资本主导的全球化和反对它的浪潮已成为国际社会反资本主义的最新一轮较量。

【教学设计意图】增进学生对全球化和逆全球化的理解，要让学生看到，无论是全球化还是与之伴随的逆全球化，都是资本逐利的必然，也是历史发展的必然。

（2）为什么美国越打仗越富有？

二战以后，美国每隔几年就会找一个堂而皇之的理由发动一场战争，以此不断刺激其经济发展，如伊拉克战争、巴拿马战争、轰炸南斯拉夫联盟事件、空袭利比亚、入侵格林纳达、阿富汗战争等。虽然美国在战争中的国际形象受损，但在很多方面也有大发展，如军工企业大发展。美国西部的加利福尼亚财团和南部的德克萨斯财团是二战后崛起的两个新财团，他们依靠军火工业获得了巨额利润，同时积极参与美国内政外交决策，从中获得牟利机会。借助对外战略扩张，军工利益集团从伊拉克等战争中获利很多，美国的军工实力也得到了很大发展。以加利福尼亚财团为例，该财团属下的洛克希德飞机公司、利顿工业公司、诺斯罗普公司等，均为美国著名的军火公司，其中洛克希德飞机公司在美国国防部订单中长期居于首位。

捞到不少"油"水。伊拉克石油储量居世界第五位，约占世界已探明储量的12%，这是美国发动伊拉克战争的重要诱因。布什家族就是靠石油起家的，最早他们加入的是汉贝尔石油公司，该公司后来变身为埃克森公司。在大量石油资产的支持下，老布什于1989年1月当上了美国总统。1991年发动的海湾战争就是冲着海湾石油去的。2000年美国总统选举，小布什得到石油集团大量捐款，军工利益集团的捐款达880多万美元。小布什2003年发动伊拉克战争，石油也是重要着眼点。美国石油巨头哈里伯顿公司就从伊拉克战争中赚得盆满钵满。2004年至2007年，哈里伯顿从伊拉克和阿富汗获得160亿美元的合同收入，目前是世界最大的石油及天然气行业服务供应商之一，美国副总统切尼曾于1995年至2000年担任该公司总裁。此外，前国防部长拉姆斯菲尔德、国务卿赖斯等重要阁僚，都有石油财团的背景。

美国军事实力上升。美国在伊拉克、阿富汗伤了皮肉但没动到筋骨。有人说美国衰落了，但美国的经济和军事实力总体上依然上升，虽仍然是世界唯一的超级大国。

地缘政治获利。例如，培植了亲美政权，在中东影响力扩大，美国的主要战略对手——俄罗斯在中东的影响力则受到严重削弱。

美国越打仗越富有，说明以美国为代表的垄断资本主义或帝国主义是在海外通过战争、殖民、掠夺等方式获取财富的，说明资本主义发展到垄断阶段，竞争更为激烈，也更加不择手段，进一步揭示了垄断资本主义的实质。

【教学设计意图】通过美国通过战争获利这一现实问题，引导学生思考垄断资本主义的表现、特征及本质，进一步坚定学生对中国特色社会主义的道路自信。

2. 典型试题解析

（1）单选题

垄断利润是垄断资本家（　　）。

A. 获得的平均利润

B. 获得的超额利润

C. 获得的利息

D. 凭借垄断地位获得的超过平均利润的高额利润

答案：D

【教学设计意图】考查学生对"垄断利润"概念的理解。

在垄断条件下，垄断与竞争的关系是（　　　）。

A. 消除了竞争　　　B. 缓和了竞争　　　C. 与竞争并存　　　D. 保护了竞争

答案：C

【教学设计意图】考查学生对垄断与竞争之间关系的了解。

国家垄断资本主义是（　　　）相结合的资本主义。

A. 私人资本与垄断资本　　　　　　B. 私人垄断资本与国家政权

C. 工业资本与金融资本　　　　　　D. 职能资本与银行资本

答案：B

【教学设计意图】考查学生对"国家垄断资本主义"概念的理解。

在垄断资本主义阶段，占统治地位的资本是(　　　)。

A. 产业资本　　　B. 商业资本　　　C. 借贷资本　　　D. 金融资本

答案：D

【教学设计意图】考查学生对垄断资本主义特点的理解。

当代经济全球化的主要承担者和体现者是(　　　)。

A. 国际货币基金组织　　　　　　B. 世界银行

C. 世界贸易组织　　　　　　　　D. 跨国公司

答案：D

【教学设计意图】考查学生对当代经济全球化的理解。

(2) 多选题

资本主义的发展迄今为止经历了(　　　)。

A. 自由竞争资本主义　　　　　　B. 私人垄断资本主义

C. 国家垄断资本主义　　　　　　D. 自然经济

E. 商品经济

答案：ABC

【教学设计意图】考查学生对资本主义发展阶段的理解。

经济全球化包括(　　　)。

A. 生产全球化　　　B. 消费全球化　　　C. 资本全球化　　　D. 分配全球化

E. 贸易全球化

答案：ACE

【教学设计意图】考查学生对经济全球化的理解。

（3）辨析题

垄断利润是指垄断企业凭借其垄断地位，任意制定垄断高价获得的利润。

【答案解析】错误。垄断价格是指垄断组织凭借垄断地位制定的、旨在获得高额垄断利润的市场价格，包括垄断高价和垄断低价。即使是垄断高价，也不能完全脱离商品的价值和供求关系而随心所欲地制定，也要符合市场经济规律。

【教学设计意图】考查学生对垄断价格和垄断利润的理解。

3. 课后实践作业

①让学生自己选择一家或几家世界 500 强公司进行调研，考察这些公司在全球化浪潮中的发展动态和趋势，并撰写研究报告或制作微视频。

②观看央视系列纪录片《华尔街》（2010，十集），了解现代金融的来龙去脉，发现资本市场兴衰和经济起伏的规律，并撰写观后感。

【教学设计意图】让学生通过实践了解和体会经济全球化，尤其是金融全球化的特征，感受当代资本主义的新特征以及中国在其中所扮演的角色，让学生增强自己的时代感、使命感。

专题教学设计二 正确认识当代资本主义新变化及发展趋势

一、教学设计目标

① 知识目标：从总体上了解当代资本主义新变化的特征及其原因和实质，了解资本主义的历史地位和发展趋势及其历史必然性。

② 能力目标：运用马克思主义的立场、观点和方法分析与理解资本主义发展趋势的历史必然性。

③ 价值目标：了解资本主义发展趋势，坚定中国特色社会主义道路的信心。

二、教学设计要点

（一）当代资本主义的一系列新变化

当代资本主义是指二战结束以来西方发达国家的国家垄断资本主义和民主

社会主义。与二战以前的资本主义相比，当代资本主义在许多方面正在发生着变化。揭示这些新变化的表现和特征，对于在新的历史条件下深刻认识资本主义的本质，具有十分重要的意义。

1. 生产资料所有制的变化个体资本所有制、私人股份资本所有制、法人资本所有制、国家资本所有制。

2. 劳资关系和分配关系的变化实行"资本民主化"扩大垄断实力；实行"管理民主化"缓和劳资矛盾；实行社会福利制度稳定资本统治；实行股权激励制度吸引人才。

3. 社会阶级、阶层结构的变化传统资本家的地位和作用发生了新变化；高级职业经理成为大公司的实际控制者；知识型和服务型劳动者的数量不断增加，劳动方式发生了新变化；中产阶级队伍不断壮大。

4. 经济调节机制和经济危机形态的变化市场机制依然在资源配置中发挥着基础性调节作用；国家对经济的干预不断加强；经济危机对社会经济运行的干扰减轻，破坏减弱；生产下降的幅度减少；失业率有所降低；企业破产的数量减少；危机周期缩短，经济危机四个阶段之间的差别有所减弱，金融危机对整个经济危机的影响加强。

5. 政治制度的变化国家行政机构的权限不断加强；政治制度出现多元化趋势；公民权利有所扩大；重视并加强法制建设；改良主义政党在政治舞台上的影响日益扩大；等等。

（二）当代资本主义新变化的原因和实质

1. 当代资本主义新变化的原因科技革命和生产力的发展；工人阶级争取自身权力和利益斗争的作用；社会主义制度初步显示的优越性；主张改良主义政党对资本主义制度的改革；等等。

2. 当代资本主义新变化的实质从根本上说当代资本主义是人类社会发展一般规律和资本主义经济规律作用的结果，是在资本主义制度基本框架下的变化，并不意味着资本主义生产关系的基本性质发生了变化。

（三）资本主义的历史地位

历史地看，资本主义制度的产生是人类历史的伟大进步。首先，资本主义将科学技术转变为强大的生产力；其次，资本追求剩余价值的内在动力和竞争的外在压力推动了社会生产力的迅速发展；最后，资产阶级在反对封建专制的斗争中提出了符合自身利益和要求的"主权在民""天赋人权""分权制衡""社会契约论""自由、平等、博爱"等政治思想，并在这些思想的指导下建立起了资本主义民主制的国家，虽然本质上是为资产阶级利益服务，但与封建制与奴隶制相比，是人类政治生活中的一大进步。

（四）资本主义为社会主义所代替的历史必然性

1. 资本主义的内在矛盾决定了资本主义必然被社会主义所代替

资本主义基本矛盾"包含着现代的一切冲突的萌芽"；资本积累推动资本主义基本矛盾不断激化并最终否定资本主义自身；国家垄断资本主义是资本主义社会化的最高形式，是社会主义的前奏。

2. 从资本主义向社会主义过渡的历史必然性

任何社会形态的存在都有其相对稳定性，从产生到衰亡都要经过相当长的时间跨度；资本主义发展的不平衡性决定了过渡的长期性；当代资本主义的发展还显示出生产关系对生产力容纳的空间，说明资本主义为社会主义所代替是一个长期的过程。

三、教学设计方案

（一）高阶性教学设计

1. 经典原文解读

（1）关于资本主义历史地位的论述

资产阶级在它的不到一百年的阶级统治中所创造的生产力，比过去一切世代创造的全部生产力还要多，还要大。

——马克思和恩格斯：《共产党宣言》，《马克思恩格斯选集》第1卷，人民出版社，1995年版，第277页

同社会主义比较，资本主义是祸害。但同中世纪制度、同小生产、同小生产者涣散性引起的官僚主义比较，资本主义则是幸福。既然我们还不能实现从小生产到社会主义的直接过渡，所以作为小生产和交换的自发产物的资本主义，在一定程度上是不可避免的，所以我们应该利用资本主义作为小生产和社会主义之间的中间环节，作为提高生产力的手段、途径、方法和方式。

——列宁：《论粮食税》，《列宁选集》第4卷，人民出版社，1995年版，第510页

【教学设计意图】让学生通过阅读这部分著作，全面评价资本主义的先进性和历史局限性。

（2）关于资本主义必然灭亡的论述

无论哪一个社会形态，在它所能容纳的全部生产力发挥出来以前，是决不会灭亡的；而新的更高的生产关系，在它的物质存在条件在旧社会的胎胞里成

熟以前，是决不会出现的。

　　——马克思：《〈政治经济学批判〉序言》，《马克思恩格斯选集》第 2 卷，人民出版社，1995 年版，第 33 页

　　国家垄断资本主义是社会主义的最充分的物质准备，是社会主义的前阶，是历史阶梯上的一级，在这一级和叫作社会主义的那一级之间，没有任何中间级。

　　——列宁：《大难临头，出路何在?》，《列宁选集》第 3 卷，人民出版社，1995 年版，第 266 页

　　【教学设计意图】让学生通过阅读原著，了解国家垄断资本主义和社会主义之间的关系，了解资本主义必然灭亡的历史趋势。

　　2. 学术观点拓展

　　（1）关于当代资本主义向社会主义过渡问题的争论和看法

　　关于当代资本主义和社会主义关系的问题，国内外学者有三种不同观点：

　　第一种观点认为，资本主义仍然具有较强的社会适应性和发展潜能。周期性爆发的经济危机、日益加深的社会矛盾及社会主义制度的存在，迫使资产阶级对资本主义的政治经济体制进行自我调节、改良和改善。在生产领域，新科技革命促进西方资本主义国家劳动生产率的提高和生产力的增长。国家干预职能的发挥使资本主义生产不是完全"无计划""无政府"，这在一定程度上缓解了资本主义的阶级矛盾。在政治领域，通过发展资产阶级民主政治，使社会不满情绪在平时有所发泄，起到了政治"减压阀"的作用。总之，当代资本主义通过种种自我调节来克服危机，实现模式转型，资本主义制度仍然具有生命力。

　　第二种观点认为，当代资本主义社会中出现了"社会主义新因素"，这是资本主义具有向更高级的新社会转变的历史过渡性质的印证，或者说是表明资本主义已经处于"社会主义的入口处"了，正在朝着社会主义方向前进。随着当代资本主义社会内社会主义因素的增多，资本主义转变为社会主义的激烈变革会相应减少，而其转变的平稳性则会相应增加，经过较长时间的自然发展后，资本主义就能由部分质变的不断积累而逐渐转变到社会主义。

　　第三种观点认为，西方资本主义国家对资本主义的自我调节、改良和改善的措施并没有改变资本主义剥削制度的本质。资本主义作为一种有着自身难以克服的对抗性矛盾、追逐利润最大化和周期性经济波动等特质的制度，随着资本主义基本矛盾在全球范围内的不断深化，将会越来越阻碍资本主义的发展，并促使其走向灭亡。

　　【教学设计意图】引领学生了解当前关于资本主义发展趋势的几种观点，要

让学生明白，虽然资本主义在其基本框架内有一定程度的调整，但资本主义基本矛盾是促使其灭亡的根本原因。

（2）关于当代资本主义新变化的表现、原因及实质的各种观点

关于资本主义发展的新阶段如何定位，目前主要有四种观点：一是国家垄断资本主义的观点，这是主流观点。对于战后资本主义的新变化，特别是20世纪90年代，仍然属于国家垄断资本主义的一个阶段；二是国际垄断资本主义的观点。20世纪70年代以来，资本加速向国际化发展，到90年代则呈现出明显的全球化倾向；三是金融垄断资本主义。金融垄断资本主义是资本对人类社会生产的最高统治，它把生产的社会化又向前推进了一步，实现了资本主义的历史性进步；四是社会资本主义的观点。当代资本主义从生产力到生产关系，从经济基础到上层建筑，从社会结构到社会生活，从内部关系到国际关系，社会化程度都越来越高，范围都越来越广，层次都越来越多，社会主义因素都在逐步增长，所以称之为社会资本主义。关于当代资本主义的新变化：生产力方面的变化：主要资本主义国家生产力加速发展，劳动生产率大幅度提高。在产业结构层面上出现了转向信息化、服务化和高科技化的趋势，第三产业迅速崛起，第一、第二产业比重大幅度下降。生产力要素产生新变化，脑力劳动者比例攀升；由于计算机、信息技术、控制论、系统工程等的运用，劳动工具发生了革命性变革；人工合成材料的问世，新资源的开发利用，尤其是信息资源的广泛利用，从根本上改变了劳动对象的物质范围。

生产关系方面的变化：在所有制关系上，出现了资本社会化的趋势，建立和发展一定比重的国有经济，企业股权分散化。在劳资关系上，允许部分工人参加企业管理，缓和阶级矛盾。在分配关系上，许多发达国家对收入分配政策进行了某些调整，实行社会福利政策，在一定程度上缓和了社会矛盾。另外，在资本的国际化层面上，拓展了国际贸易空间，生产经营和资本流动国际化。

上层建筑方面的变化主要表现在：实现了政治制度与法制的有效结合；国家管理经济和社会的职能增强；资产阶级的民主形式进一步扩大，公民权利的内涵与外延又有新的拓展；意识形态中左翼与右翼的分歧逐渐减弱，多元化的价值取向更加鲜明。另外，资本主义政治统治中对国家权力机构的监督和制约的内外因素大大加强，国家权力的重心由议会向政府转移。

阶级结构和阶级关系的变化主要表现在：

第一，当代资产阶级的变化。一是内部结构的变化，在家族资本家继续存在的情况下，经理资本家人数增加、作用增强；二是家族资本家对企业控制方式的变化，逐渐由直接控制过渡到间接控制。跨国资本家阶级开始形成。

第二，当代无产阶级的变化。工人绝对数量增加迅速，工人素质逐渐提高；第三产业工人已占主体地位；白领工人超过蓝领工人；工人阶级构成日趋复杂化、多层次化；工资收入增加，生活明显改善；劳动时间缩短；不少人成为了股票的拥有者；劳动者可以通过社会保险、社会救济、社会服务等途径获得帮助。

第三，中产阶级。不拥有或较少拥有生产资料的所有权，但却拥有对工人劳动的支配权和对生产资料的日常控制权的人。他们在收入水平、消费模式、社会态度和意识形态方面，都不同于工人阶级。

第四，阶级关系的变化。因为阶层的、阶级的、利益集团的、民族和种族的、激进和保守的等各种社会矛盾的纠缠，无产阶级和资产阶级的矛盾为各种社会利益矛盾所淡化。西方发达国家推行改良主义措施，实施限制贫富差距扩大的税收政策和社会再分配政策，在一定程度上缓和了社会矛盾和阶级矛盾，使工人阶级的社会政治地位有了提高。

关于当代资本主义产生新变化的原因大致可分为三种观点：一是现代科技革命推动论。现代资本主义的种种变化归根结底是由于当代新科技革命引起的生产力飞跃。生产力的发展推动着现代资本主义调整生产关系和社会矛盾。全球垄断资本主义是二战后新科技革命使生产力高度发达、高度社会化和资本高度国际化的必然产物；二是国家干预和自我调节论。首先，加强国家干预对延缓资本主义衰老起关键性作用。其次，通过体制改革缓解了制度危机，通过反对垄断，鼓励和保护自由竞争，使科技和社会生产力仍然能获得较快发展。资产阶级及其政府不断自觉地进行自我调节和调整，是资本主义新变化的内在动因；三是资本主义发展潜力论。当代资本主义并未像列宁在《帝国主义论》中所估计的已经"垂死"，自身仍然具有较强的社会适应性和发展潜能。尽管当代资本主义矛盾重重，但改革和高新技术发展仍然使其具有很强的生命力和发展潜力。

当代资本主义新变化的实质从根本上说是人类社会发展一般规律和资本主义经济规律作用的结果，是在资本主义制度基本框架内的变化，并不意味着资本主义生产关系的根本性质发生了变化。

【教学设计意图】关于当代资本主义的新变化，不同学者有不同观点。通过展示这些学者的观点，为学生展现出一幅当代资本主义的新视野，有利于学生了解当代资本主义一系列变化的特征、原因、实质等，进一步坚定学生对中国特色社会主义道路的信心。

（二）创新性教学设计

1. 案例分析

（1）瑞典的社会福利制度

北欧福利制度闻名世界。以瑞典为例，工资方面，瑞典年薪最高的一百多名企业家与工人的平均工资收入约为13∶1。纳税方面，瑞典所得税为累进制，收入越高，纳税越多。其中，产业工人平均所得税率为35%，职员为40%，收入很高的企业家、商人、演员、运动员可达80%。瑞典福利项目包括：

父母保险及儿童护理：产妇的产假为15个月。可由孩子父母分享，休产假可领取产假补贴。孩子12周岁以前如果生病，其父母均有权留在家里给予照顾，照顾孩子有补贴。瑞典的孩子原则上都可以进入托儿所，入托费很低，约相当于实际支出的10%，其余由国家负担。

养老金：瑞典自1996年起实行新的养老金制度，包括三方面内容。一是保障养老金，65岁以上的瑞典公民人人有份且数额相同，旨在保障公民的基本生活需要；二是附加养老金，以其一生收入的多少和纳税情况评算；三是退休年龄灵活。一个人可以从61岁起退休，但也可工作到67岁。对养老金的来源也进行了改革：以前全靠雇主支付，改革后基本由雇主和雇员各支付一半。

医疗保险：瑞典公民都享受公费医疗，但实行医疗改革后，病人去医院看病个人所付费用有所增加，病假补贴相对减少。个人所付医药费有一定限额，一年不超出900克朗时完全由个人支付，超出部分可享受50%—90%补贴；若一年内医药费累计超出1800克朗，超出部分完全由国家负担。

失业补贴：瑞典失业者都可以领取失业救济。自1996年起，失业补贴改为原工资的75%。

瑞典社会福利制度的未来应该怎样，至今仍是一个常常引起争议的问题。但当前瑞典人的共识是，适当削减社会福利是必要的，但福利制度的基本框架不能改变，更不能取消。瑞典社会福利保障制度起步较早，自1891年建立医疗保险制度起，经历了一个多世纪的不断补充、规范、修改，确立了以国家社会保险、家庭福利、社会服务和医疗保健四大福利保障为基础的相对完备的社会福利保障制度，主要有如下四个特点：

① 全民性。在瑞典，每一个具有瑞典国籍的公民都在社会福利保障范围内，无论男女、老幼、有无工作，无论是否对瑞典有所贡献，均享受基本统一的社会福利和服务保障。

② 高福利。瑞典国民在从摇篮到坟墓的各个生命阶段、各个生活领域，包括儿童服务、老年人保障、残疾人保障、医疗保障、最低生活补助、工伤补贴、

失业保险等，基本上都享受着相应的福利保障，而且保障水平高。比如，瑞典每个 18 岁以下的孩子，国家每月补贴 950 克朗糖果费；每个瑞典人可以免费接受从幼儿园到高中教育；每个人均享受近乎免费的医疗服务；残疾人的生活费用全部由政府负担；等等。

③ 平均性。瑞典通过一系列给予年轻家庭、低收入家庭、疾病者、领取养老金者、丧失劳动力者及其他弱势人群的相应补贴，以及面向全体社区居民的低费用的儿童看护服务、各层次教育、社会支持和医疗保健服务，尽可能达致全体公民平均享受各种福利的社会服务。为保证不同地区的居民享受到同样的福利，瑞典还采取"罗宾汉式"抽肥补缺的福利政策，从财政收入高的地区补贴福利支出存在缺口的地区，以实现不同人群间最大限度的平等。

④ 政府负担。社会福利和社会服务是瑞典各级政府特别是地方政府的主要职能。社会福利保障资金和各类社会服务费用，除养老保险、失业保险需要个人缴纳一定比例费用外，均由政府承担。此类费用支出基本上是各级政府特别是地方政府财政最大的支出项目，瑞典 GDP 的 36% 用于社会福利事业，地方政府的此项占比更高。以瑞典首都斯德哥尔摩为例，该市每年年度财政预算中，2/3 用于教育、医疗和社会服务，为维持这种高福利的财政需要，瑞典实行了高税收制度，个人所得税平均达到 38%。

【案例分析】二战后，一些发达国家纷纷建立起相对完善的福利制度，主要有两方面原因：一是科技与生产力的发展使国家财富不断增长；二是工人阶级反抗斗争的结果。但高福利制度也有弊端，许多人陷入了对福利制度的长期依赖，导致国家经济增长动力不足，财政压力越来越大，使国家陷入负担甚至负债之中，对国家的负面影响越来越大。

【教学设计意图】北欧国家是世界福利制度的典范，此案例可以向学生展示二战后资本主义的发展态势，或者说是资本主义为缓和贫富差距和社会矛盾所采取的一种政策。可以向学生展示福利制度的由来并引导学生辩证分析其利弊。

（2）法国政府宣布重振工业措施

2021 年 9 月 6 日，在法国里昂举行的世界工业沙龙（Salon Global Industrie）上，法国总理卡斯泰宣称，法国正在进行历史上"第五次工业革命"：鞋子、药品生产都将回到法国本土。卡斯泰同时宣布了政府一系列鼓励工业生产的措施，尤其是要为新能源发展、经济"脱碳"做准备。这些措施包括：

"工业区计划"第三次注资。"工业区计划"由国家、地方银行和 7 家全国性运营商在 2018 年年底推出，旨在加强工业发展，为贫困地区，尤其是乡镇和农村地区注入新动力。最初支持资金有 4 亿欧元，2021 年 5 月补充了 1.5 亿欧元。现在是第三次投资，又增加 1.5 亿欧元。到目前为止，"工业区计划"已经为 1080 个项目提供了资金，该计划是国家与地区良好合作的力证，增加的 1.5 亿欧元投资主要用于支持受工业重组影响最大的地区，已有 260 万名年轻人从重振计划中受益。

"再工业化"成为了大选关键词。卡斯泰承认疫情暴露了法国"去工业化"的状况。1980 年，工业岗位占 GDP 的比重为 22%，到 2017 年降至 13%；产业工人数量从 1980 年的 530 万人下降到 320 万人。近年来法国工业排放的二氧化碳减少了 40%，但主要是通过去工业化。与此同时，法国开始大规模进口商品，这其实增加了全球范围内的碳排放。卡斯泰声称，为遏制疫情投入的 1000 亿欧元有 350 亿欧元用于工业领域，1/3 企业都有项目收益。相关项目涉及各个领域，如中小企业的数字化、农业和木材加工的现代化、航空和汽车行业的低碳化和改进回收等。

【案例分析】法国是老牌工业国，但也面临着同美国等工业国的相似情况，即在全球化浪潮影响下，很多工业特别是制造业大规模转移到发展中国家，导致法国本土工业"空心化"。如何在这一背景下走上"再工业化"道路，是摆在法、美等国面前的一道难题。毕竟几十年的工业"空心化"，要想再返回本土也是很困难的，面临着诸如成本控制等很多难题。但"再工业化"能够引起政府关注，说明这些老牌工业国已经认识到了问题所在，但能不能解决问题就是另一回事了。

【教学设计意图】本案例是想引导学生认识二战后发达资本主义的工业发展动态，即"再工业化"的趋势，当然这是由之前全球化资源配置导致大量产业外移引起的。

2. 课堂讨论西方资本主义正在走向衰落吗?

中国崛起的态势是世界公认的，那么，与之相关的，资本主义是否正在走向没落? 比如欧美等国在科技上的领先态势远不如从前，中国大有与之分庭抗礼之势；作为老牌工业国，欧美等国的大量产业转移到发展中国家或新兴经济体，中国早就是"世界工厂"，并拥有联合国所说的最全的工业门类。

观点 1：中国在崛起，资本主义在衰落

观点 2：虽然中国在崛起，但没有明显证据表明资本主义正在走向衰落

【教学设计意图】关于西方资本主义是否在走向衰落是国际国内学者讨论颇多的一个话题，观点很多，但有一点是公认的，即相对衰落是肯定的。也就是说，随着中国等发展中经济体的崛起，这些昔日的老牌发达国家不再有往日的荣耀。讨论这个问题，是想让学生了解资本主义的发展趋势，增强自己对中国

特色社会主义道路的信心。

3. 视听资料

(1)《北海乌托邦》(2010)

这部纪录片生动讲述了北欧国家瑞典的福利制度和新能源发展措施,有很多具体生动且在书本上难以看到的例子。

【教学设计意图】学生观摩影片,可以了解北欧等国家福利的具体政策和措施,这也是二战后资本主义的一个很重要的发展趋势。

(2)《机器人革命》(Robot Revolution,2018)

这部三集的美国纪录片试图向我们介绍人工智能的发展是怎样影响我们的生活的,探索人工智能的进步会对城市就业和财富不平等造成什么样的影响,面对技术快速发展的未来,社会应做出怎样的变革,等等。

【教学设计意图】学生通过观摩影片,可以了解当代资本主义的科技发展动态,毕竟美国仍然是全世界科技最发达、人工智能最领先的国家之一。

(3)《99%:共同占领华尔街》(2013)

《99%:共同占领华尔街》是一部再现当年"占领华尔街"抗议活动的纪录片。示威者自那时起在号称全球经济心脏的华尔街附近祖科蒂公园扎营,在纽约证券交易所等华尔街金融机构外举标语、喊口号,抗议华尔街"贪婪"无止境,指责政府救助少数金融机构而使多数人陷入经济困境。示威者自称代表99%的社会民众,要和1%的所谓精英阶层对话。

【教学设计意图】占领华尔街运动最著名的口号"我们都是99%"强调,99%的美国人被金融危机剥夺了财产,剩下1%的人却依然拥有一切;99%的人不能再忍受1%的人的贪婪。这一社会运动凸显了当代资本主义社会存在严重的贫富分化与阶级矛盾。该片有助于学生从这一社会运动中了解当代资本主义社会存在的矛盾与趋势。

4. 知识拓展

美国科技战略的调整

美国科技战略根据世界技术革命、经贸格局、政治形势的变化处于动态调整之中。这种调整既是经济演进趋势与科技发展规律交互的结果,也是国内环境多维变动与国际形势尚未明朗下的利益诉求;既包括围绕科技自身的发展方向、内容及实现形式的改变,也包括为减少外部阻力而对潜在竞争对象态度的转变。

从奥巴马政府和特朗普政府的美国科技战略内容来看,其科技战略调整更关注国际科技合作的"边界性"、联邦政府研发投入的"参与度"、中长期科技受益的"获得感"及对美国价值观的"认同感"。该战略主要有四个特点：一是将科技重心收回国内，"科技全球化"建立在美国优先的基础上；二是科技重点领域的选择更具针对性，提供强大的资金与政策支持；三是将外部潜在竞争者具象化，不再泛泛而谈，将中国锁定为主要竞争目标；四是采用"结盟捆绑"的方式为自身谋利并压制竞争对手的发展。具体包括：

科技战略的顶层设计层面。战略目标清晰，保持绝对的领先优势，并将潜在的竞争对手具象化；研发预算总体从紧，以国家利益为核心的尖端科技领域成为预算倾斜方；强调市场优先，联邦政府由台前转向幕后，强调私营部门在推动科学发展中的作用；完善主要科技部门的人员建制，直接凸显科技重要地位；注重基础教育的人才架构完整性，内部培养强调层次性，外部引进侧重价值观和意识形态的考察；等等。

科技战略的行动落实层面。先进制造业领域：继续强化领先地位；信息技术领域：掌握 5G 领导权，量子计算领跑，维护国家网络安全；人工智能领域：机构、经费、体制全面发力；交通领域：自动驾驶计划落地加速；能源领域：重申化石能源基础地位，核能源成为重中之重；生命科学领域：深化数字医学；太空领域：确保领导地位；军事国防：适应科技变革环境，保持技术优势。

【教学设计意图】当代资本主义的一个发展态势便是围绕科技革命、争夺世界科技制高点展开的。美国作为当代资本主义科技发展的领头羊，也是全世界科技最领先的国家，其科技战略调整充分体现了当代资本主义的发展动态，了解以上内容有助于学生从整体上把握当代资本主义的发展趋势。

5. 情景再现

当代美国的政策制定

特朗普上台后，曾发誓要"让美国再次伟大"（Make America Great Again）。其措施是：

与中国等国打贸易战，树立关税壁垒，给企业减税，让制造业加速回流，让蓝领工人就业率增加；保持"美国优先"战略；在人才方面，疑人不用；等等。

拜登政府于当地时间 2021 年 12 月 8 日正式推出一个新网站"Build. gov"，还有一个与之配套的新口号"建设更美好美国"（"Building a Better America"），继续为此前美国两院通过的 1.2 万亿美元基础设施投资法案进行宣传。相比特朗普，拜登在对华政策的制定上更具组织性和战略性，可以接受在与中国竞争的同时寻求合作，同时不太会蓄意制造议题激怒中国。他希望中美双方都能抓住机会使双边关系重回建设性轨道。

根据以上内容，设计一幕情景剧、话剧或小品，通过特朗普与拜登及其幕僚之间的对话，展现当今美国政治的特点以及美国的发展态势、美国对华关系的转变等。

【教学设计意图】引导学生以情景剧的方式生动具体地感受美国政治、社会发展动态及对华关系的转变等，为学生展示出一个当代资本主义特别是美国的大视野，有利于学生沉浸式地体验当代资本主义的特点及发展趋势。

（三）挑战度教学设计

1. 疑难问题解答

（1）北欧福利为什么那么高？其他国家能学吗？

众所周知，丹麦、芬兰、挪威、瑞典等北欧国家的高福利，一直是很多人所向往的。那么为什么北欧能多年保持高福利？其他国家能学吗？其他国家不是不想学，而是学不到。因为支撑北欧高福利的因素如下：

第一，这些国家人口不多，但资源极其丰富。人均资源占有量远高于普通发达国家。

北欧人口最多的国家瑞典不过969万人，人口最少的冰岛只有33万人。挪威是世界第三大石油出口国和天然气出口国，而且不会像中东那样时刻被人盯着，石油收入占GDP 25%。瑞典的铁矿砂出口居欧洲第一位，已探明的铀矿储量高达25万—30万吨，森林覆盖率高达54%。芬兰人均森林面积3.9公顷，纸浆、纸板、纸箱产量居世界前列。丹麦是欧洲第三大石油生产国、天然气出口国，其他矿产资源也很丰富。冰岛地热资源丰富，北海渔场非常发达。资源丰富的最大优势在于抗风险能力极强，受外界环境影响很小。

第二，高福利的背后是高税收。芬兰人的所得税超过50%，瑞典人交税支出占总支出的比例超过60%。每个公民的税务信息在政府系统里均可查，几乎没有逃税可能性。政府通过税收方式有效调节了收入分配，也使北欧国家成为全世界收入差距最小的国家。

第三，构建了极其完善的社会保障网络。"从摇篮到坟墓"的保障让北欧人民的生活没有任何后顾之忧。各类保障、服务、补助、救助等措施，可以解决普通人能遇到的绝大部分问题。

第四，给予年轻人足够的自由和创新空间。由于社会非常发达，各行各业的收入水平差距不大，所以人们不必为了谋生而委曲求全，可以根据自己的兴趣爱好，自由选择职业和定位。这种氛围会激发更多的灵感和创造性，整个社会对创新非常鼓励，也能包容创新的失败。年轻人喜欢独树一帜，因此各个领域的创新和设计层出不穷。

第五，人们之间特别容易达成信任，同时很少抱怨他人。整个社会氛围更加和谐，也没有多少攀比的心理和嫉妒的心态。他们更愿意给慈善机构捐款捐物，更愿意帮助和信任他人，几乎没有人逃税，也不会因为交的税养了其他人而感到不公。

第六，军费开支很低，为政府节约了一大笔费用。政府通过高税收和高福利的合理搭配，提供更多高素质劳动者和工作岗位，有效激发了人们的劳动参与率，从而产生更多财富。同时通过完善的体系和独有的文化将税款收集起来继续维持高福利政策，这也在一定意义上形成了良性循环。

既然高税收可以带来高福利，那么其他国家为什么不能学？其实这是有深层次原因的。北欧国家的产业有个明显特点，那就是"高附加值，低发展速度"。高附加值非常好理解，就是利润率高。如果国民都是纺织工人或流水线装配工人，就算80%的税率，税收总量也不会太大。但高税收如IT、芯片这样的产业，技术和知识更新快，不一定能形成长期稳定的高税收。所以北欧人所擅长的行业，除了具有高附加值特点，还是"低发展速度"。因为低发展速度意味着行业的核心竞争力主要来源于历史传承。更重要的是，一个行业进入慢速发展周期，说明这个行业的市场几乎停止了增长，新一代人员只要按部就班踏踏实实干活就行，再拼命也赚不到更多的钱。所以，从员工角度讲，更多的工作不能转化为效益；从企业角度讲，扩大投资不适合已经饱和的市场；从政府角度讲，手里没有多少需要大量资金的风口行业。很容易看出，这三者囊括了高福利的底层需求与上层动机，会天然地催生出福利体系。换句话就是，北欧政府和民众都无处投资自己的产出，干脆就用来增加社会稳定性了。

比如，丹麦的优势产业农业，尤其是畜牧业，就和一般人想象的不同，它是典型的"高附加价值，低发展速度"的产业。以全球闻名的丹麦牛奶为例，丹麦的牧场直接生产出的牛奶中细菌含量几乎接近巴氏消毒后的安全标准。这种成果中包含的技术含量不是一朝一夕能够达到的，而且这种技术传承越久会越先进，因为牛的变异不会十年八年就发生一次。对比国内牛奶，其实并不全是无良商家故意把标准降低了，而是在奶牛品种和生产技术方面差距太大。当今，欧洲各国压制我国的绝大部分产业都具有类似特征，如液压构件、发动机、香水等，此类技术都是长期稳定不变的，所以他们能够靠着传承持续获得超高的利润。

我国能学习这种方式吗？要想在这条赛道上打败欧美，类似于在革命战争年代强攻大城市一样，难度较大。但如果用农村包围城市的思路就不一样了，互联网、5G、新能源汽车、太阳能等发展方向不固定，技术迭代速度快的行业大家都是零起步，机会都很多，同时风险也很高，失败概率很大，一旦成功就会占据绝对优势。我们既有一个超级大市场，又有强有力的政府主导，完全可以在这些产业中寻求突破。再深入一层，我们可以去死磕丹麦的畜牧业和欧洲的发动机吗？不是不可以，而是不值得。整个丹麦的畜牧业产值有260亿美元，这在丹麦是天文数字，而在我国则微不足道。畜牧业不到15%的毛利率在丹麦已经相当高了，但在我国收益率30%以上的产业比比皆是。汽油发动机已经不再是将来的发展方向了，新能源汽车不需要这个。所以把资源和精力投入到更有前景、技术含量更高、投资收益率更高的产业才更划算。

总的来说，由于支撑北欧福利制度的特点，我国要学习北欧福利制度不太现实。一是国家情况过于复杂，高福利需要全社会系统支撑；二是我国要想全面掌握公民所有信息难度太大；三是我国人口众多，目前只是消除了绝对贫困，教育医疗等资源依然稀缺，无法实现高额补贴；四是我国虽然资源丰富，但人均资源仍然很少，无法支撑如此庞大的开支；我国运转所需资金远比小国运转所需资金要大得多。

【教学设计意图】深刻分析北欧高福利制度背后的原因，一方面向学生展示了二战后资本主义的发展趋势，另一方面要向学生强调各国应根据自身特点设计自己的发展道路，不能盲目效仿他国，应坚定走中国特色社会主义道路的信心。

（2）政府越小越有利于经济发展吗？

新自由主义经济学总是喋喋不休地告诫，政府是问题的根源，而不是解决问题的良方。当然，政府并非万能，政府也有失败，有时还存在重大失败，但市场同样也存在失灵。而且更重要的是，政府不乏成功范例。政府并不是经济发展的"冤家仇敌"，政府越小越有利于经济发展的信念存在着明显缺陷。实际上，今天所有的发达国家在发展进程中都是在充分发挥政府作用后才富裕起来、发展起来的。

今天的世界不是不需要政府，而是需要创造性地思考如何才能让政府成为现代经济体系的动力元素，使经济体系更具活力、更加稳定、更加平等，确立一个政府与市场的完善体系，从而共同建设一个和谐美好的世界。市场在资源配置中起决定性作用和更好地发挥政府作用并不是主张市场原教旨主义，也不意味着政府的退出和不作为，而是要让政府和市场各司其职。

刘易斯在《经济增长理论》一书中写道："政府行为同企业家、父母、科学家或牧师的行为一样，在促进或阻碍经济活动方面起着重要作用……如果没有高瞻远瞩的政府的积极推动，没有一个国家能够在经济上取得进展。"纵览日本、德国的工业化进程，国家在其中的作用举足轻重。无论是日本"明治维新"还是德意志"统一"，均在制度、资本和市场上给予了经济增长、生产方式变革的创新空间。自上而下的改良和改革是国家治理语境下的一种渐进模式，现代工业革命、经济与军事的竞争最终仍然取决于国家。

【教学设计意图】二战后，西方国家经济发展的共识是"小政府，大社会"、自由市场等，但这些理论是有问题的。实践证明，国家在经济发展中的作用至关重要。通过该问题的解答，让学生认识到国家对于经济社会发展的重要性，进一步增强学生对我国走中国特色社会主义道路的自信心、自觉性和能动性。

2. 典型试题解析

（1）单选题

当代资本主义发生新变化的原因是多方面的，最根本的原因是（　）。

A. 科技革命和生产力的发展

B. 工人阶级争取自身权益的斗争

C. 社会主义制度初步显示的优越性

D. 主张改良主义政党对资本主义改革

答案：A

【教学设计意图】考查学生对当代资本主义新变化根本原因的理解。

二战后，发达资本主义国家为了缓和阶级矛盾，实施了普及化、全民化的社会福利制度，这（　　）。

A. 从根本上改变了劳动者受剥削的程度

B. 从根本上触及了生产资料资本主义私有制

C. 是国家垄断资本主义对于分配关系的新调整

D. 改变了资产阶级与工人阶级的利益对立

答案：C

【教学设计意图】考查学生对资本主义福利制度的理解。

资本主义的历史地位是（　　）。

A. 寄生的资本主义　　　　　　　　B. 腐朽的资本主义

C. 可持续发展的资本主义　　　　　D. 过渡的资本主义

答案：D

【教学设计意图】考查学生对资本主义历史地位的理解。

下列不属于20世纪70年代后资本主义经济危机特点的是（　　）。

A. 产业空心化日趋严重

B. 虚拟经济与实体经济严重脱节

C. 两极分化和社会对立加剧

D. 追求剩余价值所造成的生产过剩

答案：D

【教学设计意图】考查学生对当代资本主义经济危机特征的理解。

当代资本主义的新变化（　　　）。

A. 从根本上说是人类社会发展一般规律和资本主义经济规律作用的结果

B. 是在社会主义制度基本框架内的变化

C. 意味着财富两极分化的局面发生了根本变化

D. 意味着资本主义生产关系的根本性质发生了变化

答案：A

【教学设计意图】考查学生对当代资本主义新变化本质的了解。

（2）多选题

二战后，资本主义所有制发生了新变化，这就是(　　　)

A. 国家资本所有制形成　　　　　B. 法人资本所有制崛起

C. 私人股份所有制占主导地位　　D. 股份合作制占主导地位

答案：AB

【教学设计意图】考查学生对当代资本主义所有制变化的理解。

二战后，发达资本主义国家采取的缓和劳资关系的激励制度包括(　　　)

A. 职工参与决策制度　　　　　　B. 终身雇佣制度

C. 职工控股制度　　　　　　　　D. 职工持股制度

答案：ABD

【教学设计意图】考查学生对当代资本主义劳资关系变化的理解。

当代资本主义生产关系中的阶级结构发生了新变化，使(　　　)。

A. 大公司内部资本的所有权和控制权发生分离

B. 高级职业经理人成为大公司经营活动实际控制者

C. 服务型和知识型劳动者数量不断增加

D. 劳动方式发生了新变化

答案：ABCD

【教学设计意图】考查学生对当代资本主义生产关系变化的理解。

（3）辨析题

职工持股制度的实施改变了工人的地位。

【答案解析】错误。职工持股制度旨在通过使职工持有一部分本公司的股份来调动工人的生产积极性，使工人产生归属感，在生产中努力提高劳动效率，增加剩余价值。虽然它缓和了资本家与工人之间的矛盾，但并没有从根本上触动资本主义的雇佣劳动关系，因此也就没有改变工人的被雇佣地位。

【教学设计意图】要让学生了解，虽然二战后劳资关系和分配制度发生了一定变化，但并没有从根本上改变工人阶级受压迫、受剥削的地位，资本主义的本质也没有改变。

3. 课后实践作业

① 挑选一个发达资本主义国家，如美国、日本、德国等，围绕该国在科技战略方面的政策与发展动态，以及对我国的启示，撰写一份研究报告。

② 挑选一个北欧国家，如挪威、瑞典、芬兰等，围绕该国在福利、平等方面的政策和问题，撰写一份研究报告。

③ 观看纪录片《监守自盗》（2010），该片通过追溯冰岛政府破产的经过和深层次原因，揭露了全球金融危机爆发的根本原因在于以美国为代表的当代资本主义经济、法律和政治"三位一体"的共同作用，而并不是所谓的"偶然"的危机。

【教学设计意图】通过研究报告的撰写与纪录片的观摩，让学生全面了解当代资本主义的发展动态以及伴随的各种问题。

第六章

社会主义发展及其规律

专题教学设计一　社会主义的历史进程

一、教学设计目标

①知识目标：从总体上理解和把握社会主义的历史进程，了解社会主义在马克思主义理论整体性与真理性之中的定位，掌握社会主义历史演变历程的几个阶段。

②能力目标：根据前面所学基础，运用马克思主义立场、观点、方法分析与理解社会主义由空想到科学、由理想到现实、由一国到多国的理论基础与实践意义。

③价值目标：通过社会主义实践在中国所焕发出的强大生命力感受马克思"两个必然"的魅力与真理性，进一步坚定马克思主义信仰。

二、教学设计要点

（一）早期社会主义发展历史的"思想图谱"：从"空想"到"科学"

1. 空想社会主义的三个历史阶段

空想社会主义的发展经历了三个阶段，即 16、17 世纪的早期空想社会主义、18 世纪的空想平均共产主义、19 世纪初期批判的空想社会主义。

2. 空想社会主义者的代表人物及其基本思想

16、17 世纪主要代表人物有托马斯·莫尔、托马斯·闵采尔、托马斯·康帕内拉等人。他们用文学的语言批判资本主义带来的各种灾难和罪恶，阐述他们对理想社会的构想，构想了一个没有剥削压迫、人人平等的理想社会。

18 世纪的空想平均共产主义主要从法理角度批判资本主义私有制，以法律条文的形式阐述未来理想社会的基本原则，代表人物有梅叶、摩莱里、马布利。

19世纪初，工业革命使得资本主义的基本矛盾日益深化，圣西门、傅立叶、欧文等人继承以往的空想社会主义思想，吸收18世纪法国启蒙学者的理论形式，在批判资本主义社会制度的同时，对未来社会提出了许多积极合理的设想。

3. 马克思和恩格斯科学社会主义产生的根源

从社会土壤看。随着机器大工业的发展，资本主义生产社会化与生产资料私人占有之间的矛盾不断激化，继而导致两极分化严重、经济危机频发，社会矛盾凸显。

从阶级基础看。随着社会矛盾的激化，无产阶级与资产阶级的斗争更加激烈。特别是19世纪爆发的三大工人运动，标志着无产阶级作为一支独立的政治力量登上了历史舞台。无产阶级革命斗争对理论的迫切需要，推动了科学社会主义的最终形成。

从理论条件看。唯物史观和剩余价值学说的创立为实现社会主义从空想到科学的飞跃奠定了基础。

（二）现实趋向理论的进程：社会主义由理想到现实的实践

1. 实践的初步组织形式及成果——国际工人协会（以下简称第一国际）和巴黎公社

①第一国际是在19世纪50年代末60年代初欧洲工人运动和民主运动重新高涨的形势下产生的，这是无产阶级第一个群众性国际组织。1864年9月28日为第一国际诞生日，马克思是第一国际的灵魂。

②1871年爆发的巴黎公社革命是第一国际精神的产儿，是无产阶级夺取政权的一次伟大尝试。1871年3月18日，巴黎公社革命取得胜利后，巴黎人民立即开始了建立无产阶级政权的尝试。他们摧毁资产阶级的国家机构，废除资产阶级议会制，成立了新的国家机关——巴黎公社。

③第一个无产阶级政权的历史性意义：通过总结巴黎公社经验，马克思、恩格斯指出无产阶级革命取得成功并保持胜利果实的首要条件是要有革命的武装；须打碎旧的国家机器，建立无产阶级的新型国家；无产阶级政权是为人民服务的机关；无产阶级政权必须建立无产阶级政党，发挥党的政治领导作用。

2. 实践成果的再次突破——十月革命的胜利与第一个社会主义国家的建立

1917年11月7日，俄国十月革命的胜利，证实了社会主义革命有可能首先在一个或者几个国家内取得胜利的科学论断，也表明了经济文化相对落后的国家在特定的历史条件下，可以率先建立起社会主义制度，使得马克思主义理论在实践和理论上得到了进一步的拓展。

十月革命的胜利实现了社会主义从理想到现实的伟大飞跃，开辟了人类历史的新纪元，社会主义作为一种崭新的社会形态和社会制度登上历史舞台。

（三）实践成果的进一步推进——社会主义从一国到多国的发展

1. 社会主义在苏联一国的具体实践形式

列宁领导的苏维埃俄国对社会主义道路的探索，大体上经历了3个时期：1917年11月—1918年上半年，进行了"直接过渡"实践；1918夏—1921年，战时共产主义时期；1921年3月—1924年，由战时共产主义转为新经济政策时期。

2. 新经济政策的主要措施以及列宁对社会主义建设的巨大贡献

①新经济政策的主要措施：实行粮食税制度，开放市场，实行自由贸易，允许农民自由周转剩余农副产品；允许私人小工业企业发展，允许通过市场进行商品买卖，实行国家调节商业和货币流通；把商业原则引入国有企业，进行经济核算，对职工实行物质奖励；试行租让制、代购代销等国家资本主义形式，作为由多种经济成分过渡到社会主义的桥梁。

②列宁对社会主义的重大贡献：破除教条，"根据经验来谈论社会主义"，第一，把建设社会主义作为一个长期探索、不断实践的过程；第二，把大力发展生产力、提高劳动生产率放在首要地位；第三，在多种经济成分并存的条件下，利用商品、货币和市场发展经济；第四，利用资本主义建设社会主义；第五，加强马克思主义执政党建设；第六，加强思想建设和文化建设；第七，提出了加强国家政权建设和发扬社会主义民主的一系列措施。

③列宁晚年被称作"政治遗嘱"的诸多著作和书信，如《日记摘录》《论合作社》《论我国革命》《我们怎样改组工农检查院（向党的第十二次代表大会提出的建议)》《宁肯少些，但要好些》等对十月革命以来所走过的道路进行了深入的思考，提出了建设社会主义的新构想。

3. 斯大林领导下的苏联对社会主义的探索以及社会主义苏联模式的形成

1936年12月，在苏维埃第八次非常代表大会通过的宪法中，宣布苏联已经建成了社会主义。①苏联社会主义模式的经验总结：经济方面，以高速度发展国民经济为首要任务，以重工业为发展重点，实现从农业国到工业国的转变。单一生产资料公有制形式，集中统一的指令性计划管理，优先发展重工业和军事工业，单一按劳分配方式。政治方面，自上而下的干部任命制，即高度集中的党和国家领导体制，低效的监督机制。

②积极作用：促进了社会主义制度的巩固和发展，推动了生产力的高速发展，确保了重工业特别是国防工业的发展；为处在帝国主义包围中的苏联社会主义建设奠定了物质基础，人民生活水平有了提高，为苏联反法西斯战争的胜

利提供了强有力的物质和人员保障。

③消极作用：集中过多、管得过死、否定市场的作用使企业和劳动者的积极性被严重束缚。社会主义发展的历史证明，苏联模式是特定历史条件下的产物，它并不是社会主义的唯一模式。

4. 社会主义实践由一国到多国的进展及其历史意义

①十月革命后，世界民族民主革命蓬勃发展。二战后，先后有一批国家走上社会主义道路，形成了一个强大的社会主义阵营。社会主义从一国实践发展为多国实践。社会主义国家的人口曾占世界人口的1/3，领土面积达世界陆地面积的1/4。

②中国革命的胜利，是继十月革命之后20世纪最重大的事件。以毛泽东为主要代表的中国共产党人，把马克思列宁主义基本原理同中国革命具体实际相结合，成功通过农村包围城市、武装夺取政权，实现从新民主主义到社会主义的转变，建立了社会主义制度，丰富和发展了列宁关于经济文化相对落后的国家走上社会主义道路的理论和实践。

③社会主义开始作为一种新的社会制度发挥出历史作用，改变了世界的政治格局，遏制了资本主义和霸权主义的扩张；推动着世界和平与发展的时代潮流；社会主义在当代引导着世界人民的前进方向。

5. 社会主义在20世纪发展中经历曲折的原因及其启示

①苏联解体、东欧剧变的根本原因分析：经济上采用高度集权的中央管理体系，无视经济规律，政治干预经济，孤立于世界经济市场之外；政治上，把阶级斗争作为社会发展的唯一动力，使阶级斗争扩大化和常态化，人们生活贫困动荡；文化上，否定排斥一切外来文化，民族文化萎缩衰弱；改革无力，即赫鲁晓夫改革未摆脱斯大林体制约束；勃列日涅夫改革除个人独裁和专制演变为上层官僚集团统治外，并无实质性变化；民族政策失误，民族矛盾尖锐。②苏联解体、东欧剧变的最大启示：坚持走有中国特色的社会主义道路，坚持独立自主的内外政策；大力发展生产力，提高人民生活水平，显示社会主义的优越性；建立和健全社会主义民主和法制，实行依法治国；加强执政党建设，维护党的领导地位。

（四）生机与活力——社会主义在中国发展的样态

1. 中国社会主义发展的基本线索

俄国十月革命的胜利给中国人民送来了马克思列宁主义。1921年7月，中国共产党应运而生，并成为了中国社会主义运动的领导力量。中国共产党领导的社会主义事业经过了从新民主主义革命到社会主义革命、建设、改革的发展过程，在百年奋斗中不断发展壮大，在 21 世纪焕发出勃勃生机。

2. 中国特色社会主义发展进程中的挑战与活力

俄国十月革命的胜利给中国人民送来了马克思列宁主义；新中国成立之后对社会主义建设的探索过程；党的十一届三中全会做出了改革开放的重大决策，确立了社会主义初级阶段的基本路线；苏联解体、东欧剧变之后，我国经受住了重大考验，成功捍卫了社会主义事业，确立了社会主义市场经济体制；党的十八大以来，当代中国取得了历史性成就，发生了历史性变革，中国特色社会主义进入新时代。

3. 社会主义的中国模式中蕴含的未来人类文明新形态"生机"

中国特色社会主义是科学社会主义在当代中国的成功实践，这充分表明了社会主义正在世界上人口最多的国家成功开辟出通向繁荣昌盛的正确道路，鲜明地展现了社会主义的优越性，标志着世界社会主义正在开拓新的历史征程。

三、教学设计方案

（一）高阶性教学设计

1. 经典原文解读

（1）恩格斯：《社会主义从空想到科学的发展》

该书是恩格斯在 19 世纪 80 年代初的一部宣传科学社会主义的通俗著作，该书根据恩格斯的另一部著作《反杜林论》中的三章改写而成，是理解马克思主义理论整体性的不可或缺的文献之一。它系统而通俗地阐述了科学社会主义的思想来源、理论基础和基本原理，指明了马克思主义理论体系的逻辑关系，突出了马克思主义的思想要义。

书中指出，空想社会主义是科学社会主义的直接思想来源，唯物史观和剩余价值学说两大理论发现使社会主义从空想变成了科学，资本主义基本矛盾的发展导致社会主义必然出现。空想社会主义被马克思评价为"科学社会主义的入门"。

【教学设计意图】让学生通过阅读文献一是从理论层面进一步深入理解社会主义从空想到科学的发展历程，即思想脉络，二是从现实层面让学生在新时代中国特色社会主义实践当中定位中国发展的使命担当，了解社会主义思想在中国发展所呈现出的生机与活力，三是有助于学生从整体上理解马克思主义，还原马克思主义整体形象。

（2）马克思、恩格斯：《共产党宣言》第三章《社会主义的和共产主义的文献》

《共产党宣言》第三章提出了诸多类型的社会主义和共产主义的类型，如反动的社会主义、保守的或资产阶级的社会主义、批判的、空想的社会主义和共产主义，在一定程度上厘清了形形色色的虚幻的社会主义类型，有助于读者对科学社会主义思想的进一步理解。

【教学设计意图】一是让学生以中国特色社会主义所承担的使命担当去认识形形色色社会主义类型的不彻底性，同时也可让学生在社会主义本身的内容中得到辩证性反思与认知。二是让学生针对"社会主义"这个概念进行深入的反思，进一步明确科学社会主义的唯物史观基础与科学性根基。

2. 学术观点拓展

①当下如何进一步明确社会主义与共产主义的关系不仅是一个理论性的问题，更是一个现实性的问题。社会主义不仅仅是一种理念形式，更是一种共产主义运动下的实践样态。吉林大学王福生教授认为，我们可以这样概括马克思的思想本意，即社会主义理念引导下的共产主义，而二者的关系如下：前者是康德意义上的调节性理念，后者是以运动为核心的学说、运动和社会形态的三位一体，二者的紧密结合才是马克思主义的核心要义。一方面，共产主义不能没有社会主义的理念，没有了这一理念，共产主义学说中的政治经济学批判很可能被资产阶级利用，阶级斗争理论和阶级斗争本身都难以按照有利于无产阶级的方向发展。一句话，没有这一理念的引导，共产主义终将盲无所归，无可逃离被资本主义社会收编的可悲命运（如历史上的很多前例所明示的那样，西方激进左派的历史命运很可能也是如此）。另一方面，社会主义也不能没有共产主义而单独存在，没有了后者，马克思的社会主义理念终将沦为其他哲学家那样的只能"解释世界"的哲学玄想，从而背离马克思"改变世界"的哲学宏旨。

【教学设计意图】一则是在理论方面针对现实的中国特色社会主义体制以及马克思主义理论中共产主义学说部分之间的关系的一个澄清与思考，从马克思主义理论的整体性及其相关文本出发对社会主义与共产主义之间关系做出思考，以进一步厘清当下资本主义社会现实中，社会主义的根本旨趣及其与共产主义理论之间的关系。二则是在实践层面使得学生对于中国特色社会主义实践有基本的价值论导向认知。

②十九届六中全会决议中提出，"习近平新时代中国特色社会主义思想是当代中国马克思主义、二十一世纪马克思主义，是中华文化和中国精神的时代精华，实现了马克思主义中国化新的飞跃"，也被称作马克思主义中国化的第三次飞跃。结合马克思主义三次飞跃的时代背景是历史使命，谈谈你对第三次飞跃的看法。

针对社会主义思想的发展历程，思考习近平新时代中国特色社会主义思想的理论创新的重大意义。中国人民大学哲学院教授郝立新从四个方面概括了习近平新时代中国特色社会主义思想的重大理论创新。第一，聚焦一个主题，习近平新时代中国特色社会主义思想系统回答了"什么是新时代中国特色社会主义、如何建设新时代中国特色社会主义"这一重大问题。第二，围绕两个大局，即围绕中华民族伟大复兴战略全局和世界百年未有之大变局，科学回答了时代之问，深刻揭示了中国发展与世界历史演进的大趋势。第三，推进了马克思主义中国化、时代化和大众化，开辟了马克思主义发展的新境界。第四，深化了对三大规律即共产党执政规律、社会主义建设规律和人类社会发展规律的认识，丰富和发展了马克思主义哲学、马克思主义政治经济学和科学社会主义。湘潭大学马克思主义学院教授李佑新认为，为人民服务是毛泽东思想和习近平新时代中国特色社会主义思想最核心的共同价值理念。习近平对毛泽东为人民服务思想的传承和创新可以概括为四个方面：一是将为人民服务阐述为党的初心；二是将为人民服务强化为党的根本政治立场；三是将为人民服务作为党员和领导干部具有崇高理想信念的标准；四是将为人民服务落实为以人民为中心的发展思想和各项政策。陈志刚提出，党的十八大以来，习近平总书记积极推动马克思主义和中华优秀传统文化的深入结合，提出了一系列新思想新观念，深刻阐述了中华优秀传统文化的独特价值和精神实质，对中华优秀传统文化做出新定位；破解了中华文明连绵不绝的密码；把中华优秀传统文化摆在一个前所未有的重要位置，视为民族发展的"根与魂"，是中国特色社会主义文化的重要源泉。他认为，习近平总书记关于中华优秀传统文化的新思想和新定位，拓宽了马克思主义中国化的维度，开辟了中国特色社会主义新境界，推动了中华文明现代化和中华民族伟大复兴，引领了人类文明新发展。

【教学意图设计】通过所学内容，进一步明确习近平新时代中国特色社会主义思想在社会主义历程中的历史性贡献及其主要内容，增强学生对共产主义未来道路的信心与决心。与之同时，让学生结合所学的其他公共政治课知识思考历史中马克思主义中国化的三次飞跃的时代背景与理论背景。

③法国社会学家与人类学家托马斯·莫斯曾说："从马克思开始，社会主义者们就谨慎地防止建立乌托邦以及为未来社会描画蓝图的危险。……这种革命如何能够废除'人对人的管理'呢？从这种道德颠覆中，从这种政治和经济的混乱中会涌现出什么呢？无论我的社会主义多么得非宗教，无论我对于布尔什维克的最初提案——解散国民代表大会，布列斯特-立陶夫斯克条约——如何不尊重，我也不能让自己从他们中脱离。莫斯科对于我们中的许多人而言，它对于许多被启蒙了的人们（甚至是这里）来说所保留的乃是一种孵育着我们观

念之命运的避难所。"莫斯在自己论述中的谴责与论述总是以亲缘关系的牢不可破的意义为背景，这是对资本主义原则的某种突破，并且，最关键的是这意义代表了一种极佳的实验。在某种意义上，莫斯所竭力成就的就是试图在最低限度地参照马克思的相关作品的情形下去理解马克思主义的实践性意义。结合其中的含义以及莫斯的相关作品，分析与讨论马克思、恩格斯科学社会主义理念的现实意义。

【教学设计意图】通过莫斯对社会主义的相关思考，一方面扩展学生的知识视域，另一方面巩固学生对社会主义发展历程，以及乌托邦与科学的真实思考。

（二）创新性教学设计

1. 案例分析

（1）《乌托邦》的世界

莫尔在《乌托邦》（全名《关于最完美的国家制度和乌托邦新岛既有益又有趣的金书》）中，借一位虚构的航海家拉斐尔·希斯拉德之口，描述了自己理想中的最完美的社会制度。

《乌托邦》内容简介如下：在一个名为乌托邦的海岛上，有54座城市均匀地分布于广阔的乡村之间。这些城市在公有制的基础上彼此密切联系，统一组织生产和消费。每个城市分成四个相同的区，居住着6000户居民，每户居民的人口都在10—16名之间。城市所有适龄人口都要劳动，除少数被选拔专门从事科学研究外，其余人每天工作6小时，产品交给公共仓库；由各户户主任取所需，而不必用货币或其他物品相交换。居民们按每30户一厅的规模集中用膳，最美味的食品由老年人首先食用，然后大家再平均分配。在乡村，每户不少于40人，外加两名奴隶。这些奴隶由罪犯和自愿前来的外国人构成，从事屠宰、扫街等职业。每家农户都自给自足，没有的物品则可以到城市领取。乡村每户每年有20人返回城市，他们都是在乡村住满2年的，其空额从城市来的另20人填补。城市之间互通有无，但是同样不需要用货币来交换。他们把大量的剩余产品运到国外，换回自己缺少的铁和大量的金银。金银的主要用途是雇用外国人为乌托邦作战。除此之外，它们就用作制造便器和惩罚罪犯的链锁了。

莫尔对未来社会的理想描述是建立在对现实社会的深刻理解与批判的基础上的。比如，他用大量篇幅揭露了英国资本原始积累时期"圈地运动"给劳动人民带来的深重苦难，无情地批判了那些高居于社会之上的贵人，像公蜂一样游手好闲，靠对穷人敲骨吸髓的重重盘剥，过着挥金如土的生活。莫尔借乌托邦人之口针锋相对地提出，人人都有过快乐生活的权利，人类的全部或最大的幸福就是快乐。如何实现这种理想的生活？用莫尔的话来讲，就是彻底废除私有制。他写道："任何地方私有制存在，所有的人凭现金价值衡量所有的事物，那么，一个国家就难以有正义和繁荣……我深信，如不彻底废除私有制，产品不可能公平分配，人类不可能获得幸福。私有制存在一天，人类中绝大一部分，也是最优秀的一部分将始终背上沉重而甩不掉的贫困灾难担子。"

本案例结合莫尔原著中相关描述，核心要点在于指明：其一，莫尔是空想社会主义的鼻祖，《乌托邦》是其标志作品；其二，《乌托邦》对理想生活的描述——人人快乐、人人劳动、产品共有，有其空想色彩；其三，《乌托邦》对现实社会的罪恶，尤其是英国赤裸裸的资本原始积累给予了深入的批判。

【教学设计意图】莫尔之所以名传千古，不仅在于其著作《乌托邦》及其"空想社会主义的鼻祖"的称号，更在于资本时代的到来以及农业社会向工业社会转型带来的巨大痛苦使其探索未来社会的其他可能性道路的愿望增强。通过让学生认真分析社会历史条件的客观背景与杰出人物的主观努力的相互呼应关系，使他们认识到任何一位杰出人物和伟大思想的出现，都是内、外因相互作用的结果，同时乌托邦虽是理想主义的，但仍具有巨大的现实基础。

（2）苏联的解体

20 世纪 80 年代末 90 年代初，世界社会主义发展遭受了重大挫折。有着 90 多年历史、执政 70 多年的苏联共产党失去政权，世界上第一个社会主义国家苏联解体，东欧社会主义国家接连发生政权更迭，这一历史巨变影响重大，意义深远。从政治斗争的角度看，苏联演变的过程大体上经历了以下四步。第一步，敌对势力成立各种"非正式组织"，公开地进行反共反社会主义活动，而戈尔巴乔夫非但不予制止，反而予以纵容和鼓励。第二步，敌对势力要求实行"多元化"与多党制，轮流执政，戈尔巴乔夫却予以承认，并修改宪法。第三步，在"自由选举"的旗号下，敌对势力一步步地夺取地方政权，进而夺取全国政权。第四步，借"8·19"事件失败之机，解散苏共，肢解苏联。"8·19"事件在一定程度上反映了苏联人民希望扭转朝资本主义方向下滑的趋势的愿望。但是，在民主社会主义思想的指导下，这个行动很快就失败了。敌对势力抓住这一实际，以共产党在这一事件中"未能站在谴责和抵制的坚决立场上"为由，宣布解散共产党，没收苏共财产，封闭党的各级机构，停止党的各级组织的活动。随后，宣布苏联解体，从此世界上第一个社会主义国家从世界政治地图上消失了，资本主义复辟在苏联疆域内成为现实。在苏联境内上演的这场惊心动魄的政治斗争，最后以苏联解体作为其最后结局。

与此同时，社会主义在中国的发展显现出了生机和活力，你如何看到社会主义发展历程。

【案例分析】苏联解体是内因与外因相互作用的结果，内因是苏联国内各种矛盾的发展和激化，外因是西方国家和平演变战略的影响。但和平演变之所以奏效，关键原因还是在苏联内部。因为苏联传统模式已经过时又迟迟得不到更新，进而阻碍了生产力的发展，导致社会内部危机日渐加重。再者，苏联共产党的改革推行了错误的路线，导致了改革的失败。苏联解体既有历史的原因，也有现实的原因。历史的原因是深层的、基础性的东西，而现实原因则是直接的导火线。历史原因包括过时的僵化的经济体制与当代科技发展的内在要求之间的矛盾；严重的官僚主义与广大干部和群众之间的矛盾；霸权主义的外交政策和人民之间的矛盾。现实原因是苏联共产党把体制改革变成了社会制度的转轨，即执政的共产党在改革中的路线失误，就成了苏联剧变的直接原因。在社会结构的层面上，苏联解体有多方面的原因，如经济原因、政治原因、思想文化方面的原因和对外政策方面的原因，但其中经济因素起着决定性的作用。苏联几十年的经济建设成就固然巨大，但人民群众的生活水平并没有提高多少，这和美苏之间的军备竞赛有直接关系。人民逐渐对苏共和苏联的社会主义制度失去了信心，这是苏联解体的根本原因。

社会主义在中国的发展也经历着曲折和前景，中国社会主义道路的五次选择表明了它在我国发展进程的筚路蓝缕，中国当代史研究者肖冬连以历史性与现实性总结了中国社会主义的实践路径选择，即从新中国成立以来实行新民主主义、仿效苏联模式、追寻赶超之路、发动继续革命到转向改革开放。这五次选择呈现出了两个过程，即从走入传统社会主义（或称苏联模式），到走出传统社会主义走上一条中国特色社会主义发展的道路，到如今走上习近平新时代中国特色社会主义的发展道路。

【教学设计意图】通过苏联解体、东欧剧变及其原因的分析与展示，让学生进一步明确中国特色社会主义道路选择的曲折性与正确性；新时代中国特色社会主义道路是开辟人类未来文明新形态的契机，是既不同于传统苏联道路，更不同于资本主义社会形态的新型道路。

2. 课堂讨论

奥斯卡·王尔德曾说："一副没有乌托邦的地图是不值得一看的，因为它漏掉了那个人性永远存在的国度。人性一旦存在，它将会寻找并发现一个美好的国度，然后朝着它扬帆驶去。进步就是实现乌托邦。"据此，结合托马斯·莫尔的《乌托邦》，尝试谈谈你是如何看待和认识空想社会主义300多年的发展历程的？在当今时代你如何思考一个现实主义者的乌托邦？

自人类社会进入私有制社会以来，制度性的不公正现象就一直存在着。同样地，反对这种社会不公正现象，追求理想社会的努力也始终存在着。在古代的西方，它体现在古希腊人关于黄金时代的传说中，体现在原始基督教关于千年王国的信仰中，也体现在柏拉图的不朽名著《理想国》中。而在古代的东方，则有士大夫阶层传诵千古的"大同"理想，以及劳动群众世代相继地对"太平"世界的追求。从16世纪初到19世纪上半叶，经过300多年的发展，空想社会主义的内容不断充实，理论不断完善，空想社会主义者对资本主义的观察和批判也越来越深刻，对理想社会的猜测也在不断摆脱文学化的色彩而日渐接近科学的形态。乌托邦的发展过程便是一个逐渐洗却空想色彩的过程，一个不断增强现实主义精神的过程，一个为科学社会主义的诞生积累材料的过程。马克思、恩格斯的伟大历史功绩之一，就是完成了对空想社会主义的扬弃与超越，促成了社会主义由空想到科学的转变，形成了科学社会主义的原生形态。这是人们对社会主义认识的第一次飞跃。当社会主义由乌托邦发展到科学，现实生活中依然有新的矛盾冲突，人们对乌托邦内容的思考可能又有了新的内容，对此构成了一副乌托邦思考的辩证法。

【教学设计意图】通过让学生思考乌托邦理念的意义，进一步思考社会主义作为现实维度和理想维度两个层面缺一不可的张力，有助于学生对深受资本主义价值方式中拜金主义、拜物教观念渗透的现实影响做出社会主义范式的反思。

3. 视听资料

（1）《乌托邦岛》

《乌托邦岛》是电视系列记录片《正道沧桑——社会主义500年》的第1集，该纪录片由中共北京市委宣传部、中共北京市委讲师团、北京电视台出品。宣传阐释中国特色社会主义的真谛要义，全面反映中国特色社会主义的生动实践，充分展示中国特色社会主义的发展前景，增强广大干部群众坚持中国特色社会主义道路、理论体系、制度和文化的自觉性、坚定性，增强理论自信、道路自信、制度自信、文化自信，为全面建成小康社会、夺取中国特色社会主义新胜利，实现中华民族伟大复兴的"中国梦"提供强大的精神力量。

第1集中莫尔假托一个叫作"乌托邦"的海岛，讲述了他心目中的理想国家。《乌托邦》分为两个部分，第一部分，莫尔借航海家之口断言私有制是万恶的根源。第二部分，他描绘了乌托邦这个与世隔绝的幸福海岛。1534年，莫尔因反对国王亨利八世成为英国最高宗教领袖，被捕入狱。临刑前，莫尔与前来规劝他的诺福克有过一段精彩的对话。诺福克说：在英国，谁不服从国王，就没有好结果，我怕你要付出很高的代价。莫尔回答：我已经再三考虑了，自由的代价的确很高，但是，我不能违背自己的良心。不久，莫尔被处死。莫尔引发的空想社会主义思潮，对后世产生了广泛而深刻的影响。乌托邦诞生后的近 5 个世纪里，已经成为完美、空想、追求的代名词。正因为有了《乌托邦》，才有了后来活跃在欧洲、美洲的空想社会主义者。

【教学设计意图】纪录片历史素材丰富，形象生动，直观浅显，有助于深化学生对社会主义 500 年历史的认识，同时通过对莫尔的介绍，认识到社会主义思想代表人物在追寻自己理想过程中遭遇的磨难与牺牲，坚定学生的理想与信念。

（2）《风雨之路》

《风雨之路》是纪录片《正道沧桑——社会主义 500 年》第 23 集，该片段较为详细地说明了苏联解体、东欧剧变的具体历史脉络及其原因，同时也有业内专家的相关评论与结论，学生观看后可以更为直观地看到社会主义道路的曲折与不易。

【教学设计意图】通过观看社会主义 500 年历史的关键性阶段及其所遭遇的波折，让学生意识到当今中国特色社会主义道路的来之不易，坚定其前进性与曲折性一致的信念。

4. 知识拓展

推荐阅读于幼军、黎元江的《社会主义五百年》（广东教育出版社 2011 年版），该书以中国传统文学章回演义的体裁形式，将世界社会主义思想发展史和社会主义运动史，以及世界近代史的有关内容熔于一炉，以文学的笔调娓娓道来。本书的叙述流畅生动，可读性强，故事引人入胜；对理论的梳理架构合理、脉络清晰、观点鲜明。

【教学设计意图】该书以马克思主义大众化、社会主义大众化的方式勾勒、梳理了社会主义运动发展史，文笔简洁流畅，形式新颖生动，有助于学生了解社会主义思想内涵及源流发展，以及启发学生思考社会主义的现状及未来。

5. 情景再现

请根据社会主义 500 年历程的阶段性进展，以辩论赛的形式展现社会主义历史脉络的丰富性以及从空想到科学的必然性。

正方：社会主义的乌托邦性质是一个永恒的命题。

反方：社会主义的科学性质是一个永恒的命题。

（三）挑战度教学设计

1、疑难问题解答

从世界社会主义五百年的发展态势可以归结出社会主义运动的哪些内在规律？我国著名马克思主义学者高放认为，其规律大体包括五点：

第一，社会主义是严格遵循、紧密跟随社会生产力的提高而发展，而社会生产力主要依靠科学技术的进步而提高，因此，社会主义取代资本主义是一个自然的历史进程。

第二，社会主义的自然历史进程绝不是坐等社会生产力大发展之后，社会主义从天而降或天然赐予，而要依靠"全世界无产者，联合起来"，开展多种形式的斗争去努力争取。

第三，社会主义的实现有赖于社会主义政党的正确领导。

第四，19 世纪，社会主义兴起以来，众多先哲、先贤都预计社会主义将首先在资本主义最发达的英、法、德、美等西欧国家同时取胜，然而 20 世纪实现社会主义的主客观条件发生了很大变化。

第五，社会主义必须由发达国家和发展中国家的工人阶级、人民大众与社会主义政党通力合作、并肩战斗，才能壮大实力，取得更大成就。

2、典型试题解析

单选题

除我国之外，（　　）国家也提出了仍处于社会主义初级阶段的理论。

A. 苏联　　　　　　B. 南斯拉夫　　　　C. 越南　　　　　　D. 古巴

答案：C

【教学设计意图】帮助学生了解世界上主要的社会主义国家。

美苏冷战全面展开的标志是（　　）。

A. 马歇尔计划　　　　　　　　　B. 杜鲁门主义

C. 两大阵营的形成　　　　　　　D. 丘吉尔的铁幕演说

答案：B

【教学设计意图】本题考查学生对资本主义与社会主义的关系史的掌握。

两极终结的标志是（　　）。

A. 东欧剧变　　　　　　　　　　B. 苏联解体

C. 第三世界的崛起　　　　　　　D. 中国的强大

答案：B

【教学设计意图】本题考查学生对资本主义与社会主义的关系史的掌握。

社会主义各个阶段的划分最终应以（　　）为标准。

A. 生产力的发展　　　　　　　　B. 生产关系

C. 生产资料的公有制程度　　　　D. 以阶级斗争

答案：A

【教学设计意图】本题考查学生对社会主义的本质的掌握。

社会主义政治制度的基本特征是（　　）。

A. 坚持社会主义方向　　　　　B. 无产阶级政党的领导

C. 无产阶级专政的政权　　　　D. 马克思主义的指导

答案：B

【教学设计意图】本题考查学生对社会主义政治制度的理解。

科学社会主义的直接理论来源是（　　　）。

A. 空想社会主义的学说

B. 19 世纪初期以圣西门、傅立叶、欧文为代表的空想社会主义

C. 空想平均共产主义

D. 唯物史观和剩余价值学

答案：B

【教学设计意图】通过对一些历史知识点的巩固，让学生意识到社会主义历史的重要节点，建立历史分析的思维方式。

3. 课后实践作业

阅读恩格斯《社会主义从空想到科学的发展》，并围绕自己对社会主义内容中感兴趣的问题写出自己的心得体会，进一步思考马克思、恩格斯的科学社会主义的真理意义。

【教学设计意图】通过文本阅读和心得体会的提炼，促使学生更加深入了解马克思、恩格斯的科学社会主义思想，以及在此基础上深入展开的对中国特色社会主义理论体系的普遍性与特殊性的辩证性反思。

专题教学设计二　科学社会主义的基本原则与发展规律

一、教学设计目标

①知识目标：从总体上理解和把握科学社会主义的基本原则及主要内容，在此基础上理解马克思两个"必然"的真理性，认识和理解经济文化相对落后的国家建设社会主义的必然性和长期性。

②能力目标：进一步把握科学社会主义的基本原则与中国特色社会主义中的普遍性和特殊性的关联，明确中国特色社会主义的真实意义。

③价值目标：通过对科学社会主义基本原则和发展规律的了解，认识社会主义道路进程中的多样性和实践中的曲折性，进一步提升社会主义道路自信和制度自信。

二、教学设计要点

（一）科学社会主义基本原则及其主要内容

科学社会主义基本原则是社会主义事业发展规律的集中体现，是马克思主义政党领导人民进行社会主义革命、建设、改革的基本遵循。马克思、恩格斯在创立科学社会主义理论并用以指导国际工人运动的过程中，逐步形成了以下十条科学社会主义基本原则：

第一，资本主义必然灭亡，社会主义必然胜利；

第二，无产阶级是最先进最革命的阶级，肩负着推翻资本主义旧世界、建立社会主义和共产主义新世界的历史使命；

第三，无产阶级革命是无产阶级进行斗争的最高形式，以建立无产阶级专政的国家为目的；

第四，社会主义社会要在生产资料公有制基础上组织生产，以满足全体社会成员的需要为生产的根本目的；

第五，社会主义社会要对社会生产进行有计划的指导和调节，实行按劳分配原则；

第六，社会主义社会要合乎自然规律地改造和利用自然，努力实现人与自然的和谐共生；

第七，社会主义社会必须坚持科学的理论指导，大力发展社会主义先进文化；

第八，无产阶级政党是无产阶级的先锋队，社会主义事业必须始终坚持无产阶级政党的领导；

第九，社会主义社会要大力解放和发展生产力，逐步消灭剥削和消除两极分化，实现共同富裕和社会全面进步，并最终向共产主义社会过渡。

第十，共产主义是人类最美好的社会，实现共产主义是共产党人的最高理想。

（二）正确把握科学社会主义基本原则

马克思、恩格斯创立了科学社会主义理论，并提出了对待科学社会主义基本原则的科学态度，他们一方面强调这些原则的正确性，另一方面又反对将这些原则当作一成不变的教条。若要正确把握科学社会主义的基本原则，必须坚持以下几个方面：

第一，必须始终坚持科学社会主义基本原则，反对任何背离科学社会主义基本原则的错误倾向，谨防"修正主义"错误。

第二，要善于把科学社会主义基本原则与本国实际相结合，创造性地回答和解决社会主义革命、建设、改革中的重大问题，坚持普遍性与特殊性的辩证统一。

第三，紧跟时代和实践的发展，在不断总结经验中进一步丰富和发展科学社会主义基本原则，坚持理论创新和实践创新的良性互动。

（三）科学社会主义基本原则和中国特色社会主义

1. 中国特色社会主义的基本界定

中国特色社会主义是根植于中国大地、反映中国人民意愿、适应中国和时代发展进步要求的科学社会主义，集中体现了科学社会主义基本原则与当代中国实际、中华优秀传统文化的有机统一。

2. 何以说中国特色社会主义实践进程中始终贯彻坚持科学社会主义基本原则？

①中国特色社会主义之所以是社会主义而不是别的什么主义，就是因为中国特色社会主义始终坚持科学社会主义基本原则不动摇，始终没有背离科学社会主义基本原则。

②中国特色社会主义实现了科学社会主义基本原则与当代中国实际、中华优秀传统文化的有机结合。

③中国特色社会主义既坚持了科学社会主义基本原则，又具有鲜明的民族特色和时代特色。

④习近平新时代中国特色社会主义思想是在中国特色社会主义进入新时代、当今世界经历新变局、我们党面临执政新考验的历史条件下形成和发展起来的，标志着我们党在自觉把科学社会主义基本原则与中国实际和时代特征相结合上达到了新的境界。

（四）基于实践经验总结的社会主义发展规律

1. 经济文化相对落后国家建设社会主义的长期性

由于经济文化相对落后，率先进入社会主义社会的俄国、中国，以及其他国家不可避免地遇到了一系列困难与问题，使这些国家的社会主义建设不能不具有长期性。主要原因如下：第一，生产力发展状况的制约；第二，经济基础和上层建筑发展状况的制约；第三，国际环境的严峻挑战，资本主义国家武力进攻与和平演变的手段同时进行；第四，马克思主义执政党对社会主义发展道路的探索和对社会主义建设规律的认识，需要一个长期的过程。

2. 社会主义发展道路的多样性

社会主义在发展过程中，由于各国国情的特殊性，即经济、政治、文化的差异性，生产力发展水平的不同，无产阶级政党自身成熟程度的不同，阶级基础与群众基础构成状况的不同，革命传统的不同，以及历史和现实国内和国际的各种因素的交互作用，社会主义发展道路必然呈现出多样性的特点。

（1）社会主义发展道路多样性的原因

第一，各个国家的生产力发展状况和社会发展阶段决定了社会主义发展道路具有不同的特点；第二，历史文化传统的差异性是造成不同国家社会主义发展道路多样性的重要条件；第三，时代和实践的不断发展是造成社会主义发展道路多样性的现实原因。

（2）探索适合本国国情的发展道路须坚持的原则

社会主义发展道路具有多样性，因此努力探索适合本国国情的社会主义发展道路，就是无产阶级执政党必须领导全国人民为之奋斗的神圣使命和光荣任务。第一，探索社会主义发展道路，必须坚持对待马克思主义的科学态度；第二，探索社会主义发展道路，必须从当时当地的历史条件出发，坚持"走自己的路"；第三，探索社会主义发展道路，必须充分吸收人类一切文明成果。

（五）为什么要坚持社会主义在实践中的开拓前进？

纵观社会主义的发展历程，可以看到一个突出特点，即社会主义是在实践中开拓前进、不断发展的。

①在实践中开拓前进是社会主义事业发展的必然要求。首先，社会主义是亿万人民群众的伟大实践；其次，社会主义实践是一个不断探索的过程；再次，实践探索中出现某种曲折并不改变社会主义的前进趋势；最后，推进社会主义实践发展必须有开拓前进的精神状态。

②社会主义在实践中开拓前进必须遵循客观规律。首先，社会主义在实践中开拓前进必须遵循人类社会发展规律；其次，社会主义在实践中开拓前进必须遵循社会主义建设规律；社会主义国家的共产党人要在实践中探索和遵循社会主义建设的规律，回答什么是社会主义、怎样建设社会主义的根本性问题。再次，社会主义在实践中开拓前进必须遵循共产党执政规律，坚持人民立场、党的最高领导力量、自我革命的基本要求。

③推进社会主义实践发展必须有开拓奋进的精神状态。首先，正确认识21世纪世界社会主义的形势，社会主义正经历从逐渐走出低潮到走向振兴的重要时期，可以期待，世界社会主义必将实现振兴发展，走向新的辉煌；其次，充分估计中国特色社会主义的成功实践对世界社会主义发展的意义。中国特色社会主义进入新时代，是社会主义实践探索的新境界，在社会主义发展史上具有重要地位。这不仅对中国的社会主义事业具有重大现实意义，而且对世界社会

主义的发展具有广泛影响。最后，坚定信心，振奋精神，以开拓奋进的姿态走向社会主义光明未来。

三、教学设计方案

（一）高阶性教学设计

1. 经典原文解读

（1）马克思：《1844 年经济学哲学手稿》

因为在社会主义的人看来，整个所谓世界历史不外是人通过人的劳动而诞生的过程，是自然界对人说来的生成过程，所以，关于他通过自身而诞生、关于他的产生过程，他有直观的、无可辩驳的证明。因为人和自然界的实在性，即人对人说来作为自然界的存在以及自然界对人说来作为人的存在，已经变成实践的、可以通过感觉直观的，所以，关于某种异己的存在物，关于凌驾于自然界和人之上的存在物的问题，即包含着对自然界和人的非实在性的承认的问题，在实践上已经成为不可能的了。无神论，作为对这种非实在性的否定，已不再有任何意义，因为无神论是对神的否定，并且正是通过这种否定而肯定人的存在；但是社会主义，作为社会主义，已经不再需要这样的中介；它是把人和自然界看作本质这种理论上和实践上的感性认识开始的。社会主义是人的不再以宗教的扬弃为中介的积极的自我意识，正像现实生活是人的不再以私有财产的扬弃即共产主义为中介的积极的现实一样。

这是马克思做出的对社会主义理念的某种思考，即社会主义开始不用再面对神圣中介对人的异化现象，人与自然的关系变成了直接性的感性关系；通过对科学社会主义基本原则的了解，反思在当下资本的时代如何用社会主义的原则看待"非神圣形象"对人的异化及其扬弃。

【教学设计意图】通过对社会主义基本原则的学习和思考，让学生深入了解经典原文的相关表述，并针对当代社会的现实性问题做出自己的理解，从而巩固所学知识。

（2）习近平在纪念马克思诞辰 200 周年大会上的讲话

当代中国的伟大社会变革，不是简单延续我国历史文化的母版，不是简单套用马克思主义经典作家设想的模板，不是其他国家社会主义实践的再版，也不是国外现代化发展的翻版。社会主义并没有定于一尊、一成不变的套路，只有把科学社会主义基本原则同本国具体实际、历史文化传统、时代要求紧密结合起来，在实践中不断探索总结，才能把蓝图变为美好现实。

【教学设计意图】通过让学生思考"母版""模板""再版""翻版"的具体内涵，明确中国传统文化之源的丰富性、本本主义和教条主义的形而上性、各国实践经验的特殊性，以及资本主义现代化道路的不可持续性，从而坚定道路自信、理论自信和制度自信和文化自信。

2. 学术观点拓展

（1）"中国道路是人类文明新形态的一种展现"

孙正聿教授认为，"中国特色社会主义道路是我们党领导人民开拓的实现中华民族伟大复兴中国梦的康庄大道，是当代中国大踏步赶上时代、引领时代发展的康庄大道。从世界和时代的视野看，中国特色社会主义道路既是当代中国的发展道路，也是创建人类文明新形态的发展道路；建设中国特色社会主义的经验，不仅是中国自己的建设经验，而且对于人类走向未来具有重要价值，可以为构建人类命运共同体和解决人类共同面对的问题贡献中国智慧和中国方案"；复旦大学吴晓明教授认为，"中国化马克思主义的当代形态是中国特色社会主义，它在新的历史方位上不仅展现出对于中华民族来说的重大意义，而且展现出对于世界社会主义、对于人类社会整体发展的重大意义。这是一种'世界历史意义'；而中国特色社会主义之所以展现出世界历史意义，是因为中华民族的伟大复兴不仅在于成为一个现代化强国，而且在于：它在完成现代化任务的同时，在占有现代文明成果的同时，正在积极地开启出一种新文明类型的可能性"。

（2）试从中国革命历史、世界历史的角度思考为什么马克思主义能够中国化

山东大学哲学与社会发展学院教授何中华指出，马克思主义之所以能够中国化，其原因和根据是多方面的。首先，马克思的"历史向世界历史的转变"论述，使革命的重心由西欧转向了东方，从而赋予中国革命以合法性。这是马克思主义所以在中国得以传播的历史必然性所在。其次，资本主义国家内部的劳资关系，外化为西方—非西方国家的关系之后，无产阶级的角色因之转变为以民族为单位表征的形式。这是被压迫民族主体意识觉醒的历史契机，也是赋予马克思主义以民族形式的历史语境。再次，中国作为东方国家对"资本主义制度的卡夫丁峡谷"的实际跨越，客观上格外要求中国革命的主体发挥能动性。在这个方面，马克思主义和以儒家为代表的中国传统文化共同提供了丰厚资源。吉林大学孙利天教授指出，马克思主义哲学实践观点的思维方式造成的哲学变革，不仅超越了西方传统的理论哲学，开启了现代哲学的革命，也为古老的东方世界带来了现代哲学的话语和思维方式，成为联结中西方马克思主义哲学的

理论纽带或理论结点。马克思主义哲学的实践观点与思维方式虽然与传统哲学实现了断裂和革命，但仍保留着西方哲学普遍的理性精神，改变世界的实践仍是理论的实践，是基于对人类社会发展规律，特别是资本主义社会发展规律科学认识的普遍理性的实践。中国现代知识分子是基于中国传统的实践理念和实践精神而接受马克思主义的，这也使中国化马克思主义的实践概念具有中国传统思想的特点。因此，从中国化马克思主义的实践理念倒溯中西哲学的理论传统，既可以判明中西哲学的理论特质和精神差异，也可以明确中西哲学的各自的优长和局限，进而寻求开启新哲学思想的道路和方向。

（二）创新性教学设计

1. 案例分析

①习近平总书记在全国生态环境保护大会上指出："绿水青山既是自然财富、生态财富，又是社会财富、经济财富。保护生态环境就是保护自然价值和增值自然资本，就是保护经济社会发展潜力和后劲，使绿水青山持续发挥生态效益和经济社会效益。"请大家从社会主义的基本原则的角度思考这样表述的意义及其启发。

【教学设计意图】通过对一些时政性表述的分析，让学生进一步意识到其背后所蕴含的马克思主义的理论意义与历史意义，让学生巩固对政治经济学部分和唯物史观部分知识，一方面可使学生对知识融会贯通，另一方面也可使其意识到马克思主义理论的整体性。

②科学社会主义基本原则的第一条就是马克思主义理论中经典的两个"必然"，即资本主义必然灭亡，社会主义必然胜利，这是科学社会主义的核心命题。结合所学内容讨论两个必然的理论根据，同时结合唯物史观的内容思考马克思的"两个绝不会"："无论哪一个社会形态，在它所能容纳的全部生产力发挥出来以前，是绝不会灭亡的；而新的更高的生产关系，在它的物质存在条件在旧社会的胎胞里成熟以前，是绝不会出现的"。

【教学设计意图】通过让学生对马克思主义理论中经典的"两个必然"和"两个绝不会"命题的思考，一方面加深学生对马克思主义理论整体性的把握，另一方面让学生在理论的层面上意识到新时代中国特色社会主义承担的历史使命。

2. 课堂讨论

马克思指出："人们自己创造自己的历史，但是他们并不是随心所欲地创造，并不是在他们自己选定的条件下创造，而是在直接碰到的、既定地从过去承继下来的条件下创造。"这说明了人们创造历史的过程中历史决定性和主体选择性的统一，结合党的十九届六中全会中《中共中央关于党的百年奋斗重大成就和历史经验的决议》的"四个历史时期",讨论人民对马克思主义理论、对社会主义道路选择的必然性与主体性内涵。

【教学设计意图】通过所学知识,提升学生理论联系实际的意识,同时让学生意识到社会主义道路的曲折性与多样性,这也有助于学生对主要的思政课体系如中国近代史纲要、毛泽东思想和中国特色社会主义理论(以下简称毛中特)的原理与内容有一个融汇贯通。

3. 视听资料

(1)《革命者》

电影《革命者》是由徐展雄执导的近代革命影片,于2021年在中国上映。这是一部关于中国最早的马克思主义者李大钊同志的个人传记片,非线性发展穿插讲述了李大钊在共产党建立发展的历史事件。电影以非线性与关键节点的穿插,在仅仅120分钟的时间里展现了有血有肉的李大钊形象。历史跨度从1912年一直延续到1927年,长达15年的时间中,最终李大钊以年轻的生命奉献给其所信仰的事业和革命。问题结合影片试分析"试看将来的环球,必是赤旗的世界"的底气,并讨论为什么说社会主义没有辜负中国。让学生结合影片讨论信仰对一个人人生的影响,并思考当下社会如何重塑信仰。

【教学设计意图】以影像的直观性让学生感受真实信仰的魅力与震撼,同时通过对中国最早的马克思主义者与建党先驱人物李大钊的生平事迹的了解,加深革命先辈们的感召性,加强学生的信念。

(2)《追光者:脱贫攻坚人物志》

纪录片《追光者:脱贫攻坚人物志》由国家广播电视总局指导,优酷出品,在消灭绝对贫困、全面建成小康社会的收官之年推出,主要在新媒体平台传播。该片是一部脱贫题材的系列微纪录片,共50集,每集6—8分钟,聚焦一个人或一群人,以及他们做的一件事,讲述不同人生选择的平凡人物闪现出的心灵之光,展现了脱贫攻坚工程成果,意在让观众感受到美好生活的希望之光。片中各具特色的扶贫者和脱贫者勇敢、坚韧,他们通过不同的方式与贫穷抗争,他们是时代的"追光者"。

【教学设计意图】通过观看脱贫攻坚相关人物事例,一方面可以激发学生投身社会主义建设的热情,另一方面也可以进一步凸显中国特色社会主义制度的优越性,增强制度自信。

4. 知识拓展

(1)孙正聿:《马克思与我们》(中国人民大学2018年版)

作为科普性与大众性书籍,该书视野开阔,在尽可能通俗易懂的同时,保留了丰富的学术价值与学术思考，作者将马克思主义理论放置于整个哲学和人类文明的发展脉络中加以考量，在系统梳理马克思主义思想要点的同时，重点阐述了将马克思主义作为思考问题的方法、日常生活的方式和观察世界的方略等各个方面的要领与内涵。对于思想文化类经典文献的征引，从容有度，体现出了作者深厚的学术功底。鉴于上述特点，本书有望成为学生打开马克思主义的广博思想世界的一把钥匙，非常适合大学生们在理论与兴趣之间转换阅读。孙正聿在书中通过介绍"马克思与马克思主义、马克思与我们的人生观、马克思与我们的历史观、马克思与我们的时代观、马克思与我们的科学观、马克思与我们的宗教观、马克思与我们的文明观、马克思与我们的理想观"，从而讲述了如何在当代社会更好地定位"走进马克思"。最终说明，以马克思的名字命名的马克思主义不是枯燥的条文，不是现成的结论，不是空洞的说教，而是关于"人类解放"和"人的全面发展"的学说。

【**教学设计意图**】通过国内著名马克思主义学者对马克思主义的深入浅出的介绍，让大家增加一个走进马克思的"中介"或"梯子"，认识到马克思主义与我们时代的紧密关联，意识到中国特色社会主义道路和中国化的马克思主义思想必须以人类文明的时代性作为重要的研究对象。

（2）民主社会主义

民主社会主义是社会民主党所宣扬的一种类似资产阶级民主制度的社会主义。1899年伯恩施坦在《社会主义的前提和社会民主党的任务》一书中，首次提出"民主社会主义"的概念，被称为民主社会主义的"教父"。1951年6月，社会党国际成立时通过的原则宣言《民主社会主义的任务与目标》，明确提出以"民主社会主义"作为自己的奋斗纲领，公开反对马克思主义的科学社会主义。民主社会主义的内容包括：在理论基础上宣扬多元性，主张放弃统一的世界观，既接受人道主义的启示，又发端于宗教原则，也不拒绝马克思主义，但否认马克思主义的指导作用，实质上是各种实用主义观点的大杂烩；政治上主张联合专政，主张资本主义国家阶级关系已发生根本变化，否认阶级和阶级斗争，主张多党制，工人阶级要通过议会多数掌握国家权力，建立一个政治民主、经济民主，文化民主和社会民主的社会；经济上主张建立"混合经济"，即合作制和私有制、计划经济和自由竞争相结合，反对消灭私有制，主张实行国家干预和计划，逐步扩大国有化；实施社会保障制度和建立福利国家，主张改革税制，通过扩大公民经济权利和社会福利，进行收入和财富的再分配，以实现经济平等；通过改良和科技革命，发展生产力，从而将资本主义转化为民主社会主义。民主社会主义具有两面性，它反映了劳动人民反对资本主义剥削制度，要求变革的某些愿望，但同时也不主张执行暴力革命与阶级革命的斗争策略。

【教学设计意图】帮助学生厘清民主社会主义同科学社会主义是两个不同的思想体系。科学社会主义坚定不移地把马克思主义当作指导思想的理论基础，而民主社会主义却由信奉马克思主义逐步变为把世界观中立、指导思想多元化奉为自己的思想纲领。科学社会主义认为资本主义有其存在的历史必然性和现实依据，但也具有其自身难以克服的固有矛盾和弊端，因此，社会主义代替资本主义是社会历史发展不可逆转的总趋势。

5. 情景再现

针对科学社会主义基本原则的第二条"无产阶级是最先进的革命阶级，肩负着推翻资本主义旧世界、建立社会主义和共产主义新世界的历史使命"，思考和讨论无产阶级在当下社会的再现形式，以角色扮演的形式展开。主要角色有：公务员、老师、程序员、骑手、商家、老板……以马克思主义理论作为指导原则写一个小剧本，并展开讨论。

【教学设计意图】通过社会分工体系中的不同角色的展现，讨论当代中国社会经济政治体制中不同分工的普遍性与特殊性，从而进一步清晰化科学社会主义的基本原则与中国特色社会主义之间的辩证性张力。

（三）挑战度教学设计

1. 疑难问题解答

（1）请谈谈中国特色社会主义的成功实践对世界社会主义发展的贡献

中国特色社会主义的成功实践是社会主义理论与中国实际国情有机结合的结果，对世界社会主义的发展的意义如下：

第一，中国特色社会主义的成功实践拓展了发展中国家走向现代化的途径，给世界上那些既希望加快发展又希望保持自身独立性的国家和民族提供了全新的选择，为解决人类问题提供了中国智慧和中国方案。

第二，世界社会主义运动已经开始复苏，并出现区域性强劲发展，特别是中国特色社会主义成为世界社会主义运动的主要推动力量以后。

第三，中国特色社会主义的成功实践在社会主义发展史上具有重要地位，是当今世界最大的社会主义国家所取得的成功。当今中国正日益走近世界舞台中央，国际影响力在不断提升。中国特色社会主义的历史性成就必将对世界社会主义的发展态势产生重大影响。可以说，中国特色社会主义的成功，特别是中国特色社会主义进入新时代以来，使世界人民看到了社会主义的强大活力，极大地鼓舞了人们对社会主义的信心。

【教学设计意图】从唯物史观与党史的具体条件出发，让大家意识到中国特色社会主义独有的贡献和力量，在大历史观中把握社会。

（2）从社会历史形态角度理解什么是社会主义

高放在制度比较的意义上认为，"社会主义就是能够减免资本主义剥削压迫、争取劳动人民福利权益、实现劳动人民当家做主的社会思潮、社会运动、社会制度和社会形态"。从这几十个字的定义中可以看出，他认为社会主义是资本主义的继承物、对立物、取代物和创新物，即社会主义既要继承资本主义的文明成果，又要克服资本主义的矛盾，更要取代资本主义，并开创出比资本主义更新、更好、更高的文明形态。

【教学设计意图】通过对中国特色社会主义在当今时代的生机与活力的分析及其在世界社会主义历史进程中的重要定位，让学生进一步意识到社会主义不同于资本主义社会形态的内容。

2. 典型试题解析

（1）单选题

社会主义必然代替资本主义的主要依据是（   ）。

A. 无产阶级与资产阶级斗争尖锐化

B. 个别企业有组织的生产与整个社会生产无政府状态之间的矛盾

C. 现代无产阶级的日益壮大

D. 生产的社会化与资本主义私人占有之间的矛盾

答案：D

【教学设计意图】本题考查学生对资本主义与社会主义本质区别的掌握。

无产阶级革命取得胜利的根本保证是（   ）。

A. 无产阶级政党的正确领导

B. 建立革命的统一战线

C. 人民群众的革命积极性的极大提高

D. 国家政权问题

答案：A

【教学设计意图】本题考查学生对无产阶级革命内涵的理解。

无产阶级革命的根本问题是（   ）。

A. 统一战线中的领导权问题   B. 农民问题

C. 武装斗争问题   D. 国家政权问题

答案：D

【教学设计意图】本题考查学生对无产阶级革命内涵的理解。

无产阶级反对资产阶级的斗争中，最具决定意义的是（　　）。

A. 经济斗争　　　　B. 政治斗争　　　　C. 理论斗争　　　　D. 议会斗争

答案：B

【教学设计意图】本题考查学生对无产阶级革命内涵的理解。

（2）多选题

邓小平关于社会主义本质的概括是（　　）。

A. 实行以公有制为主体的多种经济形式

B. 坚持按劳分配的标准

C. 解放生产力、发展生产力

D. 消灭剥削、消除两极分化，最终达到共同富裕

答案：CD

【教学设计意图】本题考查学生对社会主义本质的理解。

我国社会主义初级阶段的含义是（　　）。

A. 我国还处在社会主义过渡的新时期

B. 我国已经是社会主义社会

C. 我国正处于向共产主义过渡的新时期

D. 我国的社会主义还处在初级阶段

答案：BD

【教学设计意图】本题考查学生对社会主义初级阶段的掌握。

（7）社会主义社会的主要特征有（　　）。

A. 剥削制度的消灭和在生产资料所有制上坚持以公有制为主体

B. 按劳分配

C. 大力发展社会主义市场经济

D. 坚持马克思主义指导、共产党的领导

答案：ABCD

【教学设计意图】让学生在总体上进一步明确科学社会主义的原则性问题，巩固和理解所学知识。

3. 课后实践作业

你如何看待经济文化相对落后的国家建设社会主义的长期性？随着中国经济在世界范围内的崛起以及文化优势的凸显，你对社会主义乃至共产主义的未来做何感想？以历史与社会调研的形式写一份简要的研究报告。

【教学设计意图】通过对相关主题的思考，让学生进一步了解科学社会主义发展道路的普遍性原则与特殊性原则。

第七章

共产主义崇高理想及其最终实现

专题教学设计　共产主义的崇高理想及其历史必然性

一、教学设计目标

①知识目标：从总体上理解和把握预见未来社会的科学方法论原则，了解共产主义社会的基本特征。

②能力目标：进一步把握和认识实现共产主义的历史必然性和长期性，把握共产主义远大理想与中国特色社会主义共同理想的辩证关系。

③价值目标：坚定共产主义的崇高理想信念，坚定理论自信，积极投身新时代中国特色社会主义事业。

二、教学设计要点

（一）展望未来共产主义新社会的方法论原则及基本特征

1. 预见未来社会的方法论原则

在展望未来社会的问题上，是否坚持科学的立场、观点、方法是能否正确预见未来的基本前提，也是马克思主义与空想社会主义的根本区别。具体的方法论原则如下：

①在揭示人类社会发展一般规律的基础上指明社会发展的方向；马克思、恩格斯站在无产阶级立场上，运用科学的方法，第一次揭示了人类社会发展的一般规律和资本主义社会发展的特殊规律，从而对共产主义社会做出了科学的展望；

②在剖析资本主义旧世界的过程中阐发未来新世界的特点，即在批判旧世界的过程中发现新世界；

③在社会主义社会发展中不断深化对未来共产主义社会的认识；现实中的社会主义社会是共产主义社会的初级阶段，虽然它距离未来社会的高级阶段，即典型的共产主义社会尚远，但从社会性质上来说是一致的。因此，在对未来共产主义社会的认识上，从社会主义社会中得到的启示应该比从资本主义社会中得到的启示更多、更直接、更有教益；

④立足于揭示未来社会的一般特征，而不对各种细节作具体描绘；马克思、恩格斯在展望未来社会时，总是只限于指出未来社会发展的方向原则和基本特征，而把具体情形留给后来的实践去回答。这也是历史上马克思主义者遵守的基本原则。

2. 共产主义社会的基本特征

马克思主义经典作家揭示了共产主义社会的基本特征，各国马克思主义者在自身的实践中不断深化对这些特征的认识。①物质财富极大丰富，消费资料按需分配；②社会关系高度和谐，人们精神境界极大提高；③实现每个人自由而全面的发展，人类从必然王国向自由王国飞跃。

（二）唯物史观视域中历史发展的必然趋势——实现共产主义

1. 为什么实现共产主义是历史发展的必然？

马克思历史观展示的人类社会从低级到高级的发展是一个社会形态发展和更替的过程，奴隶社会取代原始社会，封建社会取代奴隶社会，资本主义社会取代封建社会，社会主义社会取代资本主义社会，社会主义社会经过长期发展进入共产主义社会，这是一个客观必然的历史进程。原因是：①共产主义理想的实现是历史发展的必然，共产主义理想一定会实现，这是以人类社会发展规律以及资本主义社会的基本矛盾发展为依据的；②实现共产主义是人类最伟大的事业；在共产主义实现的历史必然性中就包含着无产阶级和广大人民群众对共产主义理想的追求，无产阶级的解放与全人类的解放是完全一致的。

2. 为什么实现共产主义是长期的历史过程？

从理论上讲，马克思主义所揭示的社会形态发展与更替的规律是一般的历史规律，是只有在漫长的历史过程中才能显现出来的规律，实现共产主义必须经历许多历史阶段。具体而言：①资本主义的灭亡和向社会主义的转变是一个长期的过程；②社会主义社会的充分发展和最终向共产主义过渡需要很长的历史时期。

（三）把握共产主义远大理想与中国特色社会主义共同理想的辩证统一

1. 坚持远大理想与共同理想的辩证统一

共产主义理想是建立在科学基础上的社会理想，是人类最伟大的社会理想，在坚持和发展中国特色社会主义的实践中，我们不但要坚定中国特色社会主义共同理想，而且要进一步树立共产主义远大理想。坚持和发展中国特色社会主义是中华民族通向共产主义的必由之路；正确认识和把握共产主义远大理想与中国特色社会主义共同理想的关系；这对关系具有丰富的理论内涵，需要我们从不同的角度和层面去认识和把握。大体上，我们可以从时间、层次和范围三个维度加以考察。首先，从时间上看，远大理想与共同理想的关系是最终理想与阶段性理想的关系；其次，从层次上看，远大理想与共同理想的关系是最高纲领与最低纲领的关系；最后，从范围上看，远大理想与共同理想的关系也是全人类理想与全体中国人民理想的关系。

2. 新时代青年人何以要坚定理想信念，投身中国特色社会主义伟大事业？

2014 年 5 月 4 日，习近平总书记在北京大学师生座谈会上指出："青年是标志时代的最灵敏的晴雨表，时代的责任赋予青年，时代的光荣属于青年。"习近平总书记在庆祝中国共产党成立 100 周年大会上的重要讲话中指出："新时代的中国青年要以实现中华民族伟大复兴为己任，增强做中国人的志气、骨气、底气，不负时代，不负韶华，不负党和人民的殷切期望！"青年兴则国家兴，青年强则国家强。实现中华民族伟大复兴的中国梦，夺取新时代中国特色社会主义的伟大胜利，将全国各族人民的共同理想变为现实，需要一代又一代有志青年接续奋斗。一代青年有一代青年的历史际遇，新的时代为当代青年，特别是当代大学生提供了施展人生才华的极为有利的历史机遇。新时代的青年，必须坚定理想信念。心中有信仰，脚下才会有力量。当代大学生要坚定理想信念，自觉做中国特色社会主义共同理想的坚定信仰者、忠诚实践者。当代青年要积极投身新时代中国特色社会主义伟大事业，勇做担当中华民族伟大复兴大任的时代新人。

三、教学设计方案

（一）高阶性教学设计

1. 经典原文解读

（1）恩格斯：《共产主义原理》

《共产主义原理》是恩格斯为共产主义者同盟撰写的纲领草案，是《宣言》的理论准备。写于 1847 年 10 月底至 11 月。《共产主义原理》用问答的形式，通过对 25 个问题的回答，丰富而准确地阐述了共产主义理论。其基本观点有：

第一，从思想体系的角度提出了"关于无产阶级解放的条件的学说"的共产主义理论本质。

第二，通过分析定期重复的商业危机，挖掘了资本主义生产方式的内在矛盾，进而得出资本主义必然被共产主义代替的历史结论。

第三，指出无产阶级是工业革命产生的依靠出卖劳动力维持自身生存的阶级，同时又是对资本主义进行社会革命的阶级，只有无产阶级才能承担埋葬资本主义和解放全人类的伟大历史使命。

第四，强调无产阶级要实现共产主义，必须废除私有制并把生产力高度发展作为消灭私有制的历史条件，必须走暴力革命道路，建立起自己的政治统治和民主国家制度。

第五，描绘了共产主义的美好愿景，指出未来新社会是按共产主义原则组织起来的社会，将有计划地组织社会生产，生产力极大发展，阶级、城乡的对立消失，社会成员全面发展，家庭、民族与宗教呈现出新的形式。

第六，提出共产主义革命不可能在一个国家内部单独发生，它将在一切文明国家至少在英国、美国、法国和德国等工业文明国家取得共同胜利。

第七，对共产主义者和各种社会主义者做了区分，提出了共产主义者对各国现有其他政党的态度及在德国民主革命中的策略原则。

【教学设计意图】本书简明扼要地阐述了共产主义的基本内涵，通过阅读经典文本有助于学生进一步了解共产主义的基本原理。

（2）马克思：《哥达纲领批判》

《哥达纲领批判》是马克思在1875年5月为反对德国社会主义工人党内的机会主义派别而对德国社会主义工人党在哥达会议上提出的党的纲领草案的批评意见。马克思在这篇文献中贡献了自己非常多宝贵的思想，比如，第一次明确了共产主义的两个阶段，并指出在第一阶段会不可避免地带着旧社会的弊病；第二，提到了社会主义初级阶段的分配问题。但也指出了"权利永远不能超出社会的经济结构，以及由经济结构所制约的社会文化的发展"这一深刻见解；第三，第一次提出了从资本主义向共产主义过渡的理论。在分析了现代社会，现代国家的基础上，探讨了建立在相同制度上的"现代国家"未来的制度可能性，与此同时讨论了对于"自由国家"的解释与认知。

【教学设计意图】通过对文本的解读，让学生意识到共产主义两阶段的经典文本出处，同时反思我国作为社会主义初级阶段的历史必然性与经济结构与经济体制的基本限制，进一步巩固唯物史观的相关原理。

（3）毛泽东：《读苏联（政治经济学教科书）的谈话》

社会主义这个阶段，又可能分为两个阶段：第一个阶段是不发达的社会主义，第二个阶段是比较发达的社会主义，后一阶段可能比前一阶段需要更长的时间，经过后一阶段，到了物质产品、精神财富都极为丰富和人们的共产主义觉悟极大提高的时候，就可以进入共产主义社会了。

【教学设计意图】结合新民主义时期和社会主义建设时期的历史背景，通过毛泽东的相关文本表述，进一步让学生意识到马克思主义理论在中国的承继性、发展性和具体性，让学生在理论、文本、实践、历史的关联中认识到现实问题的特殊性和复杂性，明确新时代中国特色社会主义的历史性突破和发展。

2. 学术观点拓展

十九届六中全会精神解读

在世界社会主义历史征程中，中国走在了前列，中国化的马克思主义在理论与实践中发展出了自身的成果，这是通往共产主义之路的中国经验与中国智慧的体现。对此，党的十九届六中全会在《中共中央关于党的百年奋斗重大成就和历史经验的决议》中做出了精炼的总结与概括，相关专家也做出了精要的概括。

北京大学马克思主义学院博雅讲席教授顾海良以"百年奋斗的'历史意义'与21世纪马克思主义的意蕴"为主题从思想理论基础、中国化和时代化的关系、时代主题和基本形态、世界历史进程的意义、新的世界历史观等5个方面对党的十九届六中全会《中共中央关于党的百年奋斗重大成就和历史经验的决议》中"习近平新时代中国特色社会主义思想"的新概括做了进一步说明。

中央党史和文献研究院原院务委员、清华大学马克思主义学院特聘教授冯俊在"中国特色社会主义创造出中国式现代化新道路"的主题发言中指出，"中国式现代化道路"就是中国特色社会主义道路，并以此为线索，围绕中国式现代化的基本内容、宏伟目标与五大特征，以及中国式现代化道路的国情立场、理论来源和世界意义展开了详细论述。

中国人民大学荣誉一级教授郭湛在"世界变局中的国家演变"的主题发言中提到，民族国家发展或演变的历史趋势内蕴着历史必然性。他将民族、国家在不同历史发展阶段呈现出的不同状态分为7种情况，通过建立民族国家状态演变路径模型对中美两国的前途未来进行分析，进一步指出中国之所以能够成功，从根本是因为中国走的是不同于西方资本主义的社会主义现代化道路。

北京师范大学党史党建研究院院长、马克思主义学院教授王炳林在"马克思主义中国化新的飞跃"的主题报告中指出，马克思主义中国化实现新的飞跃有两个标准，第一个标准是主题的飞跃，即从新民主主义革命、社会主义革命、社会主义建设主题到中国特色社会主义主题再到建设社会主义现代化强国主题的飞跃；第二个标准是每一次飞跃形成依据的重大变化，具体包括时代背景、实践基础和理论来源的变化。

清华大学马克思主义学院特聘教授郭建宁在作"中国共产党与马克思主义中国化理论创新"的主题发言时回应了马克思主义中国化的发展大逻辑、马克思主义中国化的两个结合以及中华文化和中国精神的时代精华三个问题，并指出当前对于马克思主义中国化的研究已经达到新的高度和境界，但还需要进一步思考、研究和探讨。

【教学设计意图】通过对十九届六中全会决议，以及学术界专家相关观点的分享，让学生进一步意识到中国特色社会主义道路的中国经验与中国智慧，从而进一步坚定社会主义信念。

（二）创新性教学设计

1. 案例分析

（1）"大跃进"运动："跑步进入共产主义"

在社会主义改造与第一个五年计划取得伟大胜利的情况下，1958年5月党的八大二次会议正式通过了社会主义建设总路线，通过了15年赶超英国的目标，通过了提前5年完成全国农业发展纲要的目标，通过了"苦干三年，基本改变面貌"等口号。会后，"大跃进"运动在全国范围内从各方面开展起来。8月，中共中央政治局在北戴河举行扩大会议，制定的1958年国民经济计划的第二本账的主要指标过高，提出1958年钢产量要在1957年535万吨的基础上翻一番，达到1070万吨，作为1958年实现"大跃进"的主要步骤。会议还决定在农村普遍建立人民公社。这造成了经济工作中的急于求成和急躁冒进。在"大跃进"中，高指标、瞎指挥、虚报风、浮夸风、"共产风"盛行，各地纷纷提出工业"大跃进"和农业"大跃进"的不切实际的目标，片面追求工农业生产和建设的高速度，大幅度地提高和修改计划指标。在农业上，提出"以粮为纲"，不断宣传"高产卫星""人有多大胆，地有多大产"，粮食亩产量层层拔高。在工业上，为实现全年钢产量1070万吨的指标，全国几千万人掀起了"全民大炼钢铁运动"，并且"以钢为纲"，带动了其他行业的"大跃进"。交通、邮电、教育、文化、卫生等事业也都开展"全民大办"，把"大跃进"运动推向了高潮。①

1958年8月4日，毛泽东到河北省保定市徐水县视察，当地负责人进行了

---

① 中共中央党史研究室. 中国共产党历史（第二卷）（上册）[M]. 北京：中共党史出版社，2021.

不符合实际的汇报。毛泽东视察后，徐水当晚就宣布成立人民公社，树木全部归集体，房屋由公社统一分配，社员实行工资制。中央农工部奉命到徐水召开有省、地、县及乡社负责人参加的座谈会，通报中央要在徐水搞共产主义试点的决定。徐水的做法进一步升级，宣布全县人民的生老病死、吃穿用品，甚至洗澡、理发、看戏等全由公社包下来；县成立了"人民总公社"（后改称徐水人民公社），规划共产主义蓝图，要在 3 年时间内"跑步进入共产主义"。然而徐水县当年的生产力水平很低，人民群众的温饱问题还刚刚解决，根本不具备实现共产主义的条件，所谓的基本生活供给制基本上没有兑现。规划草案出台不到两个月，连吃饭都成了问题，所谓共产主义试点也就只得草草收场。①

【教学设计意图】共产主义一定能够实现，但是必须明确，我国现在尚处在社会主义的初级阶段，对于整个社会主义时期究竟有多长，究竟要经历哪些发展阶段，何时才能达到共产主义社会，还需要随着历史的发展进一步认识和探索。本案例向学生表明，对社会主义的长期性要有充分的估计，决不能超越阶段急于迈向共产主义，否则会带来严重的后果。

（2）从每天工作 16 小时到实行 8 小时工作制再到双休日

18 世纪末，在美国，工人们每天要劳动 14—16 个小时，有的甚至长达 18 个小时，但工资却很低。马萨诸塞州一个鞋厂的监工曾经说过这样的话："让一个身强力壮、体格健全的 18 岁小伙子，在这里的任何一架机器旁边工作，我能够使他在 22 岁时头发变成灰白。"1877 年，美国历史上第一次全国罢工开始了。工人阶级走向街头游行示威，向政府提出改善劳动与生活条件，要求缩短工时，实行 8 小时工作制。在工人运动的强大压力下，美国国会虽然被迫制定了 8 小时工作制的法律。但是，某些资本家根本不予理睬，残酷的剥削压迫还在继续。1884 年 10 月，美国和加拿大的 8 个国际性和全国性工人团体在美国芝加哥举行了一个集会，决定于 1886 年 5 月 1 日举行总罢工，那天，芝加哥的 216000 余名工人为争取实行 8 小时工作制而举行大罢工，经过艰苦的流血斗争，终于获得了胜利。为纪念这次伟大的工人运动，1889 年 7 月，第二国际宣布将每年的 5 月 1 日定为国际劳动节。

美国在 20 世纪四五十年代曾经爆发大规模的罢工，要求改善工人待遇，实行每星期 40 小时工作制，罢工成功，美国实行了双休日，之后欧洲大多数国家也实行了双休日。中国从 1995 年 5 月 1 日起也实行了每周五天工作制。

100 多年间，人们的工作时间从每天 16 小时到实行 8 小时工作制再到双休

---

① 罗平汉 . 1958 年的神话：跑步进入共产主义［J］. 党史文苑·纪实版，2014（8）.

日，人们的自由时间大大延长。这一变化至少说明两方面的问题：一是无产阶级和人类自身的解放，必须通过工人阶级和劳动大众的斗争去获得；二是生产力的发展，客观上大大延长了人们的自由时间，而自由时间的延长为人的自由而全面发展提供了必要条件，共产主义具有现实性。

此案例有助于学生坚定共产主义一定能实现的信心。结合案例请学生思考下列问题。

①在社会基本矛盾的作用下，共产主义会自然而然地实现，这一说法正确吗？理由何在？

②从每天工作 16 小时到实行 8 小时工作制再到双休日工人自由时间的延长说明了什么？

【教学设计意图】通过案例的分享和分析，并结合当下现实，让学生意识到共产主义理想信念的现实性力量，并进一步在制度、意识形态的对比中自觉到马克思主义理论的优越性、真理性与道义性。

2. 课堂讨论

信仰是人类特有的精神现象和精神状态，是人们关于最高价值的信念，是人们做出价值判断和行为选择的最根本依据、标准和尺度。在此意义上思考以下问题：共产主义是不是一种信仰？共产主义是不是一种乌托邦？它如何区别于宗教信仰、世俗崇拜及其他政治信仰和理想？以共产主义作为根本旨趣的马克思主义信仰有哪些优势？马克思主义信仰在社会发展和人生指引中起着何种作用？在新时代条件下如何推进马克思主义信仰建设？怎样坚定共产党人的理想信念？针对以上问题思考共产主义信仰何以可能。

【教学设计意图】让学生在讨论、思考、查阅资料的基础上进一步厘清信仰的意义，同时进一步认识到共产主义和宗教、世俗崇拜及其他政治理想的区别与联系，深化学生对马克思主义理论作为科学的世界观和方法论的指引作用的认识。

3. 视听资料

（1）《觉醒年代》（2021）

重大革命历史题材电视剧《觉醒年代》由中共北京市委宣传部、中共安徽省委宣传部、北京市广播电视局和安徽省广播电视局联合摄制。该剧以 1915 年《青年杂志》问世到 1921 年《新青年》成为中国共产党机关刊物为线索，展现了从新文化运动到中国共产党建立这段时间波澜壮阔的历史画卷，讲述觉醒年代的百态人生。该剧以李大钊、陈独秀、胡适从相识、相知到分手，走上不同人生道路的传奇故事为基本叙事线，以毛泽东、陈延年、陈乔年、邓中夏、赵世炎等革命青年追求真理的坎坷经历为辅助线，艺术地再现了一批名冠中华的文化大师和一群理想飞扬的热血青年演绎出的一段充满激情、燃烧理想的澎湃岁月，让我们对那段历史选择的岁月感同身受。

【教学设计意图】通过视频资源的直观性与艺术性，让学生的切身体会时代赋予每一代人的使命担当，深入了解中国共产党建党精神的内核，同时让学生认识到为什么处在十字路口的历史上，我们会选择马克思主义、选择社会主义和共产主义道路。

（2）《信仰的力量》（2016）

广东卫视联合中共中央党史研究室、中宣部学习出版社、人民日报社人民网、广东省委组织部、广东省委宣传部等单位，联合拍摄制作的40集大型纪录片《信仰的力量》以人物故事为载体，从共产党人的成长轨迹、思想高度、人生感悟等方面入手，用客观翔实的史料、鲜活生动的人物、全方位立体化展示中国共产党人经历的苦难与曲折，着力探讨中国共产党人在不同历史时期对共产主义信仰的追求和传承。

【教学设计意图】纪录片以鲜活的人物形象与典型事例，有助于激发学生对马克思主义、共产主义的信仰，深化理解中国共产党人的理想、追求和忠诚。

4. 知识拓展

（1）刘建军：《马克思主义信仰研究》（中国人民大学出版社2021年版）

该书始终坚持从马克思主义是科学信仰这一根本立场和方向，对马克思主义信仰展开系统研究，书中明确提出"马克思主义信仰的产生是人类信仰史上的革命"这一重要命题，正确回答了共产党人是不是一种信仰身份，马克思主义信仰在社会发展和人生指引中起着何种作用，在新时代条件下如何推进马克思主义信仰建设，怎样坚定共产党人的理想信念等重要的理论和实践问题。书中提出了马克思主义信仰的五大优势及强大生命力：①马克思主义信仰是具有漫长信仰前史的历史性信仰，因而具有强大的传统力量；②马克思主义信仰是具有深层潜意识支撑的精神信仰，因而具有强大的心理力量；③马克思主义信仰是具有坚实理性论证的科学性信仰，因而具有强大的真理力量；④马克思主义信仰是具有深厚群众基础的人民性信仰，因而具有强大的道义力量；⑤马克思主义信仰是具有强烈现实追求的实践性信仰，因而具有强大的实践力量。

【教学设计意图】进一步让学生了解马克思主义信仰、共产主义信仰的理论基础、历史渊源、心理基础与现实实践力量，从而在整体上把握马克思主义理论的真理性，巩固四个意识，坚定四个自信。

（2）世界各国共产党情况简介

目前，世界上约有 127 个仍保持原名的共产党或坚持马克思主义性质的政党（苏联解体、东欧剧变前世界共产党总数是 180 多个，剧变之初降到 120 多个。此外，还有 20 余个从过去的共产党改名或分裂出来的党），党员总人数 700 多万（不包括中共），党员人数过万的共产党有 30 个，执政和参政的共产党约 25 个。从地区分布看，亚洲 29 个，非洲 8 个，欧洲 55 个，大洋洲 3 个，美洲 32 个。从国外共产党力量现状看，发达国家与发展中国家，以及"原苏东地区"国家和越南、朝鲜、老挝、古巴现存社会主义国家的表现各有不同。

①发达国家大多数共产党仍保持原名称，但力量有所下降，一些小党、小组织还在为自己的生存问题而努力。

②"原苏东地区"共产党力量继续存在，一些政党内部派别众多，情况比较复杂。

③发展中国家共产党继续在困难中探索。一些政党通过调整，获得了新的发展，一些政党仍未摆脱困境。

④越、朝、老、古执政党继续进行政策调整，执政地位和作用有所加强，政治与社会保持稳定，但仍面临着外部敌对势力的严峻挑战。

⑤在经济全球化和资本国际化迅速发展的背景下，国外许多共产党强调不同形式的左翼联合并频繁参与地区和国际性活动。

⑥国外共产党总体上走出困境还需较长时间，但这一批判和取代资本主义的力量是不会退出历史舞台的。

5. 情景再现

"还原建党现场"

以《觉醒年代》为范本和依据，还原历史中的建党时刻，通过对李大钊、陈独秀等关键人物的台词、场景展现，再现中国共产党的建党精神。马克思曾说，"批判的武器当然不能代替武器的批判，物质力量只能用物质力量来摧毁；但是理论一经掌握群众，也会变成物质力量。理论只要说服人，就能掌握群众；而理论只要彻底，就能说服人。所谓彻底，就是抓住事物的根本"。让学生通过实践场景进一步体会共产党建立的历史必然性与主体选择性。

【教学设计意图】通过青年学生的热情与共情，再现建党时刻的精神面貌。建党先驱们和当代青年们年龄相仿，让学生们以同龄人的感情体会建党精神的内核，激发学生们的使命担当。

（三）挑战度教学设计

1. 疑难问题解答

（1）为什么共产主义观念近几年在西方资本主义国家的激进左翼学者中也逐渐讨论起来了？到底什么是共产主义？

王福生认为，共产主义观念的复兴是西方激进左派现今最重要的发展动向，对其进行批判性考察对于坚持和发展马克思主义具有重要的理论意义和实践价值。马克思以解放全人类为最终追求，其理论的核心是作为学说、运动与社会三位一体的共产主义，它一方面以关于人的社会主义理念为指导，另一方面以唯物主义历史观的方法论原则为基础。西方激进左派对共产主义观念的复兴和其他学者对其所做的批评，一方面因为无视或不能解决社会主义、共产主义与唯物主义历史观之间关系这一难题而将同时陷入困境，另一方面也对我们如何坚持和发展符合时代发展的马克思主义提供了必要的理论参照。

马克思主义理论中的"共产主义"一词主要有三层含义：一是指共产主义思想体系，即"马克思主义"或"科学社会主义"；二是指共产主义社会，即共产主义远大理想实现之际所建立的人类最美好的社会制度；三是指共产主义运动，即无产阶级和人民群众在无产阶级政党领导下为实现共产主义理想而奋斗的实际过程。

【教学设计意图】通过对共产主义含义的完整理解，以及西方学者对共产主义观念的重新关注，让学生意识到共产主义的当代性意义与未来性旨趣。

（2）什么是人的全面发展？"人类命运共同体"是否是共产主义真理的内在旨趣？

马克思在自己的文本中强调，全面发展是人以一种全面的方式，即作为一个完整的人占有自己的全面本质，因而其一定是超越地域狭隘性的个人，而成长为世界历史性的个人，突破私有制观念的禁锢而达到自由自觉联合的个人，这种联合起来的个人必然是个人与社会全面发展的统一，而非个人本位主义或社会本位主义。"人类命运共同体"是对马克思主义基本原理的时代性创新，其与共产主义的最终旨趣趋于一致，马克思认为"人的本质是人的真正的共同体"，共产主义不是一个国家的事业，"人类命运共同体"是共产主义真理的中国智慧与中国话语表达。2017 年 12 月 1 日，习近平总书记在中国共产党与世界政党高层对话上指出"中华民族历来讲求'天下一家'，主张民胞物与、协和万邦、天下大同，憧憬'大道之行，天下为公'的美好世界"，这是在"和平与发展"时代主题之中的大国担当表现。

【教学设计意图】通过让学生对共产主义社会中人的全面发展主题的充分思

考以及与之关联的"人类命运共同体"的中国式表达的反思，进一步意识到中国特色社会主义体系的未来使命以及对人类文明新形态引领与范导型作用。

2. 典型试题解析

（1）单选题

马克思在一部重要著作中对共产主义发展的不同阶段做出了明确划分，这部著作是（　　）。

A.《1844 年经济学哲学手稿》

B.《共产党宣言》

C.《德意志意识形态》

D.《哥达纲领批判》

答案：D

【教学设计意图】本题考查学生对马克思经典文本的掌握。

以下不属于共产主义社会基本特征的是（　　）。

A. 物质财富极大丰富，消费资料按需分配

B. 社会关系高度和谐，人们精神境界极大提高

C. 每个人自由而全面的发展，人类从必然王国向自由王国的飞跃

D. 国家政权进一步巩固，法律制度更加完备

答案：D

【教学设计意图】本题考查学生对共产主义基本特征的认识。

人类从必然王国进入自由王国的飞跃，即实现共产主义，意味着（　　）。

A. 人类历史发展到了它的最后阶段

B. 人类历史发展到了人类不受任何必然性束缚的阶段

C. 人类历史的终结

D. 人类历史真正开始由人们完全自觉地创造自己历史的新阶段

答案：D

【教学设计意图】本题考查学生对共产主义基本特征的认识。

从时间上看，共产主义远大理想与中国特色社会主义共同理想的关系是（　　）。

A. 最高纲领与最低纲领的关系

B. 可能目标与现实目标的关系

C. 最终理想与阶段性理想的关系

D. 全人类理想与全体中国人民理想的关系

答案：A

【教学设计意图】本题考查学生对社会主义与共产主义关系的认识。

《共产党宣言》第一个中文全译本的译者是( )。

A. 陈独秀　　　　B. 李大钊　　　　C. 陈望道　　　　D. 博古

答案：C

【教学设计意图】本题考查学生对《共产党宣言》传播史的了解。

（2）判断题

既然共产主义理想的实现是历史的必然，那么就不需要人们去努力去追求和奋斗，只要坐待其成就可以了。

答案：错误

【教学设计意图】本题考查学生对共产主义基本特征的认识。

在马克思恩格斯视域中，共产主义不仅是一种科学的理论和这种理论指导下的现实的运动，而且也是一种未来的社会制度和社会形态。

答案：正确

【教学设计意图】本题让学生进一步巩固对共产主义丰富内涵的理解。

3. 课后实践作业

设计制作《当代大学生信仰现状》的调查问卷，按照不同年级、性别、专业等，选择调查对象与调查区域，通过校园访谈、问卷星等方式，调研当代大学生信仰状况、特点与趋势，分析虚无主义的现状。

【教学设计意图】通过调研，提高学生理论联系实际的能力，并在对调研结果的分析基础上，了解当代青年大学生的信仰状况。